融合创新

长三角文旅
高质量发展新使命

曹袆遐◎著

上海人民出版社

序　言

文旅融合是指文化、旅游产业及相关要素之间相互渗透、交叉汇合重组，逐步突破原有的产业边界或要素领域，彼此交融而形成新的共生体的现象与过程。文化是人的生产创造，也是人欣赏和参与的对象世界；旅游是人的行为，而这一行为的主要内涵就是分享文明人类共有的文化世界。在中国传统中，“读万卷书行万里路”这一名句，既指明了进学、修身、成人的古典途径，同样也包含着对文化与旅游关系的直觉体认。近年来，国内文化旅游界都在开展文旅融合的研究，各类有见解、无见解的著述都在重复一个常识：文化是旅游的灵魂，旅游是文化的重要载体。文化与旅游的有机结合和深度融合，是文化和旅游互动共荣的客观需要，也是文化和旅游发展的必然规律。

当然，这里的问题是复杂的。文旅融合之后，是全部重叠（文化即旅游，旅游即文化）还是交叉重叠（文化、文旅、旅游）？我个人以为应当是后一种情况。文化是旅游之灵魂，但旅游并不总是文化；旅游是文化的载体，但文化也还有自己的灵魂。参与高质量发展我国文化旅游产业的伟大事业，我们的学术研究不但要与时俱进地深入阐释文化与旅游的同一性、关联性，而且负责任地精准把握文化与旅游的差异性、并列性，尊重文旅关系的复杂性、多样性和在地性，而不是以抽象、笼统的融合取消文旅各自的特殊性，不是以旅游市场及其经济效益为检验文化产品的唯一标准。只有这样，我们才能形成一种清醒的、健全的“文旅融合”的意识，承认旅游之外有文化并通过文化—旅游的良性互动而走向我国文旅产业的万紫千红。

无论如何，我们确实看到，在全球范围内，涵有文化内容及相关因素的旅游活动的参与度大幅提高，文旅成为全球化的动力和表现之一。在国内，文旅产业快速发展，不但有力地优化了经济社会的总体结构，而且向文化内容生产提出了新的要求。党的二十大报告指出，坚持以文塑旅、以旅彰文，推进文化和旅游深度融合发展。这将是今后一个时期内我们文旅产业高量发展的指导原则。长三角地区作为我国重要的文化旅游资源集中分布区，也是我国文化和旅游产业最发达的地区之一，具有典型借鉴意义。作为一体化的“先行军”，文旅融合不仅是长三角一体化进程中的重要工作之一，更是其发展先机。在长三角一体化进入更高质量发展的新阶段，以文旅融合发展推动长三角一体化实现新发展，成为文化旅游行业面临的重大课题。

在此背景下，曹祎遐尝试从供需的视角对长三角文旅融合进行了系统探索和深入研究，为长三角融合发展、为文旅产业融合发展提供了许多经验材料、理论分析和方法示范，值得同行关注。在更广泛的意义上，曹祎遐认为，准确把握长三角文旅融合的影响因素并因此而提升文旅融合程度，至少可以从三个路径助力中国式现代化进程的推进。

其一，提高新时代人民群众生活的品质。新冠肺炎疫情过后，被积压的旅游热情持续复苏。数据显示，2023 年刚过去的“五一”期间，全国国内旅游出游合计 2.74 亿人次；端午节期间，全国国内旅游出游 1.06 亿人次，均恢复至 2019 年同期的一倍多。通过文旅融合，发挥文化和旅游的独特优势，在文化产业发展过程中，能够进一步践行我国精神文明建设的实际要求，发展群众文化，提高群众的文化素养。在推进旅游产业发展的过程中，可以满足不同居民的现实需求，促进现代居民身心健康发展。文旅融合可以实现文化和旅游之间功能的有效重组，形成全新的价值链和更为丰富的业态，达到多重叠加的效益，进一步满足人民日益增长的旅游需求和审美情趣。

其二，促进文化传承，加强文化保护。在文化产业的发展过程中，如果只是一味地宣传文化，引导人民去了解我国的一些独特文化内容，会导致其影响力和渗透力不够。而在文旅融合中，可以利用旅游的实际特点，促使消费者在旅游时可以更好地感受文化，使文化更好地深入人民群众。许多各族人民世代相传的非遗文化，如能够以旅游产品的形式更多地被了解到，从而得到更好地保护。同时还由于旅游经济的存在，使非遗文化也产生了经济效益，吸引更多有志趣的年轻人参与到传承和保护文化的行列中。为了提高供给端的质量，为人民群众提供更好更多的消费品，文旅供给者也将更为广泛地挖掘文化资源，竭力保护文化并以一种崭新的形式传承下去。

其三，实现乡村振兴，巩固脱贫攻坚成果。党的二十大报告指出，全面建设社会主义现代化国家，最艰巨最繁重的任务仍然在农村。而在乡村振兴的总体要求中，产业兴旺是首位。文旅在乡村的融合发展能够有效激活乡村经济活力，通过美丽乡村的建设，使特色手工艺、休闲旅游、特色种植等产业发展全面开花，有效增强村镇发展的内生动力，带动群众增收致富。乡村旅游产业的发展也能为村内的可持续建设吸引来更多的投资资金，在强大资金的支持下，乘着发展乡村旅游的东风，村集体可合力将本村旅游打造成乡村旅游品牌，实现良好的经济循环。

曹祎遐还是一位年轻的学者，但她在文化产业方面已有不少著述，近年来又转向对文创产业、文旅融合的研究。在上海交通大学博士后流动站研究期间，祎遐殚精竭虑，用心用力，通过实证研究和实地调研对长三角文旅融合进行了较为深入、系统的研究，其最终成果凝聚为现在这本书。通读全书，我认为有着较高的学术价值和参考意义，也提出了若干应予进一步思考的问题，我愿意向文旅界同行和读者们郑重推荐。对于祎遐这样一位年轻有为的学者，我们有理由对她的书抱以希望。

单世联

上海交通大学特聘教授

2023 年 7 月

目　录

第一章　绪　论

第一节　研究背景与意义

一、研究背景

2018 年 3 月，国务院直属机构通过职责整合，将文化部和国家旅游局组建为文化和旅游部。联合国世界旅游组织统计数据显示，全球约 37% 的旅游活动涵盖了与文化相关的因素，进行文化旅游的消费者数量平均以每年 15% 的增长率持续上涨。数据显示，2014—2019 年，我国文化及相关产业占 GDP 比重由 3.76% 增长至 4.50%，2021 年 6.5 万家规模以上文化及相关产业企业实现营业收入达 119064 亿元，比上年增长 16.0%。2019 年，我国旅游产业收入以高于 GDP 增速持续增长，对 GDP 的综合贡献达到了 10.94 万亿元，占 GDP 总量的 11.05%，旅游产业相关就业人数达 7984 万，占全国总就业人口的 10.31%。2021 年全国旅游及相关产业增加值占 GDP 比重为 3.96%。党的十九届五中全会明确提出到 2035 年建成文化强国的奋斗目标。为了满足人民群众对美好生活的向往，旅游、文化、健康、养老等“幸福产业”欣欣向荣，文旅融合将带动文化产业和旅游产业进入高质量发展时期，同时，文旅融合有利于提升服务质量和消费体验，促进观光旅游向休闲度假旅游的转化，构建全新的商业模式。

推进文旅产业高质量融合发展，首先需要明确推动文旅产业融合发展的影响因素，目前已有许多学者在促进文化产业、旅游产业和文旅产业融合发展影响因素方面做了大量研究，通常可以分为两大类：一是对文旅产业融合的影响因素进行定性分析，二是对文旅产业融合影响因素的定量分析。其中定量分析部分又可以分为两大类：一类是对民族地区文旅产业融合的研究，鲜少涉及长三角地区的区域性研究；另一类是对推动旅游产业或文化产业发展的影响因素分析，较少涉及文旅融合发展指标。

由于文旅产业融合发展对我国经济发展具有重要意义，同时相关研究体系尚未完善，因此，本书将重点对推动文化产业和旅游产业融合发展的影响因素进行分析，基于我国长三角地区的 21 个城市 2009—2018 年 10 年的面板数据进行实证分析，为长三角一体化发展提供文旅产业发展方面的建议，使重要服务业的高质量发展成为长三角地区的长足发展的新的经济增长点。通过对国内外相关文献的梳理，本书希望可以探索运用耦合度量化文旅产业融合的程度，通过量化的分析更加直观地了解我国长三角地区的文旅产业融合发展现状；借鉴前人的研究经验从需求端、供给端和外部因素三个方面对影响文旅产业融合的因素进行分析，根据因子分析方法对15个影响指标进行降维处理并整合为四个因子，以耦合协调度作为因变量，以四个因子作为自变量，通过建立Robust回归模型研究推动长三角地区文旅产业融合的影响因素。

二、研究意义

本书探讨文旅产业融合影响因素分析的意义可以分为理论意义和实践意义。关于理论意义，通过运用Citespace软件对CNKI数据库的文献进行文旅产业融合产业相关研究并进行可视化分析，发现现有学者对两大产业融合研究主要集中在定性研究，在判断等方面容易出现主观的问题。从研究文旅产业融合区域上看，关注度较高的区域是民族地区和内陆城市，对沿海城市研究较少。本书主要聚焦长三角地区，根据数据的连续性和可得性，在对长三角所有城市进行数据收集之后，剔除统计指标异常和年份异常的城市，将长三角的21个城市作为主要研究区域，把影响因素细化成15个指标后，运用因子分析法对长三角地区21个城市推动文旅产业融合的影响因素进行实证分析，然后进行Robust回归，以丰富文旅产业融合的研究。

关于实践意义，未来旅游产业和文化产业的发展趋势是体验化和细分化，实现两大产业的供给侧改革成为难题，文旅产业融合成为解决这一难题的必经之路，既是路径，又是方法。高质量的融合将通过打破壁垒、全面融合和产品创新打造焕发时代活力，让我国的文化产业和旅游产业得到更好发展。由于文旅产业融合影响因素具有地区差异性，因此本书通过分析长三角地区推动文旅产业融合的影响因素，明确推动长三角地区文旅产业融合发展的重点工作方向，更加科学、合理地推动长三角地区文旅产业多元化发展。本书意在助力长三角地区 21 个城市在未来文旅产业融合中实现高质量、高效率、综合化发展。使长三角地区的文化产业和旅游产业两大产业互通互赢，同时提升人民的幸福感，形成有竞争力的文旅产品，进一步营造大众的美好生活，进而助力构建国家战略发展。

第二节　研究内容与方法

一、研究内容

第一章是绪论。本章包括三个方面。首先是对研究背景和研究意义的介绍，然后对本书的研究内容和研究方法进行说明，最后提出了本书在研究过程中的一些创新之处和研究难点。

第二章是相关理论及文献综述。本章主要包含两个方面，首先对文化产业、旅游产业的概念演进过程及目前的发展进行分析，对概念及内涵有更加清楚的认识，然后是介绍本研究的理论基础，即系统耦合理论和产业融合理论，为本书后面对文旅产业融合的实证分析做好准备。最后是对现有文献的梳理，对目前的研究现状进行说明，并总结前人对文旅产业融合概念、影响因素和测度方法的研究成果，为后面的研究做出铺垫。

第三章是对文旅产业融合影响因素进行分析，由于文化与旅游产业均涉及多个行业和领域，本书从供给端、需求端和外部环境三个层面进行分析。其中供给端包含了产业发展、劳动力市场和资本要素三个角度；需求端包含了市场容量和需求升级两个角度；外部环境包含了本地技术进步和政府政策两个角度。

第四章是通过对国外三个经典文旅产业融合的案例进行分析，分别选择了日本汤布院小镇、法国狂人国主题乐园以及伦敦国王十字街区，以跨案例研究方法阐释影响文旅产业融合的因素，以期获得启示与借鉴。

第五章是根据案例分析法，对灵山小镇拈花湾、杭州之江文化中心、上海 teamLab 无界美术馆、安徽黟县宏村等长三角地区文旅产业案例进行分析，进一步从多角度研究影响文旅产业融合的因素，对推动文旅产业融合的影响因素做定性的实证分析。

第六章是文旅产业融合度测算及其影响因素的实证分析。本章主要包含两个方面。首先是根据系统耦合模型对文旅产业融合度进行量化测算，然后通过因子分析对 15 个影响指标进行降维处理，将计算得到的系统耦合协调度 D 值作为因变量，因子分析生成的新指标作为自变量，对文旅产业融合的影响因素进行 Robust 回归分析。本书选取了长三角地区的上海、宁波、杭州、苏州、无锡、南京、马鞍山、常州、南通、盐城、镇江、泰州等21个城市2009—2018年10年的面板数据，数据主要来源于《中国统计年鉴》《浙江统计年鉴》《江苏统计年鉴》《上海统计年鉴》《中国城市统计年鉴》等21个市级的统计年鉴以及国家统计局、互联网等。之所以选取这21个城市，主要是基于数据可得性和连续性的考虑，由于每个市的统计目录有一定的差距，部分城市数据缺失较为严重，因此摒弃了长三角地区的一些城市和年份。

第七章则是从“乡村—城市”视角研究文化创意产业与现代农业融合发展的机理，并以上海为例提出农文旅融合的发展建议。

第八章是本书的相关研究结论、政策建议和研究展望。

本书的研究路线图如下图所示。

二、研究方法

本书主要分为定性研究和定量研究。

定性研究主要采用文献综述法和案例研究法：查阅国内外核心期刊上关于产业融合、文化产业、旅游产业和文旅产业融合的相关文献，对产业融合和文旅产业融合的概念进行梳理，同时对推动文旅产业融合的影响因素进行整理归纳，以便在后面的研究中更好地借鉴前人的成果，在对推动长三角地区的文旅产业融合影响因素进行分析的时候更加具有理论支撑和说服力。为了更加全面地对文旅产业融合影响因素进行分析说明，本书将案例研究法作为补充方法，以丰富研究内容。

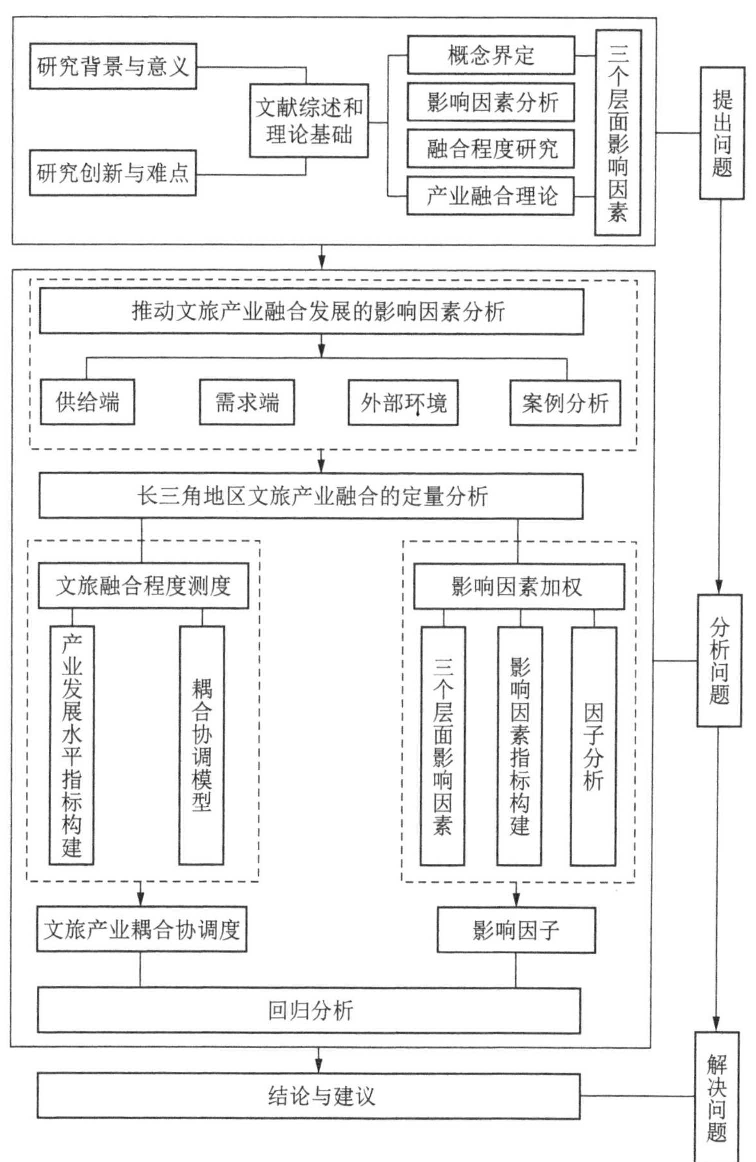

图 1-1　研究路线图

数据来源：笔者整理而得。

定量研究主要采用面板数据分析法：本书的数据主要来源于《中国统计年鉴》《江苏统计年鉴》《浙江统计年鉴》《中国城市统计年鉴》和涉及的21个城市的统计年鉴以及国家统计局、各个地方政府的官网、互联网等。基于长三角地区主要城市的文化产业和旅游产业相关数据，运用耦合协调度模型量化分析我国文化产业与旅游产业的耦合度，进一步运用因子分析对15个指标进行降维处理，整合出具有代表性的4个因子，然后把计算得出的耦合协调度D值作为因变量，以4个因子作为自变量进行Robust回归分析。

第三节　创新之处及研究难点

一、创新之处

一是文旅产业融合度的测算。在前人的研究基础上，本书主要聚焦在市级数据，考虑到数据的连续性和可得性，因此在对长三角地区的21个城市进行耦合分析测算时，对二级指标的部分指标进行了创新性替代，使得本书的研究在市级层面上具有可行性。

二是推动文旅产业融合的影响因素的实证分析。前人对文旅产业融合的研究多集中在理论层面，在实证分析这一部分的研究较少。本书在综合前人的研究之后，对文旅产业融合的多个影响因素进行了梳理总结，依据供给端、需求端和外部环境三个研究层面对影响因素进行量化替代，通过因子分析整合出具有代表性的影响因素进行 Robust 回归分析，在推动文旅产业融合影响因素分析这部分研究中进行了补充。

三是研究对象的创新。前人对文旅产业融合影响因素的实证分析多集中在内陆，鲜少有对长三角地区的城市群进行研究分析。本书针对国家层面的长三角一体化战略下文旅服务业升级发展的需要，重点对这一地区的文化产业和旅游产业进行了研究。

二、研究难点

文化产业和旅游产业作为产业渗透性和关联性较强的两大产业，在对融合现象进行探讨时对各种影响因素需要进行分析，一些因素容易被遗漏，本书借鉴前人的三大角度：供给端、需求端和外部环境，力求较为系统地分析推动文旅产业融合影响因素，但难免出现分析不够透彻的问题，因而加入案例分析法，以便丰富本书的研究方法，力求做到客观、全面、系统地分析文旅产业融合影响因素。

本书选取长三角地区 21 个城市 10 年的面板数据进行实证分析，运用熵值法度量文旅产业融合度的时候需要建立两大产业系统的评价指标，由于不同地点的市级数据的统计口径可能存在差异，因此二级指标的建立有较大的困难，需要在详细查考前人的研究方法基础上，整合长三角地区市级数据，充分考虑数据的可得性和连贯性，最终确定本书的文化与旅游产业系统指标。同样，在影响指标的选取上，也面临部分数据获取困难的问题，需要在对各项影响因素理论研究基础上，替代性地选取部分指标进行实证分析。

第二章　相关理论及文献综述

第一节　相关概念界定

一、旅游产业

1841年，Thomas Cook租用货车开启了团队旅游的序幕，近代旅游业由此开始。瑞士学者Hunziker和Krapf提出不以盈利为目的的非定居者暂时停留所产生的关系和社会现象的总和叫作旅游。随着旅游产业在我国逐渐发展，徐明等（1997）[①]从更加具象的角度提出旅游产业的概念，认为旅游产业是凭借旅游资源和设施，提供交通、观光、住宿、餐饮、购物、娱乐等综合产业服务，其主要目

① 徐明、谢彦君：《旅游学概论》，辽宁师范大学出版社1997年版。

的是吸引和接待游客。朱雪蕾（2019）[①]提出现代旅游业是以传统历史文化、自然生态旅游为基础，其要素不断拓展，并且随着旅游需求的变化，功能不断拓展，逐步发展成生产和消费为一体的综合性产业。旅游产业已经成为一种综合性经济形式，其涵盖的领域远远超过人们之前的认知，广泛涉及旅游、娱乐、餐饮、交通、文化、工业、农业、贸易、建筑等各个领域的原有范围。本书在上述学者研究的基础上，认为旅游产业是指为消费者在旅游过程中提供各种产品和服务的组织的集合，主要从旅游产业的收入、接待游客数量、组织机构、从业人员四个方面对其发展水平进行综合评价。

二、文化产业

1947 年，德国学者 Attino 和 Hawke Hammer（2006）[②]在《启蒙的辩证法》中首次提出文化产业的概念，把文化产业看成基于产品与价值原则整合后的产物。1993 年，联合国教科文组织把以文化为基础引致的生产与活动称为文化产业。我国对文化产业领域研究的开启时间相对外国较晚，2000 年，《中共中央关于制定国民经济和社会发展第十个五年计划的建议》第一次明确提出“文化产业”的

① 朱雪蕾：《现代旅游产业体系的构建路径》，《旅游纵览（下半月）》2019 年第 4 期。

② ［德］马克斯·霍克海默、［德］西奥多·阿多诺：《启蒙辩证法——哲学断片》，渠敬东、曹卫东译，上海人民出版社 2006 年版。

概念。随着现代科技水平的提高，文化产业和其他相关产业的壁垒被逐步打破，文化产业的产业链不断扩张，不再局限于文学、传媒、艺术、表演等传统产业，苑捷（2004）①进一步把旅游、教育、建筑、体育、互联网、文化遗产等归进文化产业研究中，文化产业的技术性和才能性的双重特征愈加明显。本书在研究中按照2018年国家统计局颁布的《文化及相关产业分类》，对文化产业进行了以下界定，认为一切以文化为核心要点，以提供文化相关服务与产品为手段，以直接或间接满足人们的精神物质文化需要和消费需求为目的，而进行的策划、生产、传播、展览等包含服务在内的文化产品的生产活动均属于文化产业。对文化产业发展水平的综合评价主要从文化产业收入、参观人数、文化相关机构数目和从业人员四个方面进行。

第二节　本研究的理论基础

一、系统耦合理论

“耦合”一词最初用来解释物理学的现象，是一个物理学概念，指的是两个及以上的系统之间的物质、能量和信息产生交互作用，

① 苑捷:《当代西方文化产业理论研究概述》,《马克思主义与现实》2004年第1期。

彼此影响并最终发生融合的过程。随着社会科学的不断发展，耦合概念逐渐应用于社会学、发展经济学、金融、人口与资源环境等领域。许多学者使用耦合的机理来对两种及以上的社会、经济、自然等现象的融合进行研究，以便于分析其耦合协调程度，耦合协调度意味着两个或两个以上产业相互影响以促进发展的程度。耦合协调模型用于计算两个产业的相互发展程度，计算出来的耦合协调度越大，说明两个产业相互促进共同发展的程度就越大，反之亦然。万里强等（2004）① 认为当条件和参量达到要求的时候，耦合系统将联通两个及以上的系统，使这些系统之间产生耦合现象，随着系统能力的不断增加，不同系统之间的结构功能将会出现交集，这些交集不是原系统单从体量上的增加，而是在原来基础上产生新的高阶系统，新的高阶系统自然具备新的功能，因此衍生出具有新质的较高层次系统。

近几年来，学者们把“耦合”运用于自然或社会经济学领域，发展出来系统耦合的概念，指的是两个或两个以上具有复杂关系的系统，通过彼此之间的相互作用，经过不断的相互影响逐步形成一个新的整体系统。发生耦合的系统里面涵盖了许多复杂的交互因子，在系统中物流、能量流和信息流循环作用，学术界把对耦合系统关系的协调、反馈和发展的机理、机制的研究成果，叫做系统耦合理论。在产业经济学中引入耦合概念，可以将性质不

① 万里强、侯向阳、任继周:《系统耦合理论在我国草地农业系统应用的研究》,《中国生态农业学报》2004 年第 1 期。

同的两类产业所组成的两个系统组合成一个耦合系统，通过各产业系统内部各自耦合元素的相互作用和影响，来描述不同产业间市场结构、市场行为和市场绩效的动态关联现象。耦合度的因子分析，对研究耦合发展方式和协同效应具有重要意义，在系统耦合体系中，耦合度是衡量系统或要素之间互相作用、互相影响的重要指标，耦合作用与协调程度决定了临界点的发展趋势和结构特征，促使系统出现熵减的现象。根据系统耦合基本概念中所提到的两个或两个以上的系统，本书将旅游产业经济发展水平和文化产业经济发展水平作为两个子系统，研究文化产业和旅游产业通过良性互动而相互依赖、相互协调、相互促进从而彼此影响以至联合起来的现象。

二、产业融合理论

产业融合起源于机械工具产业发展研究，引入新技术后，产业融合才从计算、广播延伸到其他的服务业。1978 年，Negroponte 把计算、广播与印刷的技术边界用三个互相存在交集的圆圈来表示，而且认为三个圆圈的共同交集将成为集发展与创新为一体的新型领域。从技术进步角度来看，美国学者 Ames 和 Rosenberg（1963）① 首次提出产业融合理论，在研究美国机器工具产业时发现，同一技术会产生向不同产业扩散的现象。他们提出由于

① Rosenberg N. Technological change in the machine tool industry. The Journal of Economic History，Vol.23，1963.

技术革命的出现和发展，衍生出现产业融合这个新生代经济现象。Yoffie（1996）① 提出数字技术的不断发展，使原本各自独立发展的产品出现了协同发展，产品特性开始出现融合。进一步地，Raghuram（2000）② 认为产业融合的本质是数字技术的普及创造性改变了媒体的传播形式和通信服务手段，使声音、图像和数字信息等可以通过众多网络同时传送推广。从产业边界的角度看，Greenstein 和 Khanna（1997）③ 认为产业融合是产业边界发生模糊或消失的经济现象。但是随着经济的发展和产业升级的需求，产业融合已不仅仅局限于信息产业领域和技术融合，而是逐渐扩展到其他产业和领域中，出现了第一、二、三产业之间的融合大趋势。例如最近几年比较流行的工业遗产旅游、农业旅游、游轮旅游、乡村旅游就是以第一、第二产业的自然资源和工业资源为基础，以第三产业的文化、创意为灵魂，赋予传统产业以文化内涵，以旅游为形式进行的产业融合和升级，不仅实现了对传统产业的改造和复活，而且也实现了产业的创新，促进新业态的形成。国内学者马健（2002）④ 在总结西方关于产业融合理论、基本特征和规律的基础上，对产业融合

---

① Yoffie DB. Competing in the Age of Digital Convergence. California Management Review，1996，38（4）：31—53.

② Raghuram G. Rajan，Luigi Zingales. The tyranny of inequality. Journal of Public Economics，Vol.76，2000：521—55.

③ Greenstein S，Khanna T. Competing in the age of digital convergence. Boston，1997：201—226.

④ 马健：《产业融合理论研究评述》，《经济学动态》2002 年第 5 期。

内涵进行了界定："由于技术进步和放松管制，发生在产业边界和交叉处的技术融合，改变了原有产业产品的特征和市场需求，导致产业的企业之间竞争合作关系发生改变，从而导致产业界限的模糊化甚至重划产业界限。""随着信息技术的进步，产业融合是 20 世纪 90 年代出现在电信、广播、电视、电影、出版部门之间产业边界的模糊与消失现象，即在数字融合的基础上为适应产业增长而发生的产业边界的收缩或消失。"周振华（2004）① 提出产业分立衍生了产业融合，融合的过程就是从产业边界固化向产业边界模糊化迈进的过程。李美云（2005）② 提出产业融合是彼此独立的企业由于产业边界的模糊消失而逐步成为竞争者的过程。从产业发展来看，吴少平（2002）③ 认为产业融合是指各相关产业通过保持相对协调性和内在成长性实现产业的创新发展。厉无畏等（2002）④ 提出，产业融合是指不同产业或同一产业内的不同行业之间相互交叉、相互渗透，最终逐步形成新产业的动态发展过程。胡金星（2007）⑤ 认为，产业融合的本质是一个自组织的过程。

---

① 周振华：《论信息化中的产业融合类型》，《上海经济研究》2004 年第 2 期。

② 李美云：《国外产业融合研究新进展》，《外国经济与管理》2005 年第 12 期。

③ 吴少平：《产业创新升级与产业融合发展之路径》，《首都经济贸易大学学报》2002 年第 2 期。

④ 厉无畏、王慧敏：《产业发展的趋势研判与理性思考》，《中国工业经济》2002 年第 4 期。

⑤ 胡金星：《产业融合的内在机制研究》，复旦大学学位论文 2007 年。

表 2-1　产业融合概念梳理

	界定角度	作　者	概　　念
产业融合界定	技术进步角度	Ames 和 Rosenberg（1963）	由于技术革命的出现和发展，衍生出产业融合的新生代经济现象。
		Yoffie（1996）	数字技术的不断发展，使原本各自独立发展的产品出现了协同发展，产品特性开始出现融合。
		Raghuram（2000）	产业融合的本质是数字技术的普及创造性改变了媒体的传播形式和通讯服务手段，使声音、图像和数字信息等可以通过众多网络同时传送推广。
	产业边界角度	Greenstein 和 Khanna（1997）	在产业边界发生收缩或消失的经济现象。
		周振华（2004）	从产业边界固化向产业边界模糊化迈进的过程。
		李美云（2005）	产业融合是彼此独立的企业由于产业边界的模糊消失而逐步成为竞争者的过程。
	产业发展角度	吴少平（2002）	产业融合是指各相关产业通过保持相对协调性和内在成长性实现产业的创新发展。
		厉无畏（2002）	产业融合是指不同产业或同一产业内的不同行业之间相互交叉、相互渗透，最终逐步形成新产业的动态发展过程。
		胡金星（2007）	产业融合的本质是一个自组织的过程。

数据来源：笔者整理而得。

学术界目前对产业融合的研究状况与其实际在经济社会中的发展情况存在滞后的问题，不同学者对产业融合的相关概念有不同的见解，马健（2002）在对之前学者对产业融合的研究进行总结归纳后提出：产业融合的过程就是技术的进步和进入壁垒的降低促使技术融合的发生，然后优化了产业结构，改变了产业内的关系，重新划分了产业边界。

第三节　文献综述

一、文旅产业融合的内涵

国外学术界尤其是英文学术界，虽然还没有明确提出文化产业与旅游产业融合的概念，但是相关的应用性研究已经很丰富，主要体现在这两个研究领域：文化产业研究者探讨文化所具有的旅游功能，旅游研究者关注文化旅游的研究。研究的视角和角度，主要侧重于这些方面：文化旅游的内涵界定对旅游业发展的重要意义、景区经营主体的文化对旅游业的积极意义、文化事件对旅游业的影响以及文化遗产和旅游之间的关系等。

1977 年，美国学者罗伯特・麦金托什（Mcintosh）和夏希肯特・格波特（Gebert）在《旅游学：要素・实践・基本理论》一书中首次提出"旅游文化"的概念①，引起学界关于文化旅游的思考和讨论。早在 1966 年，联合国教科文组织《信使》杂志（*Courier*）在第 12 期为联合国第一个以旅游为主题的"世界国际旅游年"活

---

① A. Malhotra. Firm strategy in converging industries：an investigation of U.S. commercial bank responses to U.S. commercial-investment banking convergence［D］. Doctorial thesis of Maryland University，2001.

动发了专刊，其头条文章《文化旅游：尚未开发的经济发展宝藏》（*Cultural Tourism*：*the Unexploited Treasure of Economic Development*）首次提出了文化旅游发展的经济意义，引发了各国学者对文化旅游的关注。进入20世纪90年代，随着实践和研究层面对旅游功能与价值认识的深化，文化和旅游的关系得到多角度讨论。然而在相当长的时期内，“融合”并非文化和旅游关系讨论的主基调。文化和旅游之间是互促还是互斥的争论在20世纪90年代中期以来的二十年间从未停息。《信使》在1999年7/8合刊中设定了《焦点》专栏，其标题是《旅游与文化：融合的反思》（*Tourism and Culture*：*Rethinking the Mix*），讨论在文化旅游发展过程中出现的新问题、案例和解决方案，以及如何规范文化旅游的发展。同年10月，世界旅游组织（UNWTO）发布了《全球旅游伦理规范》，谈到了如何在旅游的发展和融合过程中保护文化。理查德（Reinhard）和安德烈亚斯（Andreas H.Zins）（1999）[①] 指出，文化要素向旅游产业的渗透，使得旅游产业有了更高的文化内涵。二者以文化遗产旅游或工业文化旅游的方式相融合，使得新诞生的文化旅游产品更具吸引力。派恩（Pine）和吉尔摩（Gilmore）（1999）[②] 认为，“文化+旅游”的产业模式已然诞生。它最大的价值在于依靠创意元素引领消费者获得

---

① Reinhard Bachleitner，Andreas H. Zins. Cultural Tourism in Rural Communities：The Residents' Perspective［J］. Journal of Business Research，1999（44）：58—81.

② Pine B.J.，Gilmore J.H. The Experience Economy［M］. Harvard University Press，1999.

更佳的产品体验，文化创意是黏合文化旅游产业的根本所在。康奈尔（Connell）（2012）① 认为，旅游产业是文化产业的重要组成部分。诸如以迪士尼等为代表，将经典影视作品融入主题公园建设的文化旅游产业融合模式，已愈发成为一种趋势和潮流。乔波（Csapo）（2012）② 指出，文化产业融合涵盖了自然、科技、教育等多种元素的彼此渗透，它以观赏和休闲娱乐为消费内容，需要技术支持与政府管制的放松推动融合过程的实现。

旅游学术领域中，文化与旅游的关系讨论也一直是学者们研究的焦点。一般认为，文化发展与旅游带动的文化交流互为因果③。我国著名学者于光远先生早在 20 世纪 80 年代初就曾提出“旅游是经济性很强的文化事业，又是文化性很强的经济事业”的观点，认为旅游具有经济和文化的双重属性④。其中，“旅游具有文化属性”的基本判断成为旅游与文化关系研究的基石。在此基础上，后续研究逐渐形成了“灵魂载体说”，即文化是旅游的灵魂，旅游是文化的载体。关于灵魂与载体，学者们结合中国旅游业发展与民族文化的振兴、文化消费对提升旅游发展质量等方面展开了多角度探讨，民族

① Connell J. Film Tourism—Evolution，Progress and Prospects［J］. Tourism Management，2012，33（5）：1007—1029.

② Csapo J. The Role and Importance of Cultural Tourism in Modern Tourism Industry［M］. INTECH Open Access Publisher，2012.

③［美］冯·贝塔朗菲：《一般系统论基础、发展和应用》，林康义、魏宏森译，清华大学出版社 1987 年版。

④［美］Dean Mac Cannell：《旅游者休闲阶层新论》，张晓萍等译，广西师范大学出版社 2008 年版。

文化与旅游业发展具有相互依存、相互促进的关系逐渐成为学者的共识。自 2018 年国家文化和旅游部门合并以来，文旅融合发展成为我国文化产业与旅游业发展的新指向。在此背景下，学者们开始再次审视文化与旅游的关系，旅游者文化认同、流动性与场域、文化空间生产等成为重要的理论分析工具。张朝枝（2018）① 基于身份认同视角创新性地提出，旅游者个体或者民族与国家集体寻找文化身份认同是旅游与文化关系的起源，而文化变成旅游者的身份符号则是旅游与文化关系的进一步强化。马勇和童昀（2019）② 则认为旅游的流动性是文化互动变迁的重要渠道，文化场域是文旅融合的空间载体，旅游空间实践参与文化场域共创。陈怡宁和李刚（2019）③ 更是将文旅融合置于更广阔的空间生产视角，提出社会空间生产是文化与旅游协同发展的基础。随着文化产业的发展壮大，文化与旅游的关系探讨也逐渐扩展到文化产业与旅游业之间的相互依存关系。世界旅游组织在 2018 年出版的 *Tourism and Culture Synergies* 一书中指出，近几十年来，文化与旅游融合的基本动力之一是教育的发展，此外文化产业与旅游产业间的协同作用（synergies effect）是文旅融合的另一重要驱动力。

---

① 张朝枝：《文化与旅游何以融合：基于身份认同的视角》，《南京社会科学》2018 年第 12 期。

② 马勇、童昀：《从区域到场域：文化和旅游关系的再认识》，《旅游学刊》2019 年第 4 期。

③ 陈怡宁、李刚：《空间生产视角下的文化和旅游关系探讨——以英国博物馆为例》，《旅游学刊》2019 年第 4 期。

目前国内关于文化产业与旅游产业融合的研究多为定性研究，主要集中在融合基础、融合动力、融合路径和融合效应四大方面，关于文化产业和旅游产业的概念界定，多数以马健（2002）①、厉无畏等（2006）②对产业融合概念的阐述为基础，颜林柯（2007）③认为，随着国民经济发展的进步，旅游产业为了探寻未来的发展方向，谋求与不同产业之间进行相互渗透和相互交叉，从而改造原有的产业结构，而旅游产业与文化的渗透和交叉就是文化产业与旅游产业融合。杨娇（2008）④以产业发展角度为切入点，提出文化为魂，旅游为体，两大产业的融合实质上是旅游产业链的外延，文化产业旅游产业融合就是文化创意产品旅游化的过程。杨颖（2008）⑤以产品角度为出发点，认为文化产业与旅游产业的融合本质上是旅游目的、路线和附加服务的创新。明庆忠（2020）提出文旅产业融合指文化和旅游产业的要素通过彼此渗透、交叉和重组，使传统的产业边界或要素领域受到创造性破坏，进而产生新的共同体。刘安乐（2020）⑥认为

① 马健：《产业融合理论研究评述》，《经济学动态》2002 年第 5 期。

② 厉无畏、王慧敏：《创意产业促进经济增长方式转变——机理·模式·路径》，《中国工业经济》2006 年第 11 期。

③ 颜林柯：《国内外旅行社产业融合的模式研究》，北京第二外国语学院学位论文 2007 年。

④ 杨娇：《旅游产业与文化创意产业融合发展的研究》，浙江工商大学学位论文 2008 年。

⑤ 杨颖：《产业融合：旅游业发展趋势的新视角》，《旅游科学》2008 年第 4 期。

⑥ 刘安乐、杨承玥、明庆忠、张红梅、陆保一：《中国文化产业与旅游产业协调态势及其驱动力》，《经济地理》2020 年第 6 期。

文旅融合就是要在产业发展各个阶段实现融合和协调。第一，文旅融合就在于文化产业和旅游产业在产业发展基础方面共享，一方面，挖掘文化产业内涵，赋予文化产品旅游元素，实现文化产业资源和文化设施旅游化；另一方面，强化旅游产业资源和旅游基础的文化属性和文化元素，提升旅游产品及其产业层次文化底蕴。第二，文旅融合还依赖于人力资本共育。人力资源是文化和旅游产业直接操控者和执行者，在文化产业和旅游产业从业人员的培养和培育中注重文旅协同，引导文旅产业协调发展。第三，市场响应共生是文化和旅游融合发展的有效形式，就是要用旅游的产业形式推进文化产业的市场化，运用文化的内涵提升旅游产业的市场消费质量。

综合以往学者们的研究，得到文化与旅游产业融合内涵：融合出现于两大产业间的互补和延伸，经过持续不断的发展，形成文化旅游这一新型产业业态与产品形态。

文旅融合研究主题中的一个重要组成部分是文化创意和旅游融合。从全球来看，近年来文化创意在旅游业转型升级中发挥着加速器、创新源、驱动力的作用，它能塑造旅游品牌，提升旅游价值，推动旅游市场创新，加速文化与旅游的产业融合。文化创意旅游有利于诠释城市特色，改变千城一面，丰富旅游产品载体的层次。多元性、娱乐性、符号性、实用性和虚拟性是未来文化创意旅游的发展趋势。文化创意产业与旅游融合的典型类型的研究主要包括以下几类：

第一，文化产业园区与旅游融合。文化产业园区通过产业链的延伸，实现和旅游业的融合发展，主流模式包括主题公园、动漫基地、艺术园区、节庆演出基地和新兴街区。华侨城、北京 798 艺术区是典型的实践案例，它们以经营旅游的方式展示文化，创造了特色鲜明的旅游文化。

第二，影视业与旅游融合。文化创意与旅游融合的另一典型形式是影视旅游的发展。影视业与旅游业均具有“文化产业”的属性特征，成为二者融合发展的基础，而根本动力则是文化需求引致的市场融合。因而，未来影视文化与旅游间的融合发展将呈现多元化趋势。Hobikoglu 和 Cetinkaya（2015）[①] 运用乘数效应分析了土耳其以及好莱坞电影产业投资、票房收入对城市经济、文化产业以及旅游业发展的贡献。Edelheim（2009）[②] 从教育建构主义的视角，分析了动画片对旅游目的地社会认知的影响。

第三，文化演艺与旅游融合。无论是美国的好莱坞，还是中国打造的“印象系列”“千古情系列”旅游文化演艺节目，都创新了旅游开发方式及文化展示形式，为旅游目的地发展注入了生机与活力。一般认为，人才因素是旅游文化演艺发展最核心的驱动力，技术因素是持续性推动力，资源因素和社会因素是协同性推动力，产业因

① Hobikoglu E.，Cetinkaya M. In innovative entertainment economy framework，economic impacts of culture industries：Turkey and Hollywood samples［J］. Procedia-Social and Behavioral Sciences，2015，195（3）：1435—1442.

② Edelheim J.R. With the Simpsons as tour guides：How popular culture sources can enhance the student experience in a university tourism unit［J］. Journal of Hospitality and Tourism Management，2009，16（1）：113—119.

素是强制性推动力。

综上，文旅融合发展研究缘起于学者们对文化与旅游的关系探讨。从最初的“旅游的文化属性”的基本判断到“灵魂载体说”，且伴随旅游研究的持续深入，对二者关系的探讨逐渐延伸至相互依存性、共存的场域性、文化产业与旅游业的协同性等方面。

二、文旅产业融合在空间视角下的表现

文旅融合研究已经从最初文字的分析和描述逐步发展到地理空间研究方法等的综合应用。但是目前文献对于空间视角下文旅融合的讨论大多集中在单个民族地区，较少有以省为单位，或是以全国为单位的研究分析。季凯文、丁润青、王旭伟（2021）[①] 基于省域面板数据用空间计量分析了全国范围的文化资本对旅游业的影响，认为省域文化资本存量的高值区具有高经济发展水平指向性。中国省域文化资本存量与旅游业发展存在正溢出效应，从而呈现出较强的空间集聚特征。中国省域文化资本存量和旅游业发展也存在着明显的空间分异现象，其中旅游业发展的空间分异特征更为明显。张琰飞和朱海英、翁钢民和李凌雁都分析了我国大陆 31 省区市文化产业与旅游业融合发展的耦合协调度，得出结论：文化产业和旅游产业天然耦合，两者总体而言在空间上呈现出正向集聚性。西南地区文

① 季凯文、丁润青、王旭伟：《文旅融合新视域下文化资本对旅游业的影响效应——基于省域面板数据的空间计量分析》，《江西师范大学学报》（自然科学版）2021 年第 3 期。

化与旅游产业的整体发展水平偏低，主要原因在于二者融合协调程度欠佳。而在中部地区，优势的文化与旅游资源已固化式地形成向中部地区的汇集，形成集聚区。

1. 乡村视角下的文旅融合

国内目前有不少文献研究乡村的文旅融合。文旅融合能给乡村带来相当多好处，如倪艾兰（2020）① 指出，文旅融合已成为发展乡村旅游业、促进文化传播的重要选择。张洁（2020）② 提到，文旅融合是乡村振兴的全新机遇，为农村产业融合奠定了重要基础。沈艳（2020）③ 指出，文旅融合使农村产业经营更具有特色，推动了产业交流与集聚，吸引人才回归，使乡村与城市资源互补。

可见，目前学者对于文旅融合对乡村的影响的研究大部分聚焦在产业维度。文旅融合对乡村最重要的影响在于能够帮助推进乡村的产业融合进程。在这一基础上，文旅融合又能帮助带动乡村的经济活动，帮助乡村积累人气，带动乡村参与我国国内经济大循环。

然而，这些愿景的达成过程中仍有不尽如人意的地方。目前我国乡村的文旅融合仍然面临较大挑战。如倪艾兰（2020）通过对玉

---

① 倪艾兰：《文旅融合背景下玉溪市通海县乡村旅游发展研究》，华中师范大学学位论文 2020 年。

② 张洁：《文旅融合背景下乡村旅游扶贫模式构建研究》，《农业经济》2020 年第 8 期。

③ 沈艳：《乡村振兴目标下文旅融合的路径选择》，《文化创新比较研究》2020 年第 18 期。

溪市通海县的研究，指出文化拼凑、炒概念的问题依旧存在。同时，政府部门对更上一级政策的解读不到位，在规划方面具有一定的滞后性，在文化和旅游的综合发展过程中，缺乏统一的规划和安排，存在文化和乡村旅游有机融合不到位的情况。金式攀（2019）① 通过对浙江省文旅融合的研究指出，浙江多个乡村的经营模式仍以家庭经营为主，其旅游资源整合较差，经营模式比较单一，文化挖掘不够深。同时，产品同质化严重，文化较为单一。张彩虹等（2018）② 指出，城市化过快发展侵蚀了乡土文化演化空间；目前的乡村旅游产品同质性强。周玲玲（2020）③ 对成都的分析中提到，成都乡村文旅融合存在的问题主要在于文化资源未得到充分利用，公众未积极参与导致乡村自治化弱等。

总结而言，乡村目前的管理水平仍然较差，并且文旅融合程度较浅，创新程度不够。而这些问题对于文旅融合将来在乡村的发展是至关重要的。对此，众多学者给出了不少建议。如金式攀（2019）指出，用文旅融合推进乡村振兴，需要集聚文旅产业，加强服务体系，挖掘乡土文化，培育新兴产业。张彩虹等（2018）指出，乡村文旅融合的发展应注重产业融合，传递特色文化，加强创意元素等。

---

① 金式攀：《乡村振兴战略下浙江文旅产业融合发展研究》，《安徽农学通报》2019 年第 19 期。

② 张彩虹、段朋飞、尹琳珊：《文旅融合视角下乡村振兴路径研究》，《当代农村财经》2018 年第 12 期。

③ 周玲玲：《文旅融合视角下的成都乡村振兴路径研究》，《佳木斯职业学院学报》2020 年第 1 期。

刘建莉（2019）[①] 指出，政府若要推动乡村文旅融合转型，应转变资金扶持思路，提高资金利用效率，提高乡村文化产品附加值等。周玲玲（2020）指出，应差异化定制文旅产品，塑造旅游文化品牌。张业梅等（2020）[②] 指出，加大文旅投入，培育文旅专业人才队伍，增强农村通达能力，完善旅游基础配套设施，创新宣传推广以及制定相关政策等是推动乡村文旅融合发展的方式。张洁（2020）指出，文旅融合背景下乡村振兴的策略应是推进产业深度融合，充分认识农民在乡村文旅产业中的主体作用。沈艳（2020）指出，打造模范试点是推进文旅融合在乡村发展的可行尝试。

大部分学者的建议可分为两部分，即政府力量推进与挖掘乡村内涵。政府在推进乡村文旅融合的作用主要是资金支持、政策鼓励与产业扶持。而乡村本身应深挖具有地域特色的文化内涵，并将乡村居民作为文旅产业的主要服务与文化产品提供者，使得乡村文旅产业能够自发进行正向循环。

乡村的基础产业是农业，因此在乡村文旅融合中，最重要的是挖掘农业在文旅融合中的可能性。Andy Pratt（1997）[③] 认为创意产

---

① 刘建莉：《文旅融合型乡村旅游精准脱贫模式研究——以湖南老家寨传统村落为例》，《黑龙江生态工程职业学院学报》2019 年第 6 期。

② 张业梅、李鹏举：《乡村振兴战略下宜宾市农村文化与旅游产业融合发展研究》，《农村经济与科技》2020 年第 9 期。

③ Andy Pratt. The Cultural Industries Production System：A Case Study of Employment Change in Britain（1984—1991）[J] . Environment and Planning A. 1997，29（11）：1953—1974.

业生产系统的形成原因是节约交易成本、寻求地理接近、分享知识溢出以及提升创意经济，主要由加工生产、大众分销、创意构思和创意消费构成。周锦、熊佳丽（2017）①的研究表明，文化创意产业与现代农业的融合基于两者产业内容和产业结构的外在关联与内在联系，现代农业为文化创意产业提供客观载体，而文化创意产业为现代农业提供创新动力，其融合模式主要表现为加入旅游、动漫、制造业、互联网等元素。周春波（2018）②认为，文化产业与旅游产业经过吸纳融合、渗透融合、整合融合和重组融合四种路径，实现文化、市场、技术和产业上的融合。钱静（2009）③的研究表明创意农业的发展模式主要有：旅游资源导向、市场导向、传承原真性文化和引领创新理念的创意农业模式；当地政府应通过塑造良性的市场运作环境和支持性政策为文化创意产业与现代农业的融合创造条件。此外，诸丹、袁力（2009）④的研究认为，创意农业价值内涵可以为文化创意产业与农业的融合提供新的发展方式。

在文化创意产业与现代农业融合的实证分析方面，以一线城市

① 周锦、熊佳丽：《产业融合视角下农业与文化创意产业的创新发展研究》，《农村经济》2017年第5期。

② 周春波：《文化产业与旅游产业融合动力：理论与实证》，《企业经济》2018年第8期。

③ 钱静：《论都市农业、生态旅游和文化创意产业融合——以北京市为例》，《现代农业》2009年第9期。

④ 诸丹、袁力：《现代农业发展方式创新：创意农业助推乡村旅游升级发展——以四川省成都市为例》，《农村经济》2009年第9期。

和东部发达地区的案例研究为主。张俊（2009）① 研究了创意农业发展的初始条件和动力支撑体系，从而构建了创意农业发展的理论模型；苗润莲（2011）② 通过分析密云县创意农业的发展模式，得出创意农业是文化创意产业、旅游业和农业融合形成的新业态；周锦、邱红（2015）③ 采用灰色系统理论计算了全国视角下文化产业与其余各产业间的灰色关联度；孙光彩、田东林（2016）④ 立足于小区域视角，对云南省曲靖市农业产业结构的灰色关联度进行分析，得出文化产业与农业融合度较低的结论。

2. 城市视角下的文旅融合

2015 年中央城市工作会议明确提出，城市是文化经济最活跃的空间，城市人口是文化旅游最重要的主体。因此，城市内的文旅融合总体而言比乡村更为发达。同时，由于城市有经济优势、交通优势、知名度优势等，城市的文旅融合产业规模总体也比乡村大很多。

城市经济繁荣，产业结构比乡村复杂得多，并且对于文化产业与旅游产业较为发达的城市而言，文化旅游是大多数市民日常消费的一部分。因此，城市的文旅融合问题并不仅仅是一个产业问题，

① 张俊：《论创意农业发展的内生性：一个分析框架》，《经济地理》2009 年第 7 期。

② 苗润莲、时艳琴、李梅：《密云创意农业发展分析与对策建议》，《农学学报》2011 年第 11 期。

③ 周锦、邱红：《基于灰色理论的我国文化产业融合发展研究》，《阅江学刊》2015 年第 5 期。

④ 孙光彩、田东林：《曲靖市农业产业结构的灰色关联度分析》，《云南农业大学学报》（社会科学）2016 年第 4 期。

而要结合城市的整体运转一起来看。刘士林（2019）[①] 指出，要明确文化和旅游融合发展既是一个产业问题，也是一个城市问题。随着我国城市逐渐向消费型城市转型，文化旅游业作为消费中的重要一环，必须与城市共同转型。付业勤（2020）[②] 指出，旅游活动能够促进城市文化软实力的发展，而城市文化软实力又反过来决定其旅游业的内涵深度。邱晓星等（2018）[③] 指出，建设有文化内涵的旅游品牌可以提升城市形象与内涵。可以说，文旅融合的程度是如今一座城市精神文明建设程度的直接表现。

我国城市目前的文旅融合程度总体而言并不高。其面临的挑战与乡村文旅融合所面临的挑战大体类似。如何一民（2016）[④] 提到，城市文旅融合面临的挑战包括对传统文化资源的保护力度不到位，文旅融合程度不够深，文化旅游同质化等。崔庆江（2016）[⑤] 通过对六盘水文旅融合情况的研究指出，该地区文旅融合存在深度不够、创意要素缺乏、产业人才流失等问题。

---

① 刘士林：《以消费城市为中心促进文旅融合发展》，《人民论坛·学术前沿》2019 年第 11 期。

② 付业勤：《文旅融合背景下城市旅游地文化软实力评价与发展策略研究》，《四川轻化工大学学报》（社会科学版）2020 年第 3 期。

③ 邱晓星、史璟：《文旅融合视角下的城市旅游品牌建设研究》，《绿色科技》2018 年第 17 期。

④ 何一民：《推进长江沿江城市文旅融合与旅游业转型升级的思考》，《中华文化论坛》2016 年第 4 期。

⑤ 崔庆江：《文旅融合助推资源型城市转型发展模式研究》，云南师范大学学位论文 2016 年。

在都市农业与文化产业的融合方面，詹慧龙（2015）①总结了各国都市农业的产业结构，发现都市农业的一、二、三产融合形成的产业主要包括：都市园艺业、都市养殖业、都市农产品加工业、都市休闲旅游业、都市农业服务业。其中，观光休闲农业是我国都市农业与二、三产业融合切入点。张强（2002）②提出，农业对于城市的社会功能和生态功能十分明显，并且在食品安全、生态、保持城市个性特色等方面凸显出越来越突出的意义，而农业所积淀的文化内涵已经愈来愈多引起现代社会的注意，因此农业文化资源整合是农业功能调整的重要部分。王海滨等（2007）③将休闲农业定义为一种典型的体验经济产业，是现代农业的重要内容。因此，北京、上海等城市将休闲农业作为都市现代农业功能拓展的重要途径（俞菊生，2007）④。吴方卫（2008）⑤认为，休闲工业既是对农业经济潜力的深度挖掘，也是一个系列旅游产品开发的过程，成为一种一、二、三产交叉融合的新兴产业。而王振如、钱

① 詹慧龙、刘燕、矫健：《我国都市农业发展研究》，《求实》2015年第12期。

② 张强：《北京都市型农业资源进行战略性整合的探讨》，《海峡两岸观光休闲农业与乡村旅游发展——海峡两岸观光休闲农业与乡村旅游发展学术研讨会论文集》2002年。

③ 王海滨、王涛、全志、朱万斌：《北京现代都市农业建设应大力发展休闲农业》，《中国农学通报》2007年第10期。

④ 俞菊生：《现代农业与休闲农业的理论与实践》，《上海市社会科学界第五届学术年会文集》（2007年度）（经济·管理学科卷）2007年。

⑤ 吴方卫：《简论未来我国都市农业的发展》，《北京农业职业学院学报》2008年第1期。

静（2009）[①] 认为都市农业、生态旅游和文化创意产业融合在经济价值、美学价值和生态价值方面都具有重大意义，并探索了北京实现三大产业融合的模式。

针对如何更好地推进城市中的文旅融合，学者们给出的建议也与乡村相似。这里简要摘录。如何一民（2016）指出，对于较发达的城市群，推动文旅融合发展应该发挥市场配置资源的主体作用，将文旅融合与广大人民群众的利益融合，同时加强各城市间的联动。邱晓星等（2018）指出建设城市文化旅游品牌应首先在政府层面打破行政部门间的壁垒。

而针对城市中的都市农业这一领域，文献综述如下：

俞菊生（1998）[②] 经过文献研究，提出"都市农业"一词的定义最早出现在日本学者青鹿四郎于 1935 年发表的《农业经济地理》一书中，其定义可归纳为，都市农业是一种存在于都市内部或都市外围的特殊形态的、集约化生产程度很高的农业，且从事都市农业的农业组织在经济上依附于都市经济。方志权（2008）[③] 总结都市农业具有六大特征，分别是融合性、多样性、集约性、开放性、外部性、脆弱性。国内学者对都市农业与其他产业融合的研究包括特征、路

---

① 王振如、钱静：《北京都市农业、生态旅游和文化创意产业融合模式探析》，《农业经济问题》2009 年第 8 期。

② 俞菊生、张占耕、白尔钿、程智强、王春萍、徐新春、潘迎捷、汪树俊：《"都市农业"一词的由来和定义初探——日本都市农业理论考》，《上海农业学报》1998 年第 2 期。

③ 方志权：《都市农业六大特征》，《农村工作通讯》2008 年第 17 期。

径、模式、评价四个方面。

（1）都市农业与其他产业融合特征研究

早期，学者们的理论研究主要聚焦于都市农业的发展规律。毛科军（1997）[①]提出农业现代化应重点突出有规律的纵向发展演变以及横向向其关联产业延伸、渗透、融合为一个现代产业群的运动过程，并将产业聚集度、产业关联度、组织带动度、产品增值度作为指标体系。张占耕（1998）[②]借鉴日本、德国、新加坡等国家的经验，提出都市农业的本质是一种在城乡之间的渗透和融合过程中，同工业进一步结合的高集约化、多功能的农业。干经天（2001）[③]比较了都市型农业与城郊型农业的特征与本质，认为都市型农业具有与城市及其产业高度融合的本质条件，以及与城市其他产业基本一致的产业形态和生产方式，即城市化的本质特征。

（2）都市农业与其他产业融合路径研究

自2007年以后，学者们在都市农业的定义、特征等方面达成了广泛的共识，并将研究重心转移至产业融合的路径问题上。张雅光（2009）[④]将一、二、三产业的融合性作为天津沿海都市型农业的主要特征之一，提出天津都市型现代农业应重点发展种源农业、绿色

① 毛科军：《都市型农业产业化建设》，《理论与现代化》1997年第9期。

② 张占耕：《笑迎都市农业的崛起》，《探索与争鸣》1998年第9期。

③ 干经天：《都市型农业与城郊型农业的特征比较与本质差异》，《上海交通大学学报》（农业科学版）2001年第1期。

④ 张雅光：《天津沿海都市型现代农业特征与功能研究》，《中国农业资源与区划》2009年第3期。

生态农业、设施农业、加工农业、海洋农业、口岸农业、休闲观光农业。魏延栋、史亚军（2010）[①] 针对北京农业的一、二、三产业相互融合的都市型现代农业的定位，围绕在产业融合过程中的农业标准化体系进行研究，提出都市型现代农业的产业链已经从第一产业延伸到第二、三产业，具有生产、生态、生活、示范、文化、教育等多种功能。莫鉴国（2011）[②] 认为成都发展都市生态农业的三次产业融合中，一、二产业融合的切入点在农产品加工方面；与三次产业的融合要高度关注品牌和市场网络的形成、新的商贸流通模式等方面。何美丽等（2014）[③] 基于后现代思维审视了都市农业的发展，提出农业与二、三产业融合，应以“经营者利益最大化”和“社会与环境代价最小化”为核心衡量标准，以生态为前提，以生产功能为主，深度开发农业的生态服务、休闲娱乐、体验教育、辐射示范等多功能。谯薇、张嘉艺（2017）[④] 将都市农业产业延伸性的表现总结为两个方面：一是都市农业从第一产业向第二、第三产业延伸渗透，形成农业与食品加工业、服务业等产业的交叉融合。二是都市农业实行区域化布局、规模化建设、专业化生产、企业化管理和社

---

① 魏延栋、史亚军：《北京都市型现代农业标准体系建设研究》，《中国农学通报》2010 年第 14 期。

② 莫鉴国：《成都发展都市生态农业的应循之势——产业融合、多功能化》，《四川农业科技》2011 年第 11 期。

③ 何美丽、王军强、左停：《基于后现代思维反思都市农业发展》，《生态经济》2014 年第 4 期。

④ 谯薇、张嘉艺：《我国都市农业发展困境及对策思考》，《农村经济》2017 年第 3 期。

会化服务，形成产加销、农工商一体化的经营模式，从而不断延伸和拓展农业产业链。

（3）都市农业与其他产业融合模式研究

邓蓉等（2007）① 围绕城市的要素市场和产品市场的形成，以及都市化社会的形成等因素是都市农业形成的原因等，指出都市农业主要的发展模式包括成品农业模式、生态农业模式、设施农业模式、精准农业模式、观光休闲农业模式。刘平（2009）② 通过观察和分析日本 20 世纪 70 年代开始的创意农业活动，引入了“创意农业”和“一村一品”的概念，认为这有助于发掘农产品内在的品牌价值，从而通过创意活动提升农产品的附加值。

此外，学者们对都市农业与建筑设计业、会展业、信息技术等产业或领域的融合也做了大量的探索。陈波、杨卫丽等（2011）③ 将都市农业所具有的生态保障、优化空间结构、文化传承、示范教育等功能融入生态建筑的设计中。赵海燕、桂琳等（2013）④ 探析了北京会展农业的发展状况，提出会展农业以都市型现代农业发展为基础，以科学技术为支撑，以涉农会展业为平台，具有带动多产业融

① 邓蓉、王伟：《论我国都市农业的形成与发展》，《北京农业职业学院学报》2007 年第 6 期。

② 刘平：《日本的创意农业与新农村建设》，《现代日本经济》2009 年第 3 期。

③ 陈波、杨卫丽、苏原：《“3G-Box”复合型生态建筑设计——以“都市农业纳入到建筑系综合楼”设计为例》，《华中建筑》2011 年第 7 期。

④ 赵海燕、桂琳、刘芳、何忠伟：《北京会展农业的发展特点探析》，《北京农学院学报》2013 年第 3 期。

合发展的发展特点。

（4）都市农业与其他产业融合评价研究

尽管，对都市农业绩效评价的研究起步较早，但是相关文献相对比较少。2000年，上海率先基本实现都市型农业、农业现代化研究课题组发布了上海都市农业农村现代化评价体系，从农村生态环境要素、农业装备要素、农业经营管理要素、农业科技应用要素、农业经济与结构要素、农民生活质量要素六个方面构建综合实现指数。顾海英（2016）①从生产和收入层面、生态层面、科技水平与机械化水平、农民职业化与农业组织化等方面，分析上海现代都市农业的发展现状，认为在农业的比较收益、农业生态、创新程度、城乡互动等方面仍然存在问题。

从现有文献来看，对都市农业与二、三产业融合的研究主要以理论研究为主，实证研究较少。产业融合度的实证研究方法主要有相关系数法、熵指数法、赫芬达尔指数法、贡献度测量法、AHP—模糊综合评价法（梁君等，2014②；严伟，2015③）。本书将采用各省市投入产出表，应用灰靶决策模型计算农业与其他产业的关联度，重点分析上海都市农业与二、三产业融合的特征，以进一步研究文

① 顾海英：《上海现代都市农业的内涵与路径创新》，《科学发展》2016年第4期。

② 梁君、陈显军、杨霞：《广西文化产业与旅游业融合度实证研究》，《广西社会科学》2014年第3期。

③ 严伟：《基于AHP—模糊综合评价法的旅游产业融合度实证研究》，《生态经济》2014年第11期。

旅融合在乡村层面的表现特征与作用机理。

总结而言，文旅融合在乡村与城市的意义与表现形式不尽相同，但城市与乡村面临的文旅融合存在的问题以及解决方案是较为类似的。

文旅融合在乡村扮演了带动产业融合、刺激经济发展的动力的角色，它是我国乡村振兴战略中的重要组成部分。而文旅融合在城市中则更多靠城市自己的发展自然产生。城市中的文旅融合与城市生活联系更紧密，与城市形象深度绑定。

而文旅融合在城市和乡村所面临的问题，则大体可概括为融合程度较浅、同质化严重、创新程度不够等。学者所给出的解决方案主要包括增加政府扶持、提高资源配置效率、提高行政效率等。

三、文旅产业融合的耦合层次

在文旅产业耦合研究方面，大部分研究选择一个特定省市或区域作为研究区域。周叶（2014）① 用灰色系统理论研究江西省文化和旅游产业耦合发展状况，认为两者已经处于联动耦合发展阶段。陈长煜（2019）② 选取新疆作为研究区域并建立耦合协调模型，代入新疆 2006—2016 年文化产业与旅游经济的数据计算研究，侯兵、周晓倩（2015）③ 选取长

---

① 周叶：《基于灰色系统理论的江西文化产业与旅游产业耦合发展》，《江西社会科学》2014 年第 3 期。

② 陈长煜：《新疆文化产业与旅游经济的耦合协调关系研究》，《传媒论坛》2019 年第 17 期。

③ 侯兵、周晓倩：《长三角地区文化产业与旅游产业融合态势测度与评价》，《经济地理》2015 年第 11 期。

三角地区 16 个城市作为研究区域，周锦等选取长三角三省一市作为研究区域，张琰飞、朱海英（2013）①选取的研究对象是西南地区（四川、云南、贵州、重庆），经测算得出西南地区的文化产业普遍滞后于旅游产业的结论。他们指出，文化与旅游产业具有与生俱来的耦合性。西南地区文化与旅游产业的整体发展水平偏低，主要原因在于二者融合协调程度欠佳。汪永臻、曾刚选取西北五省区（陕西、甘肃、新疆、青海、宁夏）作为研究对象，对五省进行比较优势和发展现状分析，从而得出更细致的结论。颜鑫（2020）②以长三角城市群 26 个城市为研究对象，将其分为三个梯队对比分析。翁钢民、李凌雁（2016）③运用耦合协调度模型和探索性空间数据分析方法测算了中国 31 个省市文化与旅游产业的融合水平。结果显示，两大产业的融合度呈现出显著的空间正向集聚性，即优势的文化与旅游资源已固化式地形成向中部地区的汇集。因此，国家亟须出台更具倾斜性的人才与技术政策，才能打破现有的马太效应僵局。黄蕊、侯丹（2017）④在东北经济再振兴的大背景下，挖掘东北三省文化

① 张琰飞、朱海英：《西南地区文化产业与旅游产业耦合协调度实证研究》，《地域研究与开发》2013 年第 4 期。

② 颜鑫：《长三角城市群文旅产业发展水平及其耦合度研究》，上海师范大学学位论文 2020 年。

③ 翁钢民、李凌雁：《中国旅游与文化产业融合发展的耦合协调度及空间相关分析》，《经济地理》2016 年第 1 期。

④ 黄蕊、侯丹：《东北三省文化与旅游产业融合的动力机制与发展路径》，《当代经济研究》2017 年第 10 期。

与旅游产业融合的可能性，基于传统产业融合理论，探寻东北三省文化产业融合的动力机制与发展路径。南宇等（2017）①采取lotka-volterra模型，对甘南藏族自治州两大产业的融合度变化情况进行了计算分析，研究结果认为甘南藏族自治州两大产业处于融合状态，而且一直处于比较稳定的状况，提出甘南州政府应该加大力度发展旅游产业。

在研究对象选取上，绝大多数学者研究该研究区域的整个文化产业和旅游产业，但部分学者选取其中特色产业进行着重分析。王兆峰（2012）②研究了湖南湘西民族文化产业与旅游业耦合发展结构关系。李翠林（2019）③研究了新疆的文化创意产业与新疆的旅游产业之间的耦合协调水平。

在耦合程度发展的分析探索上，学者们统一认识到文旅融合由“结合”到“融合”，即由浅入深。过往文化和旅游产业停留在表面的点状结合，表现为文旅产业合作而实为经济产业内部合作，忽视了政治和社会层面的合作，因此仅是浅层次的机械合作，并非深层次结构性耦合。在文化部门和旅游部门合并后，新的行政体制有利于文旅融合相关政策设计，顶层设计的改变使得文化产业和旅游产

---

① 南宇、孙建飞、张萍：《丝绸之路背景下甘南藏族自治州旅游产业与文化产业融合问题研究》，《干旱区资源与环境》2017年第3期。

② 王兆峰：《民族文化产业与旅游业耦合发展研究——以湖南湘西为例》，《中央民族大学学报》（哲学社会科学版）2012年第6期。

③ 李翠林、刘菥雯：《新疆文化创意产业与旅游业耦合度测量分析》，《新疆财经》2019年第1期。

业逐渐转变为线性融合，即在价值观念、经济发展、社会效益、实践路径四个方面都互相交织的紧密融合关系。可以预见的是，今后文化产业和旅游产业将进一步加深耦合程度和层次，进入“区块融合”的深度耦合阶段。王秀伟（2021）① 认为文旅融合的本质是文化和旅游通过产品融合、业态生成、要素集聚，在共同市场中实现价值耦合。文旅融合的过程实现了两者价值边界的扩张，同时创造了新的价值增长点。在此过程中，由表及里依次形成了产品融合、业态融合、要素融合、市场融合、价值融合五个高度关联的维度，构筑了文旅融合的金字塔结构。其中产品融合是文旅融合的基础维度和显性特征，处于金字塔结构的底层。产品融合维度是文化和旅游产品基于功能和价值属性的融合维度，包括文化和旅游在产品设计、产品生产、产品营销和产品消费层面的融合。产品功能和价值的复合性模糊了文化产品和旅游产品之间的固有边界。业态融合维度指向的是市场主体在产品供给方式、经营形式、组织形态方面进行的融合。文旅业态融合以产品融合为核心，在融合型产品的基础上调整文化和旅游产品之间的价值关系，固定价值形态，最终形成融合型的产业形态。要素融合维度是由支撑文旅融合发展的生产要素之间进行的融合。文化和旅游生产要素包括土地、资金、技术、劳动力、数据等，为文旅融合提供了外部支撑。健全要素市场、优化要

---

① 王秀伟:《从交互到共生：文旅融合的结构维度、演进逻辑和发展趋势》,《西南民族大学学报》(人文社会科学版）2021 年第 5 期。

素供给、提升要素配置效率能够从根本上改善文旅融合的发展态势，促进文旅融合效率提高、结构优化与融合深度提升。产品、业态、要素融合为文旅市场维度的融合奠定了基础。一方面前者需要借助市场机制，在自由开放的市场环境中实现；另一方面，产品、业态、要素的融合必然推动文化和旅游市场间的交互甚至重叠，从而促成两者市场融合现象的发生。价值融合是文旅融合的最终诉求和根本遵循。价值融合维度不仅是衡量文旅融合效益的主要尺度，也是塑造文旅融合系统的基本标杆。文旅融合旨在实现文化和旅游潜在价值的释放和新增价值的创造。价值融合维度与文旅融合系统之间是一种双向互动关系。一方面，价值融合维度在文旅融合中发挥着提供价值标的、推动理念创新、协调融合关系的作用。另一方面，文旅融合持续演进过程中不断创造的经济价值、社会价值、文化价值是构成价值融合维度的重要内容。

在耦合的路径上，各研究有着差异化的认识。吴理财等（2021）①认为文旅融合有三重耦合性——价值、效能和路径。其中文旅价值耦合体现在文化与经济间要素互构、文化产业和文化事业与旅游业间的价值互补、社会性与经济性间效益共生三个层面。在价值的耦合后，文旅融合在现实中反映为效能上的耦合，兼有经济效益和社会效益。效益上的耦合可以促进文旅深度发展，补齐公共

① 吴理财、郭璐：《文旅融合的三重耦合性：价值、效能与路径》，《山西师大学报》（社会科学版）2021 年第 1 期。

文化服务短板，助力城乡社会发展。路径耦合为文旅融合提供可行性论证，实现文旅有机、深度融合。在路径上，文化理念融入旅游，打造文化品牌聚集效应。刘安乐等（2020）[①]认为文旅融合机理是通过强化各自产业竞争力，二者产业价值扩展使得文化和旅游产业的相似和交叉部分形成链接，从而形成新的产业形态。整合优化二者资源可以使文化产业和旅游产业之间横向拓展和纵向延伸，促进共融发展。文旅产业要在产业发展的基础阶段、人力资源、市场各个阶段实现融合和协调。周锦等认同价值、效能和路径的三重耦合性，提出要实现资源融合、技术支撑、协同发展三步，由浅入深实现深度耦合。结合我国国情和文旅融合发展的需要，文旅融合发展主要应抓好四个融合。一是行政管理融合。行政管理融合是文旅融合发展的保障。应依据《深化党和国家机构改革方案》继续推进从中央到地方的文化和旅游行政管理融合。不仅是在机构部门上实现融合，更要在体制机制、职责职能以及具体的日常行政管理工作中实现融合。行政部门应统筹规划、统筹管理文化与旅游事务，同时推动旅游和文化公共服务融合，让公共文化服务进入景区，鼓励公共文化场所创新发展。二是资源融合。改变文化资源与旅游资源分离的局面，加强文化资源与旅游资源的融合利用。通过挖掘和开发地区文化资源来促进旅游业发展，通过旅游业的发展实现文化资源的保护

---

① 刘安乐、杨承玥、明庆忠、张红梅、陆保一：《中国文化产业与旅游产业协调态势及其驱动力》，《地济地理》2020 年第 6 期。

性开发。“绿水青山就是金山银山”“不能抱着金饭碗乞讨”，同样，地方特色文化也是“金山银山”，要将其融合于旅游资源之中，促进旅游业和经济社会发展。三是产业融合。产业融合是文旅融合发展的核心。文化产业和旅游业目前仍具有比较清晰的产业边界，而文旅融合发展要求对文化产业和旅游业中适宜融合的部分进行融合。文化产业与旅游业本身就存在部分的交叉和重合，产业融合要求我们运用产业链“整合延伸，集聚互补”的机制，对两个产业交叉或接近的部分融合发展，推动发展文化旅游企业、打造文化旅游品牌、生产文化旅游产品、建设文化旅游景区等。四是市场融合。以县域为基本单元，推动文化旅游一体化市场的培育和监管工作。推进文化机构、文化企业与旅游企业的对接合作，鼓励和引导文旅融合的新业态、新模式。望庆玲、孙军、顾敏（2021）[①] 认为文化产业与旅游产业通过资源渗透、市场延伸、产业价值链延伸、功能重组、产品创意重组以及产业价值链一体化的融合路径催生出文化景观、旅游演艺、特色小镇、旅游节庆、文创开发以及主题公园这 6 种文旅主要表现形式。其关系如表 2-2 所示。刘安乐等（2020）认为文化产业和旅游产业虽具有显著的综合性特征，依然可以从二者发展过程中找到文旅基础—文旅人力资本—文旅产业效益的发展规律，二者的融合主要通过两个方向进行：一是文化和旅游产业在科技进步

---

① 望庆玲、孙军、顾敏：《文化产业与旅游产业深度融合的动力机制与发展路径》，《科技和产业》2021 年第 5 期。

和社会消费驱动下，通过产业内部拆分、重组等形式不断调整各自的产业结构强化各自产业竞争力，二者产业价值扩展使得文化和旅游产业的相似和交叉部分形成链接，从而形成新的产业形态。二是可以通过整合和优化文化产业和旅游产业共有发展条件，使文化产业和旅游产业之间横向拓展和纵向延伸，促进文化和旅游产业彼此共融发展。

表 2-2　4 种文旅融合模式和 6 种主要表现形式分类

融合模式	融合路径	主要表现形式	典型案例
渗透	资源渗透	文化景观	庐山瀑布
延伸	市场延伸	旅游演艺	宋城千古情
	产业价值链延伸	特色小镇	景德镇瓷器小镇
重组	功能重组	旅游节庆	西塘汉服文化节
	产品创意重组	文创开发	故宫文创
一体化	产业价值链一体化	主题公园	迪士尼乐园

随着文化产业与旅游业的发展，国内早期单纯的文化与旅游关系研究逐渐淡化，基于产业视角探讨二者融合协调的研究逐渐增多，主要集中于产业融合和耦合协调两个方面。基于产业视角的文旅融合研究，学位论文占有相当的比例。但国外鲜有文化产业与旅游业融合发展的相关提法，世界旅游组织使用文化产业与旅游业的协同发展来表征二者间关系。文旅产业融合研究多从产业融合理论入手，探讨文化产业与旅游业互动融合发展的理论基础、融合关系的类型、动力、产业链构建、融合路径、融合模式等。现有研究多用耦合函数法，以某市或省域作为研究对象来测度和评价文化产业与旅游业

的耦合度和协调度。基于全国层面的研究文献还较少，仅有张琰飞和朱海英、翁钢民和李凌雁分析了我国大陆31省区市文化产业与旅游业融合发展的耦合协调度，认为中国省级层面上文化产业与旅游业发展的耦合协调度呈现出一定的空间自相关的特征，并对其形成机理进行了解释。

在旅游研究中，文化与旅游融合发展一直备受关注，从初始的文化与旅游的关系论述，到衍生出文化遗产与旅游融合、影视旅游、文化创意旅游、文旅融合的影响等一批成果丰富的子领域，形成了多个研究热点和分支，取得了丰硕的研究成果。总体来看，文化与旅游融合研究呈现出以下特点：（1）文旅融合研究呈现突出的时代特征和中国特色。文献梳理发现，无论是文旅融合的理论研究，抑或文旅融合的实践层面，中西方不同语境下存在较大差异，都具有鲜明的本土化发展特征。从我国文旅融合研究的阶段性进程看，在理论取向、研究议题和关注焦点等方面都紧紧追随中国社会时代变迁，直接反映了文化和旅游发展的现实进程及其演变，呈现了突出的中国特色。（2）文旅融合研究的学理性特征逐渐强化。近期国内文旅融合研究成为热门话题，与行政管理体制调整和文旅融合新业态持续涌现紧密相关。同时，也促使文旅融合研究的学理性分析和反思逐步深入，这一过程基本形成两条进路：一是基于“灵魂载体说”对文化与旅游关系的深层逻辑思辨，鉴于文化和旅游各自概念与内涵的丰富性以及二者外延存在的模糊性特征，多维视角透视、多学科探究日益成为共识；二是侧重于从实证视角，聚焦文旅产业、业态和产品层面，围绕为何融、如何融以及融合影响的科学讨论。但我国文旅融合研究的核心领域和边界界定还比较模糊，有待在上述两类研究路径中深入探索。（3）文旅融合研究议题演进转向多元主题。现有研究呈现出从对有形文化转向对无形文化，从对传统文化转向对大众文化、创意文化关注的研究趋势。文化产业中的各种文化形态，包括传统文化、城市文化、乡村文化、流行文化、演艺文化、电影文化、动漫文化等与旅游发展的关系及旅游产品转化等成为学者们研究较多的主题，且多以某一具体文化业态为切入点，详细分析特定文化业态与旅游的融合发展，涉及产品开发、产业管理以及旅游对文化的影响等多方面内容。非物质文化遗产、少数民族聚居地的地理分布和旅游开发以及旅游发展对文化的影响也逐渐走进学者们的研究视野。此外，文旅融合研究中的数字化、文化的表演化和文化创意业等也是对全球文化产业发展及社会科学研究转向变化的积极回应。（4）文旅融合研究方法的实证取向鲜明。文旅融合研究不断借鉴经济学、社会学及地理学的学科理论与方法，逐渐呈现出多样性和广泛性的特征。文旅融合研究也从最初描述和分析现象为主，逐渐发展到实地调研、统计与计量分析、地理空间研究方法的综合应用。国外多采用访谈法、实地考察法和观察法。国内早期多采取论述法和规范分析方法，进行现象描述和规律总结与提炼。近年来，逐渐引入实证研究、计量分析与地理空间分析方法，在研究方法上有所突破和创新。

四、文旅产业融合的影响因素

根据以往学者对产业融合内涵的理解和解释，将推动产业融合的影响因素主要归纳成两大类：技术进步和管制放松。Porter（1985）① 和 Raghuram（2000）② 认为技术创新和技术融合以改变传统产业的边界为手段推动产业融合不断发展。Hamel 等（1994）③ 认为放松管制、全球化、私有化以及技术进步正在逐渐打破众多产业的原有边界。日本学者植草益（2001）④ 在对信息通讯业发生的产业融合进行研究后，提出新技术的推广、政府政策的积极引导和企业联合等方式将打破原有产业之间的传统发展模式，使产业边界模糊化过程愈加明显，最终实现产业融合。Theilen（2004）⑤ 提出推动融合过程的影响因素主要涵盖：技术进步、社会改革、全球化、自由化、放松管制、法律改变和现有价值链的市场变动七个方面。厉无畏等（2006）⑥ 指

---

① Porter，M.E. Competitive strategy：Techniques for analyzing industries and competitors. New York：The Free Press，1985.

② Raghuram G. Rajan，Luigi Zingales. The tyranny of inequality. Journal of Public Economics，Vol.76，2000：521—558.

③ Hamel G.，Prahald C.K. Competing for the future；what drives your company's agenda：your competitor's view of the future or your own？[J]. Harvard Business Review，1994，72（4）：122—129.

④ 植草益：《信息通讯业的产业融合》，《中国工业经济》2001 年第 2 期。

⑤ Theilen，F.，Geschäftsmodellbasiertes Konvergenzmanagement auf dem markt für mobile Financial Services. Diskussionsreihe Bank & Borse，Bank Verlag，Vol.36，2004.

⑥ 厉无畏、王慧敏：《创意产业促进经济增长方式转变——机理・模式・路径》，《中国工业经济》2006 年第 11 期。

出科技发展和进步及其在创意产业中的应用，通过改变产业生产和销售模式，优化了传统产业结构，最终促使了产业融合的发生。陈柳钦（2007）①从产业之间的关系和经济学角度出发，指出产业之间本身存在的关联性和经济社会对实现效益最大化的追求是推动产业融合发展的重要影响因素。于刃刚（2006）②指出，政府放松经济法规、技术创新、企业跨产业并购、组建战略联盟是影响产业融合的重要原因。赵珏（2015）③认为产业融合是产业规制的放松、技术创新和扩散、商业模式创新和其他多因素综合作用的结果。

此外，Witt（2001）④和陈山枝（2006）⑤认为市场需求和用户偏好影响产业融合。刘茂松和曹虹剑（2005）⑥提出模块化促进产业融合发展。Penning 和 Phanish Puranam（2001）⑦指出社会经济发展全球化推动产业的融合产生。

---

① 陈柳钦:《产业融合的发展动因、演进方式及其效应分析》,《西华大学学报》（哲学社会科学版）2007 年第 4 期。

② 于刃刚、李玉红、麻卫华、于大海:《产业融合论》，人民出版社 2006 年版。

③ 赵珏、张士引:《产业融合的效应、动因和难点分析——以中国推进“三网融合”为例》,《宏观经济研究》2015 年第 11 期。

④ Witt U. Evolutionary Economics：An interpretative survey［J］. 2001：49—52.

⑤ 陈山枝:《信息通信产业融合的思考——关于网络、终端与服务》,《当代通信》2006 年第 1 期。

⑥ 刘茂松、曹虹剑:《信息经济时代产业组织模块化与垄断结构》,《中国工业经济》2005 年第 8 期。

⑦ Johannes M. Pennings and Phanish Puranam，Market Convergence & Firm Strategy：New Directions for Theory and Research［R］. Paper to be presented at the Conference “The Future of Innovation Studies”. Eindhoven University of Technology，2001（9）：20—23.

另有学者从内在动力和外在影响力入手，将产业融合的影响因素分为内因和外因两个层面，Anna-Greta Nystrom（2005）① 通过研究通信市场发现，影响产业融合的内在因素主要包括消费需求、竞争、追求创造价值等，外在因素主要包括新技术、自由化与全球化等。

通过对现有文献的梳理，可以归纳出，多种多样的复杂因素互相影响互相作用促使产业融合的出现和发展。产业融合的主要影响因素可以分为内在因素和外部因素，外部因素包括新技术的产生和应用、贸易全球化、自由化、政府的政策引导等，内在因素包括消费需求升级、管理方式创新、企业战略联盟和企业基本组织原则的变革等。

更进一步分析，徐虹（2008）② 提出，影响文旅产业融合的主要因素包括技术、产品、市场以及制度等。杨娇（2008）③ 指出，思维意识的改变、旅游要素的扩充、文化产业价值链的延伸和需求升级促进了文旅产业的融合发展。阎友兵、谭鲁飞等学者（2011）④

① Anna-Greta Nystrom. Industry convergence and business networks in the telecommunications sector—A theoretical approach. In Proceedings from the 21st. IMP. Conference，Rotterdam，September 1—3. ed. 2005.

② 徐虹、范清：《我国旅游产业融合的障碍因素及其竞争力提升策略研究》，《旅游科学》2008 年第 4 期。

③ 杨娇：《旅游产业与文化创意产业融合发展的研究》，浙江工商大学学位论文 2008 年。

④ 阎友兵、谭鲁飞、张颖辉：《旅游产业与文化产业联动发展的战略思考》，《湖南财政经济学院学报》2011 年第 2 期。

认为区位、经济、社会行政和人力是影响文旅产业融合的主要因素，并据此提出文旅产业联动的7大原则。高凌江（2012）①、赵蕾（2015）②认为除了旅游产业本身的强关联性属性，市场需求升级、企业对经济效益的追求、技术进步等都属于影响融合的因素。赵磊（2012）③从技术、企业、产品和市场四个角度出发分析了文旅产业的融合发展过程。兰苑、陈艳珍（2014）④认为市场供给、市场需求和外部环境是影响文旅产业融合的主要因素。

相比较理论研究，学者们对文旅产业融合影响因素的实证研究较少。张玉蓉等（2015）⑤通过因子分析对调查问卷进行处理，运用回归模型对影响文旅产业融合的因素进行实证分析，从需求、供给和环境三个维度进行研究。黄蕊等（2017）⑥基于东北三省的面板数据运用灰色关联度方法提出技术进步和市场需求推动了文旅产业的融合发展。周春波（2018）⑦基于31个省级面板数据，运用FGLS

---

① 高凌江、夏杰长:《中国旅游产业融合的动力机制、路径及政策选择》,《首都经济贸易大学学报》2012年第2期。

② 赵蕾、余汝艺:《旅游产业与文化产业融合的动力系统研究》,《安徽农业大学学报》(社会科学版)2015年第1期。

③ 赵磊:《旅游产业与文化产业融合发展研究》,安徽大学学位论文2012年。

④ 兰苑、陈艳珍:《文化产业与旅游产业融合的机制与路径——以山西省文化旅游业发展为例》,《经济问题》2014年第9期。

⑤ 张玉蓉、鲁皓、张玉玲:《产业融合视域下旅游业与文化创意产业的互动发展研究》,《理论与改革》2015年第2期。

⑥ 黄蕊、侯丹:《东北三省文化与旅游产业融合的动力机制与发展路径》,《当代经济研究》2017年第10期。

⑦ 周春波:《文化产业与旅游产业融合动力：理论与实证》,《企业经济》2018年第8期。

研究方法，发现消费需求、技术创新、政府规制是推动我国文旅产业融合发展的重要因素。

综合学者的研究，发现促进文旅产业融合发展的影响因素具有地区差异性，不同地区、不同发展程度、不同产业结构下的文旅产业融合影响因素也不同，因此未来在进行文旅产业融合影响因素分析的时候需要充分考虑研究区域的本身特性，以增进研究深度。

五、文旅产业融合的测度方法

张海燕、王忠云（2013）① 从基础竞争力、竞争力潜力和环境竞争力三个方面构建指标对文旅产业融合水平进行了衡量。李雪茹（2009）② 从价值性、稀缺性、区别性和契合性等方面对文旅产业的综合竞争力水平进行评价。鲍洪杰等（2010）③ 通过构建两大产业的耦合指标体系，对其耦合度进行判别。侯兵、周晓倩（2015）④ 借鉴耦合度模型的原理重新建立融合发展模型。姜永常（2013）⑤ 从旅游

---

① 张海燕、王忠云：《旅游产业与文化产业融合运作模式研究》，《山东社会科学》2013 年第 1 期。

② 李雪茹：《区域文化产业竞争力评价分析：基于 VRIO 模型的修正》，《人文地理》2009 年第 5 期。

③ 鲍洪杰、王生鹏：《文化产业与旅游产业的耦合分析》，《工业技术经济》2010 年第 8 期。

④ 侯兵、周晓倩：《长三角地区文化产业与旅游产业融合态势测度与评价》，《经济地理》2015 年第 11 期。

⑤ 姜永常：《旅游产业融合发展的动力、机制与策略研究——以文化旅游业为例》，《哈尔滨商业大学学报》（社会科学版）2013 年第 4 期。

产业融合发展的价值链解构与重构的角度衡量了文旅产业融合情况。王冠孝（2016）[①] 构建评价指标体系对全国 31 个省市旅游业进行耦合协调度实证测评。许春晓、胡婷（2018）[②] 基于生产力模型与生产要素理论，从资源、资料、人力、技术四项生产要素角度，提炼构建文化与旅游融合潜力测度模型。袁俊等（2018）[③] 利用熵值权重法并构建耦合度评价模型，对珠三角地区的文旅业融合程度进行测评。

根据对以往文献的梳理可以看出，目前对文旅产业融合水平的学术研究主要分为两大类：一是基于实际发展情况对融合现状进行描述。二是采用灰色关联系数法、耦合协调度法、投入产出法、贡献度测量法等对文旅产业融合程度进行量化分析。已有的研究主要集中在综合评价文旅产业融合程度上，无法说明各个产业在融合过程中发挥的主要作用，难以提出有效的政策性建议。

六、文献综评

本书选择“知网 CNKI”作为文献可视化分析的统计数据来源，以“文化产业”“旅游产业”和“产业融合”三个主题为检索条件，运用知网系统自带的计量可视化分析对所得的 1143 篇文献进行分

---

① 王冠孝、梁留科、李锋、蒋思远、段小薇：《区域旅游业与信息化的耦合协调关系实证研究》，《自然资源学报》2016 年第 8 期。

② 许春晓、胡婷：《大湘西地区文化与旅游融合潜力及其空间分异》，《经济地理》2018 年第 5 期。

③ 袁俊、高智：《珠三角地区文化产业与旅游业融合发展水平测度》，《资源开发与市场》2018 年第 1 期。

析，得到如下统计图。

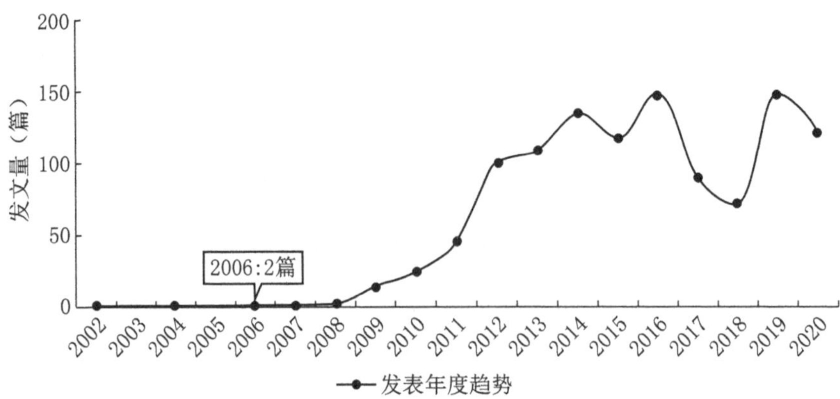

图 2-1　国内关于文化产业和旅游产业融合发展研究的发文趋势

数据来源：笔者通过知网 CNKI 计算而得。

我国文旅产业融合的相关研究不断增加。通过在“知网 CNKI”数据库中进行检索，整合关于相关研究文献，发现我国对文旅产业融合发展的研究晚于国外。随着研究的发展，文化产业和旅游产业融合的概念、理论研究在不断深化，关于文旅产业融合机制、路径和模式的研究不断增加。

在文化产业和旅游产业融合影响因素的研究中，学者多数从供给端、需求端和外部环境三个层面进行分析，供给端主要包含产业要素的扩充发展、文化价值链的延伸、劳动力要素、企业对经济效益的追求、资本要素投入的增加等影响因素；需求端主要指思想的改变和收入的增加所引发的市场需求升级；外部环境主要包含新技术、政府规制、社会行政、地理位置等影响因素。

在文化产业和旅游产业的融合发展水平测算上，引入物理学中的“系统耦合”之后，越来越多的学者运用不同的指标对不同地区的耦合协调度进行量化分析。但在量化推动文旅产业融合影响因素的研究上仍旧没有重大突破，引入灰色关联度可以弥补数据的不完整性，但是在量化指标的选取上还不够成熟完善，具有一定的争议，同时考虑到数据的可得性，许多学者在研究过程中只能选择替代变量，对研究结果的准确性造成一定影响。

综上，本书的研究主要从供给端、需求端和外部环境三个层面对影响文旅融合发展的影响因素进行分析，在文旅产业融合的测度方法上，根据系统耦合理论运用熵值法进行量化分析。

第三章　推动文旅产业融合发展的影响因素分析和DSE动力理论

文化产业和旅游产业均涉及多个行业和领域，文旅市场中消费者的需求变化是推动文旅产业融合发展的主要内在因素，从外在推动因素来看，文旅市场供给、技术进步和政府政策是主要的外部因素。本书在研究文旅产业融合影响因素时，主要从需求因素、供给因素和外部环境因素这三个层面分别进行分析，并据此提出文化产业和旅游产业融合的DSE动力理论和四个假设。

第一节　供给因素分析

产业发展的供给因素主要包括自然资源、劳动力、投资等。自然资源的总量和结构对产业的发展效率和发展模式产生重要的影响。劳动力具有不可完全替代性，因此是形成产业结构的重要影响因素，劳动力素质的提高将有助于形成新的生产方式和产业。资本是产业持续发展的动力，是产业结构形成和升级的重要因素。供给端是中国文旅产业的瓶颈难题，过往的服务逆差，指向的是国内优质文旅产品服务供给的不平衡。文旅行业的需求远远没有得到满足，是因为供给侧动能不足。通过供给侧升级，提供高质量旅游产品，才能满足更高水平的人民生活幸福需要。

本节将以文化产业和旅游产业的产业发展、劳动力要素和资本要素三个方面作为重点，从供给角度分析推动文旅产业融合的影响因素。

一、产业发展

随着经济和信息化的快速发展，产业融合成为一种新型发展趋势和经济现象。产业融合不仅能推动产业结构调整，提升产业核心竞争力及附加值，而且能为国民经济向高质量发展迈进提供新动能。文化产业和旅游产业因其本质属性和特征具有天然的耦合关系。一方面，从本质属性上看，文化产业和旅游产业都是拥有经济、文化双重属性的综合性产业，二者融合发展有利于实现互动共赢。对于旅游产业而言，文化赋予旅游产品更加丰富的文化内涵，增加旅游产品的附加值，优化产业价值链，提升产业品质，满足游客多样化、个性化需求，并为旅游市场创新注入新的活力。对于文化产业而言，与旅游的融合不仅为文化交流传播提供了平台和载体，也让文化以一种生动有趣的方式走进大众的生活，在游客移动过程中扩大了文化的影响力，拓宽了文化产业的市场空间，推动着地域文化的继承与发展。随着人们生活水平的提高，旅游消费意愿增强，文化精神和社会层面的价值也随之在旅游消费过程中走向大众，走向市场，并实现经济价值。另一方面，文化和旅游是互补性产业，两者之间的互补性使得文化旅游走向更深入的融合层面。在稳增长、调结构、促改革、惠民生的新时代背景下，文旅融合发展能够带动文化和旅游产业转型升级，催生新兴产业，激发企业发展活力，满足人们多样化、个性化、高品质的文化消费需求。

文化与旅游产业发展具有内在逻辑的统一性。文化尽管没有统一的定义，但从各种界定来看，可以认为是一定区域人类精神活动与行为方式的总和，包括精神活动形成的语言文字、认知思想和审美标准等；物质生产活动方式和产品，如衣、食、住、行；规范自身行为和调节相互关系的准则，如礼俗、民俗、风俗和习惯等。它具有历史累积性、地域差异性等特征。文化根植于其所在地区、所在人群之中，其传播在空间和途径上有较大限制。现代交通技术的发展为人们旅游创造了更好的条件，旅游将不同地域的不同人群联系在一起，极大地促进了本土文化的对外传播。旅游顾名思义就是旅行游览，旅游的六大要素——吃、住、行、游、购、娱，大多与旅游目的地的文化有关。正是旅游目的地的文化异质性，吸引游客产生旅游行为。同时，旅客可以将旅游目的地文化传播开来，有利于各地文化相互借鉴，进而衍生出新的文化。随着人们生活水平提高和出行条件改善，文化和旅游消费成为重要的需求领域，并且文化与旅游呈现相互促进、融合发展的新趋势。文化与旅游的深度融合，则将文化转化为重要的旅游资源，文化旅游将无意识的文化传播转变为有意识的文化呈现和游客主动的文化认识，大大拓宽了文化传播的渠道，促进了文化的传播和接受。“文化产业与旅游业具有可互相利用的资源和‘满足人们需求’的功能，具备了融合发展的条件。”文化产业是以满足人们精神需求为目标的产业，其主营产品是在一定社会历史条件下孕育产生的、带给人良好的精神体验和美的感受的文化及其所附着的客观实物。显而易见的，前者是文化产品的核心，是其主要价值所在。各地区往往具有其地区特色的文化。也就是说，文化往往附着于一个地区的风土人情、名胜古迹、特色食品、工艺品等。旅游业的发展也主要依靠能给人带来精神享受、素养提升的旅游资源，旅游资源的价值也主要在于给人带来的精神体验。常见的旅游资源一般分为两类，自然旅游资源和人文旅游资源，但最具有吸引力，最能够给游客带来好的旅游体验的是自然旅游资源与人文旅游资源相结合。古语云：“山不在高，有仙则名。”一个有吸引力的自然景观，往往融合了许多文化元素，它往往伴随着从古流传的故事传说、文人墨客的歌咏传颂、宗教的福地庙宇，等等。而一个有吸引力的人文景观，也往往拥有令人心旷神怡、精神愉悦的自然环境。文化与旅游具有共同的目标，即带给人良好的精神体验，它们还有着很强的相互依附性，文化往往依附于地方的各种实体旅游资源，如景观、商品、游憩活动等，旅游资源也因为融入了当地的文化元素而更加具有吸引力。

文化是提升旅游产业发展质量的根本，旅游是文化产业活态化和产业化的重要表现形式。随着文化产业不断经济化、市场化、物态化发展，文化产业的园区化、景区化、参与性和展示性趋势成为推动文旅产业融合的重要内在因素，使文化产业不断向旅游产业渗透、靠拢。通过打造主题公园、旅游小镇等方式吸引大量游客，增强旅游产业的功能化和文化产业的场景化，增加游客的体验性和可重复消费性。随着旅游产业链的不断延伸和拓宽，现代旅游已经逐渐打破以往的资源依赖性，旅游地点的景点占比在不断下降，休闲、娱乐、饮食、住宿等服务性行业越来越多地注重品质化、个性化和本土化，打造具有地区特色的旅游产业链。互联网的不断发展改变了人们的生活方式，消费者在进行文旅消费的时候习惯在多媒体平台上进行分享，数字文化拓展了原有的表现形式，而且数字文化具有不受地区限制的优势，能够持续不断被消费者建设和丰富。越来越多的旅游从业者依靠数字文化吸引游客，持续提升旅游产品的文化创意，打造参与性旅游产品，使旅游产业不断引入文化要素，增加旅游产业发展的活力和创造力。

如果当初文化产业只停留在发展初级阶段，文化产品的观赏性和经济性较如今相比将大大减弱，同样的，如果旅游产业处于初级阶段，那么旅游产品主要停留在观光阶段，文化产业和旅游产业的融合程度将十分浅薄。由于文化产业和旅游产业的不断发展，旅游目的地的文化异质性不断加强，文化产品的功能和体验性不断丰富，两大产业的产业边界逐渐出现越来越多的渗透和交叉，两者间的壁垒愈发模糊，产业融合的程度不断加深。同时，产业业态化程度的加深转变了产业的发展模式，文旅产业产业链条与不同产业出现了纵向、横向和侧向多角度的合作，打造了包括健康产业、文化创意、教育研学、农业观光等多种发展模式，推动了文旅产业与农业、工业和其他现代服务业交叉互动式发展，提高了全要素开发水平，提升了文旅产业的发展空间和发展水平。

近年来，受国内外多种因素的影响，部分行业发展低迷，经济下行压力加大，而文化和旅游业保持持续增长，成为“对冲”经济“下行”的关键抓手。《中华人民共和国文化和旅游部2021年文化和旅游发展统计公报》显示，截至2021年末，全国各类文化和旅游单位有32.46万个，从业人员共484.41万人；全年国内旅游人数达32.46亿人次，同比增长31.0%。新形势下，文旅融合发展恰逢其时。

总而言之，文化产业和旅游产业在本质上就有共同性，两者相辅相成能够打破彼此的发展上限，减少对特定要素的依赖性，增强消费者体验性、可重复消费性以及彼此间的正向效应。文化产业和旅游产业各自的纵深发展，能够完善、拉长产业链，从而发掘两条产业链条更多交互的可能性，因而提升文旅产业融合的空间。

二、劳动力要素

劳动力要素是产业得到不断发展的基本要素和底层建筑。文化产业和旅游产业作为创意型、服务型产业，对人的依赖性更高，甚至未来会超出对环境的依赖性。因为人才是创意的主体，没有人就无从谈起文旅产业的创意产品和创新方式。劳动力作为一种特殊要素，不但能发挥一般生产要素的内生作用，还能通过发挥自身外部性来提高其他生产要素的生产效率。劳动力的外部性表现在当文旅产业人才到位时，可以通过充分调动其他要素、完善加强顶层设计及其落实、创新颠覆产业融合方向和方式等一系列途径，整体改善生产要素利用方式，从而实现单调递增的生产效率。随着劳动力要素的不断提高，从业者的数量和质量对文旅产业融合起到了推动作用，创意性人才将创意转化为符合消费者需求和企业供给能力的文旅产品，完成从意识形态到文旅产业业态化的转变，将文旅产品以旅游产品的形式被消费者消费，化虚为实，对市场进行细分之后，整合文化资源和旅游资源，推出内容精准定位的文旅相关产品。

影响文旅产业融合发展的劳动力要素不仅包含已经具备从事文旅产业发展的有关社会经济实践活动的从业人员，还包含处于储备和培养时期的人力要素，只有一个充足的人才库才能保证人才要素的可持续输送。由于文旅产业属于创意性新型产业，相关从业人员的数量和职业素质还有待提高。目前我国急需大量的文旅人才，高质量劳动力数量的增加将会提高文旅项目的发展速度，扩大文旅企业的生产线，加快文旅产业的融合发展速度。作为一个融合性产业，文旅产业对劳动力的综合能力要求较高，需要涉及艺术、经济、政治等多领域的知识能力。更重要的是，文旅产业融合需要相关从业人员对文旅项目进行顶层设计规划发展路线。只有拥有一批能力水平高的文旅工作者负责各个文旅项目，文旅项目才能得到科学合理的规划，文旅企业的持续发展才能得到保障，整个文旅产业的融合协调程度才能得到深化。另外，劳动力要素的提高还有利于新技术新概念的应用，而技术的生命周期对产业的升级发展起到关键作用，推动技术进步有助于促进文化产业和旅游产业的产业结构不断优化，是促进产业融合的重要推手。

文化产业与旅游产业的融合发展本身是一个系统性工程，需要一批既具备旅游产业运作能力又善于挖掘文化元素的高端复合型人才来推动。因此，应立足教育资源优势，根据文化与旅游产业耦合发展对人才的需求，以文化产业为基础设置新专业，建立面向旅游产业的产学研一体化人才培养机制，培养出宽口径、厚基础的复合型人才。同时各个集中发展文旅产业的省市也应该面向国内外加大人才的引进力度，吸引国内外文化创意相关领域人才前来就业，实现人才集聚效应。因此，对于经济文化相对落后的城市，要加大政策倾斜和资金投入来引进文化旅游行业的高端人才，着眼于长期丰厚回报。

因为其正外部性、关键性和综合性，劳动力是文旅产业的重要基础要素，并且目前处于严重短缺的状态，因此劳动力要素可以很好地用以评判文旅项目建设情况。

三、资本要素

企业作为文旅产业融合的市场主体，是在供给端推动两大产业融合过程中的重要因素。根据皮埃尔·布尔迪厄（Pierre Bourdieu）

的文化资本理论，文旅融合的过程实质上是文化与旅游在融合维度的递进中逐步实现文化资本化的过程。资本具有逐利性，而文化产业和旅游产业作为现代经济社会中增加点、附加值最高的产业之一，自然成为资本的聚集地。同时，基于文化和旅游产业范围经济的特性，即一个企业生产两种产品的成本小于两个企业各自独立生产一种产品的成本之总和，旅游产业和文化产业存在天然的耦合性和功能互补性。所以在利益的驱使下，功能互补的旅游产业和文化产业相关企业更加愿意达成战略合作关系，通常表现为文化相关企业和旅游相关企业的合作，即双方资本间的合作。这种通过产业价值链的互动延伸而实现产业融合的模式，称为互动延伸型融合模式。这种合作不仅有助于节约生产成本和扩大经济效益，对加强文旅产业的业务之间的协同效应、扩大文旅产业的市场空间和丰富市场结构更具有重要作用，推动着文旅产业融合发展的过程。

投资作为文旅供给侧产业链的上游要素，对整个产业链起到至关重要的作用。资金的属性、配置、期限、成本极大地影响下游的产业链，如何降低投资成本，提高投资效率是整个产业能否提供优质服务的关键。文旅产业的发展需要大量的资金投入，随着文旅产业向功能化、城镇化、场景化的不断演进，自然、生态、人文和科技等需要为文旅产业持续高质量发展提供合适的外部环境，这些基础设施的建设需要大量的资金。因此，如何通过平台和不同的融资渠道获取政府支持并持续撬动社会资本，成了文旅产业发展过程中的重点难题。但同时文旅产品投资周期长，回流速度慢、时间长。

因此文旅投资是一项长期的事业，需要资本长期陪伴和赋能。重投资、长周期是文旅投资的固有特点，需要有情怀、有耐心、善坚守的资本投资。另外，文旅产业的发展需要加大对文化资源和旅游资源的开发利用。作为创意型产业，文旅产业生产要素的开发需要大量资金支持，创意向产品的转化过程需要以技术和基建为辅助力，同样需要资金来维持正常的运转。因此，大量资本要素的投入及有效的运营管理将有利于文旅产业产品的更新迭代，持续推出创意创新产品，从而促进文旅产业的高品质融合发展。

综上，文化产业和旅游产业的高附加值和天然的范围经济带来的互补性极大程度上推动了两方企业和资本的合作，达成战略关系和产业融合合作，从而降本提效、加强协同效应。除此之外，资本是文旅产业不可或缺的上游要素，极大影响下游产业链，同时也是持续更新迭代的保证。因此利用资金的方式方法也是文旅企业在供给端使用资本要素时需要考虑的重点。

第二节　需求因素分析

随着经济社会的不断发展和物质水平的极大提升，人们的旅游消费观逐渐发生转变，旅游消费需求进而发生变化。消费升级的时代，无论是现代人生活方式的转变还是行业格局的变化，都对现下的文旅产业提出了更高的要求。例如消费者更加注重消费过程中的体验性这一现象，就对旅游产品的品质提出了新一层次的需求。对消费需求的迎合促使旅游相关企业极力寻求与其他行业进行融合发展，文旅项目需要从宏观、微观的角度为消费者营造出具有功能、情感和社会意义的消费场景。以提高产品种类的丰富度，满足不同人群的需要。

需求端作为推动文旅产业进行融合发展的重要影响因素，本书将从市场容量和需求升级两个层面对其产生影响的过程进行分析。

一、市场容量

文旅产品消费者数量与消费层次成正比，类似于旅游者的需求趋势作用。因此，随着消费者数量的增加，消费需求开始出现升级，文旅产业的融合发展空间被拓宽。目前我国的产业已经发生迁移，高质量人口随着产业迁移和产业升级已经发生聚集效应，使得新中产阶层成为消费的中坚力量。大多数文化和旅游相关的企业将文旅相关产品的受众群体定位在中产阶级上。高质量人口的聚集将催化生成高质量的文旅消费市场。同时，近年来人民生活的物质基础越来越稳固，在物质得到满足后，人民群众开始转向精神文明诉求。中国特色社会主义进入新时代，我国社会主要矛盾已经转化为人民日益增长的美好生活需要和不平衡不充分的发展之间的矛盾。对美好生活的需要也部分体现为对精神文明满足的需要。在这种大背景下，高文化附加值的旅游产品能在满足物质需求的前提下极大程度满足人民对精神文明的需求。因此文旅产品的需求市场将会不断扩大，有较大的发展前景，为文旅产业融合持续注入动力。进一步地，与消费主体发生变化相伴随，旅行者越来越倾向于有高文化附加价值的旅游项目，这种变化其实是旅游消费者根本诉求基本面上的一种提升，也为文旅融合奠定了坚实基础。高质量的文旅消费市场将倒逼企业推出高质量的文旅相关产品，促进文旅高质量融合。

值得一提的是，2020年，中央提出了以国内大循环为主体、国内国际双循环相互促进的经济“双循环”政策后，消费成了国内外市场主体的重要连接点，扮演着十分重要的角色。众多专家认为，双循环最主要的一点，是绝大部分消费都在国内完成，这意味着刺激消费将成为未来一段时间的主旋律。作为人民群众喜闻乐见、参与度高的精神文化产业，文旅无疑将占据拉动内需、提振消费的主力军地位。在新冠肺炎疫情暴发后，过去火爆的中国出境旅游市场遭到重创。后疫情时代，国内旅游市场率先复苏，我国文化旅游以内循环为主的新格局正在加速形成。目前国内游客甚至开始挖掘中国版海外游替代景区，如中国版66号公路、中国版恶魔之眼、中国版羚羊谷等，部分中国版替代景区依靠中国中西部独有的鲜明地貌特色，进一步助推中西部自然风光热度持续升温。全国各地的全域旅游热潮方兴未艾，这或将成为疫情后文旅产业发展的新风口。

所以，市场容量对产业的发展起到至关重要的推动作用，消费者数量的增加和集聚将推动需求市场质量提升，对精神文明的需求和高质量消费者的集聚将扩大需求市场容量，从而倒逼文旅企业创造更加丰富优质的市场供给，促使文旅产业进一步融合发展。

二、需求升级

基于闲暇的二重性，即闲暇同时具有消费性和生产性，以休息娱乐为目的的闲暇成为第一闲暇，以提升自身能力和水平为目的而参加教育培训活动、提升自身技能和综合能力的闲暇为第二闲暇。随着我国生产力的持续发展，闲暇的生产性作用逐渐提升，文旅相关产品作为闲暇的消费品，同样具有消费性和生产性，目前，伴随着互联网成长起来的90后和00后成为了新的消费主体，他们个性鲜明，追求时尚，消费独立。在这样的情况下，科技、潮流、个性、体验成为新娱乐的标签，这要求文旅项目必须做好创新融合，提供新场景、新体验。消费者对文旅产品的生产性的需求不断提升。因此文旅相关产品不仅需要为消费者提供舒适的休息娱乐体验，还需要通过产业联动打破传统边界，为消费者提供如体育旅游、教育旅游、康养旅游等具有生产意义的体验。与90后、00后成为新的消费主体同步的是，据《中国家庭旅游市场需求报告》显示，家庭出游已经占据整个中国境内外出游市场的50%～60%，而渴望家庭出游的消费者占比高达九成以上。对家庭新消费需求的准确触达和生产成为了当下文旅产业的机遇和重点。所以，随着闲暇的生产性被越来越多的消费者关注，文旅相关企业需要通过打破以往产业边界，积极寻求不同产业之间的渗透、交叉来满足不断变化的消费需求。

在市场环境逐渐趋向更高层次融合的情况下，不仅文化和旅游的融合度大大提高，同时也在市场内部形成了以文化和旅游市场共生为基准的需求共生。文旅市场融合的需求共生态势体现于在统一的文旅市场中文化和旅游的相互驱动引致受众对文化和旅游产品消费需求趋于一体化的发展态势。在文旅消费逐渐转向细分领域、品牌价值和精神体验的背景下，文旅市场融合的需求共生态势得到加强。当代游客对目的地的选择正在发生变化，那些能够体现文化独特性、鲜活性、多样性的旅游场景越来越具有吸引力和感染力。

马斯洛需求层次理论认为，人的需求从高到低分为五层，即生理、安全、社交、尊重和自我实现的需求。当低层次的生理、安全的基本需求得到满足之后，就会出现对更高层次的需求。随着国民可支配收入持续增加，其消费结构也逐渐升级，其中对精神文化的需求和消费逐渐增长和旺盛起来。表现在旅游消费层面，就是人们对个性化、多元化、高层次、精神类的文化旅游产品表现出了极大的兴趣，其旅游出行不再是为了满足低层次的求新求异求奇的走马观花式的旅游目标和心理诉求，而是对文化旅游目的地人文资源，如历史建筑、民俗节庆、文化表演等文化传统的关注。游客的消费行为由原先的单纯观光转变成了实际的文化体验、参与和互动。游客希望能够在旅游目的地深度体验当地的文化，满足他们对异域异族文化的求知、审美、愉悦和享受的高层次精神文化需求，从而实现自我发展和提升。目前的文化和旅游消费产品供给已不能全面满足所有人群的要求。这时，国内一些层次较低、品质较差、研发阶段不注重细分需求的产品的短板就会暴露得更加明显。如果产品细分和精细化研发长期跟不上需求，运营能力及管理水平又不能及时提升，就会阻碍文旅市场的提质升级。尤其，在当前的市场环境下，度假经济依然是发展主流，只有提高二次消费才有足够的利润可言，这对整个行业的提质增效提出了更高要求。

多业态跨界融合与文旅消费市场的变化有关。社会高级化进程中，人们的文化和旅游消费需求、消费习惯发生了深刻变化。总体呈现出从表层文化体验到中度文化体验再到深度文化体验不断升级的现象。希拉里·迪克罗（Hilary duCros）曾把文化旅游者划分为目的型、观光型、意外发现型、随意型和偶然型五种类型。不同类型的人对于文化、旅游和多业态融合型产品的消费诉求不一而足，需求侧的变化直接对供给侧文旅产品类型的细分和产品形式的多元化提出了新要求，形成了文化、旅游与其他业态跨界融合的市场动力。为了创造出更高质量的文旅消费体验，满足人们不断升级的文旅消费需求，文化、旅游产业增强了与关联产业的交互性，使其跨界融合关系更加密切。为了形成简单体验、差异体验与综合体验良性循环的文旅消费体验，使不同受众尽可能地获得较为一致的满足感，文化、旅游开始了广泛的跨界融合。这一过程中，文化、旅游自成一体，与其他产业融合形成新型业态。例如，属于轻工业范畴的啤酒酿造业与文化旅游看似并无直接关联，但啤酒酿造的场景和工艺可以作为特殊的文旅资源融入文化旅游中，形成独特的工业文旅业态。

除了闲暇二重性的增强，当前文旅消费者对消费的体验性有了越来越高的要求，例如功能体验、情感体验等等，这要求文旅相关产品的体验性、场景化、参与性和娱乐性逐步提升，现代需求已经开始由单一走向多元化、由物质层面转向精神层面，由低层次进阶为高层次。因此，随着需求的不断升级，文旅相关企业只能通过增强开放性、建立场景化、丰富产品种类、增加跨产业互动与重组的方式来满足人们对精神文明的更高追求，获得消费者的认可。所以，消费者对消费体验性的追求导致产业从以资源拉动为主，逐步转向产业联动为主的发展模式，对推动文旅产业融合发展起到积极的作用。市场需求的消费水平提高成为推动文旅融合的进程的原动力。旅游活动的特点偏向于区域性与欣赏性，文化活动的特点偏向于知识性与娱乐性，两者之间形成互补关系，共同满足大众消费的个性化、多样化的升级需求。

受新冠肺炎疫情影响，我国出入境游市场尚未完全恢复，原有大众的跨境游需求逐渐向国内转移，国内中高端休闲度假产品将越来越受到用户青睐。目前这一趋势很有可能在未来一段时间将得以持续。

随着我国生产力的提升，文旅产品的二重性中生产性的重要程度日益提升，这要求文旅企业提供创新场景和体验，提供康养、娱乐等具有较强生产性的跨界产品和服务。人们的文化消费需求和旅游行为之间的关联度越来越高。文化旅游现实需求的增长为文旅深度融合提供了市场动力，推动了致力于文化旅游发展的市场主体数量的增多。

除了消费性和生产性，当前对文旅产品的需求更偏向于体验。

而产品的共时性体验消费要求文化和旅游产品必须存在于同一时空下。因此，从满足消费者文旅产品消费体验的角度，文化和旅游产品也将走向一体式融合。为满足这种升级的需求，文旅企业必将追求更深层次的联动发展，文化旅游的市场需求对产业的融合产生导向和拉动作用，这是文化产业与旅游产业能够实现深度融合发展的最根本的原因。

第三节　外部环境分析

外部环境是社会、经济、文化和自然的统一，是文旅产业融合发展的前提。外部环境虽然不是文旅产业融合的决定性因素，但是适当的外部环境可以大大提升融合的速度和效率，为其创造发展空间。合理的外部环境将有利于文旅产业的融合发展，不合理的外部环境将阻碍这一过程。本书主要从本地技术进步和政府政策两个角度从外部环境层面对推动文旅产业融合发展的影响因素进行研究。

一、本地技术进步

产业融合的本质是由技术进步对原有产业边界形成创造性破坏，打破传统的产业边界，对产业边界进行的二次界定。同样，文旅产业融合发展也建立在新技术的推广使用的基础上，技术进步在文化产业和旅游产业之间进行扩散，首先出现技术融合，即改变了文化产业和旅游产业的生产流程和工艺技术，使这两个产业之间的技术壁垒被打破，进而形成了统一的技术操作基础，使技术边界出现模糊和渗透，是文旅产业融合发展的基础。

边界出现交叉之后，通过不断引入新技术，尤其是互联网在文旅产业成为重要的生产条件之后，新技术的应用还将不断增加文旅产业的融合深度。例如通过声、电、光、多媒体技术等的应用增强了文化演出的视听效果，互联网、智能手机的普及催化出数字文化，使文旅消费者的角色多样化，同时承担生产者和传播者的作用，例如，网红打卡圣地就是以技术进步为基础衍生出来的文旅产品。说明技术进步不仅是文旅产业融合的开端，更是刺激文旅产业融合深度和广度不断加大的重要因素。

在长远来看，数字技术在文旅产业的快速应用，不仅是应对新冠疫情一时之所需，而且在疫情之后仍将有广阔的发展空间。虽然在疫情之后，随着文化和旅游线下业务的普遍恢复，各种“云”上数字技术应用需求短期会有所减弱，但从长远来看，以大数据与云计算、虚拟现实与增强现实、区块链、人工智能、物联网为代表的先进数字技术仍将进一步广泛应用到文化和旅游行业各个环节，助推文化和旅游深度融合，促使线上资源与线下资源一体化经营与发展，成为文旅产业加速融合，并创新发展的澎湃动力。以新发展理念为引领，提供数字转型、智能升级、融合创新等服务的新型基础设施建设如火如荼。这一趋势对文化旅游行业发展同样意义重大，需抓住第五代移动通信技术（简称5G）等新一代信息技术广泛应用的机遇，扩大云计算、数字技术在文化内容生产中的应用，大力培育网络消费、体验消费、智能消费等文化和旅游消费新模式。近年为了文旅产业融合而新成立的国家文化和旅游部也提出将把握产业发展新需求新趋势，坚持正确导向，抓住5G、超高清、VR/AR等新技术机遇，加快推进供给侧结构性改革，大力培育新型业态，鼓励创新创业；扩大优质数字文旅产品供给，加快释放新兴消费潜力，发展沉浸式体验型文旅消费，引导和培育网络消费、体验消费、智能消费等消费新热点新模式；抓住数字经济发展机遇，加强新型基础设施建设，推动文化旅游与数字经济深度融合，促进文旅产业数字化、网络化、智能化发展，不断融入数字经济发展大格局。

二、政府政策

政府应准确定位所扮演的角色，在文旅融合过程中要以引导者、监管者、服务者的身份对产业融合进行宏观调控。地方政府在文旅融合发展中的作用主要从制定科学的发展规划、加强宣传营销、引进文旅人才、不断创新提高市场竞争力这几方面出发，提升地方文化旅游的吸引力，促进地方文化旅游产业的转型升级和发展。

政策对文旅产业融合发展具有导向作用，首先，政府通过颁布法律法规、出台各项政策等方式来约束引导企业的行为，通过政策引导吸引资本注入文旅相关产业，促进文旅产业的融合发展。同时，宽松的政策环境将有利于降低原本相互独立的产业之间的壁垒，为文旅产业的融合打基础，使融合的发生成为可能。其次，政府在宏观层面对文旅产业融合发展做出顶层设计，积极引导文旅产业更加科学、合理的布局，财政政策的倾斜将有助于保障文旅相关企业的资金链安全，有利于文旅企业的长远布局和持续发展。再次，政府的引导将在社会文化方面刺激创意的产生，营造出万众创新的社会氛围，文旅产业本身属于创意型产业，良好的社会环境将有利于文旅产业的深度融合。最后，政府承担市场监督的责任，有利于文旅相关企业规范自身行为，优化公共设施布局，提高企业与政府的协调度，营造良好的营商环境，推动文旅产业融合发展。

文化和旅游具有天然的耦合性，但在我国受政策和体制的影响，不同时期两者的关系不尽相同。1993 年 11 月，国务院办公厅转发国家旅游局《关于积极发展国内旅游业的意见》(国办发［1993］75 号)，首次在国家层面的政府文件中提到旅游业的发展对满足人民群众文化需求、带动文化事业发展的重要意义。之后的政策文件中大多有提到文化和旅游的互动关系及其在推动经济发展和产业转型升级中的作用。2009 年，当时的国家旅游局和文化部就联合下发了《关于促进文化与旅游结合发展的指导意见》，其中关于“文化是旅游的灵魂，旅游是文化的重要载体”的表述明确了文化和旅游的关系，要求积极采取措施加强旅游与文化的结合，促进文化和旅游产业融合发展，影响至今。但文化产业和旅游业分管部门不同，很难真正从推进二者融合发展的角度制定和执行政策，因此，难以真正实现两者的融合发展。2017 年 2 月，由国家发展改革委、文化部、国家旅游局等中央 8 个部委联合印发的《“十三五”时期文化旅游提升工程实施方案》，特别重视文旅融合发展中的公共服务建设问题，明确要求：一是在公共文化领域重点保基本，着力解决广播电视覆盖、民文出版等突出问题；二是在遗产保护领域突出创新，在有效保护的基础上补齐合理利用这一短板；三是在旅游领域重点改善旅游公共服务设施条件，集中打造新景区，夯实旅游业发展基础。公共服务建设是该实施方案的重点内容，并提出了到 2020 年在公共文化服务、遗产保护利用、旅游基础设施等三方面的发展目标。2018 年 4 月 8 日，根据第十三届全国人大一次会议批准通过的《国务院机构改革方案》，文化和旅游部正式挂牌。机构上的重组赋予新部门新职能。新成立的文化与旅游部内设有公共服务司、科技教育司、资源开发司、产业发展司、市场管理司、非物质文化遗产司等统筹管理旅游和文化事业的各个相应部门，实现了文化与旅游在行政管理层面的融合。这一重大举措，使文化与旅游融合发展具有了更坚实的政策基础，开创了文旅融合发展的新局面。文化与旅游部门的合并，有利于解决文化事业内生动力不足的问题。很多地方建设的文化类场馆，其实支撑不了内生式的增长，没法解决事业与产业兼顾问题，很多事业都是赔钱的。文化与旅游结合，既能利用旅游壮大文化产业，也能强化旅游中的文化体验和产业属性。在行政机构上实现文化与旅游的融合，将为文化旅游产业发展扫除机制障碍。文旅产业发展，涉及事业单位、文化机构和资源的配置，他们既有文化事业的目标，也有产业目标，成立新部门以后，两个领域可以联合行动。文化旅游部门的融合，还将有望推动以更开放的眼光看待文化与旅游项目。而目前国内景区旅游门票收入普遍占比太大，这也是旅游项目缺少文化产品开发带来的弊端。文化与旅游部门组建以后，有助于加大文化产业挖掘力度，使得硬件为内容服务。2018 年 10 月，由国家发展改革委、文化和旅游部等中央 13 个部委联合印发的《促进乡村旅游发展提质升级行动方案（2018—2020）》，聚焦乡村旅游制约因素，将补齐乡村旅游道路和停车设施建设短板、大力推进农村公共厕所建设等公共服务问题作为首要的行动方案，并且以文化等资源禀赋为依据，加强乡村传统文化的传承、保护与利用，防止千村一面，因地制宜推进乡村旅游特色发展。从文化和旅游部独立出台以及联合出台的政策文件可以明显看出文化和旅游在产业培育和产业发展各个方面融合发展的趋势，“宜融则融、能融尽融、以文促旅、以旅彰文”正逐一得以体现。

综合来看，政府政策的引导是文旅产业融合的基础社会条件，也是影响文旅产业不断融合的重要因素。例如文化和旅游部的成立就体现出了中央对于文旅产业融合重要程度的认识和发展的决心，也能够从政府体制的层面加强文化和旅游产业的融合。

第四节　DSE 三大因素总述

综上，推动文旅产业融合发展的影响因素有供给端、需求端和外部环境三个方面。这三个因素从不同角度、不同方面全面地阐释了文旅产业融合发展的各层影响，也是驱动文旅产业耦合的三大主要动力来源，以及文旅融合的主要反映。供给端和需求端体现了文旅产业作为一个市场的两方动力来源，以及两方的相互作用。外部环境体现了此市场、此产业之外的影响因素，是更为周全的考虑。通过构建供给端、需求端、外部环境的 DSE（即 Demand-Supply-Environment）动力模型，并将此模型运用于案例分析，能够全面分析考虑具体文旅产品的长处短处和风险机遇，并将其有效反馈到顶层政策设计和行业优化上。因此，供给端、需求端、外部环境三大因素组成的 DSE 动力模型是分析文旅产业的有效工具。

其中供给端，以旅游发展、劳动力市场和资本要素作为主要外在的影响因素进行分析。当旅游产业发展处于较为初级阶段，旅游产业只能提供浅薄的观光产品，无法提供富有可挖掘的深层含义的旅游产品。因此，当旅游产业发展不足时，旅游产品没有可挖掘的文化价值，也就无法形成文旅产业融合发展。如今长三角地区的旅游产业涵盖领域广泛，囊括了娱乐、餐饮、运动等一系列内容，并且和互联网紧密结合，大大扩展了文化内涵及其媒介。所以旅游产业发展充分成熟时，才能基于此建立文旅产业深度融合。劳动力要素是文旅产业的重要影响因素。一方面，文旅产业对高素质、综合性的人才需求量较大。人力资源是文旅产业生命力的来源。文旅人才需要在经济、政策、文化、创意等多个领域都有所了解和涉足才能管理好、发展好文旅产业。但另一方面，长三角地区乃至我国的文旅产业人才供不应求，缺乏相关意识和针对性的培训，导致不科学的顶层设计和下层执行。因此，只有加强人才培养和输送，才能可持续地推进文旅产业发展融合。资本要素也是文旅融合中的关键一环。作为能够为传统行业提供高附加值的行业，文旅产业吸引政府招商引资并撬动了许多社会资本，促成文化相关企业和旅游相关企业之间的交流合作和推出创意产品。因为文旅产业融合发展仍在进行中，各环节依旧需要资本提供试错和创新的机会，例如相关基础建设、创意的孵化和成果转化等都需要资本支持。因此资本的情况和结构也是分析文旅产业供给端时重要的一部分。

需求端，把消费需求的增加和升级作为主要的内在影响因素进行分析。消费需求的增加除了数量上的增加，还会引导出质量上的增加。消费者数量和消费层次成正比。因此，当消费者增多，必然会有高质量、高要求消费者的出现。高质量消费者必然会对文旅产品的融合质量提出更高一层的要求，大量的需求也将推动需求的升级，从而倒逼文化产业和旅游产业更深层次融合发展，提供更完善的文旅产品。而更高质量的文旅产品会反过来培养具有更高欣赏能力的消费者，形成正反馈的闭环。在需求升级方面，闲暇具有二重性，并且文旅产品作为闲暇的消费品，同时也拥有这两重性——消费性和生产性。生产性在如今产业不断升级、消费者渴望获得服务的大背景下越来越重要，推动着文旅产业不断构想并推出具有更强生产性的文旅产品，例如康养、健身、电子等跨领域、多行业的创新型产品。除了该两重性，现今消费者对于体验感和情感联结的需求也日益增加，这要求文旅企业打造消费场景，增进与消费者之间的联结，满足人民日益增长的对精神文明产品的需求。因此，对于生产性和体验性在需求端的增加，倒逼着文旅企业不断创造新产品、提升产品质量，进行产业层面更深层次的融合发展。

外部环境，从技术进步和政府政策作为外部支持因素进行分析。产业融合需要通过技术进步打破其原有边界，实现破坏性创新。在文化产业和旅游产业的情境下，技术升级模糊了两者之间的壁垒，形成了标准化的技术操作标准，从而使得两者间的融合成为可能。再进一步来说，技术升级大大拓宽了文旅产业融合的可能性。互联网、沉浸式体验、VR眼镜等新的科学技术被应用于文旅产业，极大程度上拓展了文旅产品的品类和多样化，丰富了其媒介，使得消费者在体验过程中的角色更趋丰富和模糊。例如后文提到的teamLab一例便阐释了技术升级如何改变文旅产品的发展趋势和前景。因此外部技术的进步，如果应用于文旅产品，将大大向上拓展该行业的前景。在外部环境中，政府也对文旅产业的融合情况起到了至关重要的作用。作为外部监管者和引导者，政府颁布的法律规定很大程度上决定着整个产业的发展方向和融合力度。通过宽松的政策限制，政府引导文旅产业打破壁垒、深度融合。通过定向扶助和招商引资，政府帮助文旅企业撬动社会资本，获得资本要素。通过合理的顶层设计和其带来的良好社会风气，政府为文旅产业融合规划好道路，打好坚固的基础。因此，政府的正向帮助是文旅融合的基础条件和保持其可持续发展动力的重要因素。

第五节　文化产业与旅游产业融合的 DSE 动力理论

由上述三大文旅融合的影响因素的分析，我们提出文旅融合的 DSE 理论和四个假设。

文化产品的需求推动文旅产业的融合发展，是文旅产业融合发展的基础动力和必要条件。旅游群体、投资群体对文旅产业的需求增加和升级可以倒逼文旅相关企业与政府部门进行产品创新与制度改革。近年来我国“消费升级”的趋势正是这一因素的体现（张海燕，王忠云，2013[①]；黄细嘉，周青，2012[②]），消费者对于现有的文旅产品质量、数量不满足。游客过去的消费以功能性消费为主，现在则越来越多追求精神性消费，而现有的文旅产品融合性差，文化

① 张海燕、王忠云：《旅游产业与文化产业融合运作模式研究》，《山东社会科学》2013 年第 1 期。

② 黄细嘉、周青：《基于产业融合论的旅游与文化产业协调发展对策》，《企业经济》2012 年第 9 期。

附加值低，大部分只是空有“文旅”的名头，无法真正满足高质量消费者的需求。而在供给端，高质量的文旅产品在市场上较为稀缺，提供的企业较少，消费者“宁缺毋滥”，供不应求（程晓丽，祝亚雯，2012①），从而使得旅游产业进入瓶颈期。因此这种供不应求的供方市场带来的价格话语权将吸引一大批企业进入，使得企业趋向于加快文旅产业融合，提供更高价值的文旅产品，以获取供不应求的产品溢价。例如故宫的文创产品，售价较普遍售卖的旅游周边产品更高，但需求量反而更高，反映了消费者需求与文旅产品供需不匹配的问题较为突出。因此，持续升级且得不到满足的消费者需求可以倒逼产品创新，推进文旅融合。由此，本书提出以下需求推动机制的理论假设：

H1：文旅产业产品的需求增长推动文旅产业融合

文化公共产品供给因素从供给端推动文旅产业融合发展，是文旅产业融合发展的直接驱动力。公共文化产品是指以政府部门为主的公共文化部门提供的、以保障公民的基本文化生活权益为目的的产品和服务，是公共文化服务体系建设的核心。它既具有公共产品的外部收益性、消费的非排他性和非竞争性，又具有文化产品的导向性、公益性、大众性和专业性。在文旅产业的情形下，公共产品包括公开可使用的技术创新成果、旅游目的地可达性等。前者使得

---

① 程晓丽、祝亚雯：《安徽省旅游产业与文化产业融合发展研究》，《经济地理》2012年第9期。

文旅产品增强创新性，创新文旅产品的媒介和展现方式，模糊产业之间的边界从而打通融合，技术的网络外部性和学习效应导致企业产业性的行为同步，提升文旅产品的生产性从而提高文旅产品供给的质量；后者使得潜在的旅游人数增加，增强消费者的集聚性，通过扩大需求市场来促进供给增加，从需求增长和提升的角度倒逼供给侧改革提升，从而使得文旅产品供给的数量增加和质量提升。由此可知，文化公共产品供给的增加使文旅产品的数量与质量都得到提升。因此，基于文化公共产品的供给能够丰富旅游业相关企业的产品、提高其质量，从而推动文旅融合。根据上述分析，本书提出以下公共产品供给推动机制的理论假设：

H2：文化公共产品的供给增长推动文旅产业融合

文化环境是指包括影响一个社会的基本价值、观念、偏好和行为的风俗习惯和其他因素，它深刻影响着人们的消费观念、需求欲望与其特点、购买形式和生活方式，对文旅产业的发展和融合情况产生直接影响。

文化环境数量因素与质量因素和在一起形成了文化产业与旅游产业融合发展的环境动力。就目前中国文化环境因素而言，文化环境数量因素为文化行业与旅游行业的增长提供了流量基础，其增长意味着文旅产业发展的上限得到提升，未来的发展空间增加。例如我国经济结构优化带来的第三产业从业者上升，就增加了文旅产业的人才储备库，拓展了人力资源，从而为文化环境数量因素注入了新的增长动力。又例如高质量消费者的数量增加，基于文化环境数量因素的增加能够提升旅游业相关企业的发展天花板，并要求企业根据文化环境因素的变化设计产品、制定战略策略，从而使供给和需求更匹配，最终形成推进文旅融合的正面结果。基于以上分析，本书提出以下文化环境数量因素推动机制的理论假设：

H3a：文化环境数量因素增加推动文旅产业融合

文化产业与旅游产业的增长需要外部的支持，如政策支持等，这些都反映在文化环境质量因素中。文化环境质量因素的提升意味着文旅产品质量提升、构想创意能力提升，因此，要提升文化环境质量因素，要求政府增加文化旅游产业帮扶力度，加强基础设施建设，为文旅产业提供良好的发展环境。当然，增加文旅产业帮扶力度并不仅仅意味着增加财政支出，更要求政府相关部门灵活运用各种政策工具，打通产业融合。例如，建设“智慧城市”，将城市的各种信息平台联通，从而提高城市旅游区监管效率，提高旅游区在城市中密集度的上限，也同样提升了文化环境质量因素。又例如文化部和旅游局合并形成文化和旅游部，将影响人们对文旅产品的认识以及企业进行活动的认知，也是重要的文化环境质量因素。政府政策支持等的文化环境质量因素例如我国发展层次上升，物质基础牢固，消费者的消费观念和偏好朝着高质量、高文化附加值的文旅产品倾斜，都为文旅产业融合的文化环境质量因素增加了活力。因此，文化环境质量因素的改善和增加意味着外部支持、帮扶力度的增强，从而推动文旅融合。基于上述对于质量因素推动机制的分析，本书提出以下文化环境质量因素推动机制的理论假设：

H3b：文化环境质量因素增强推动文旅产业融合

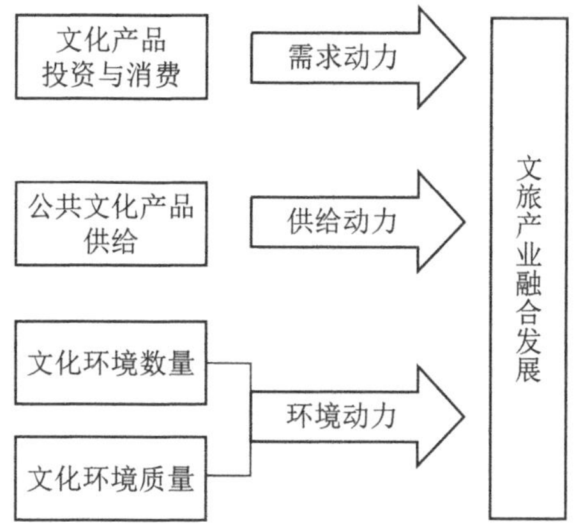

图 3-1　文旅产业融合 DSE 动力模型

第四章　国外文旅产业融合案例分析

第一节　日本汤布院小镇

日本位于东亚地区，总面积约37.8万平方公里，包括本州、四国、九州、北海道四个大岛和6800多个小岛。在行政区划上，日本分为一都（东京都）、一道（北海道）、两府（大阪府、京都府），以及43个县。日本的城市比较集中，本州岛上主要有三个大型都市圈，坐落在三个面积较大的平原上，分别是关东平原上的东京都市圈、大阪平原上的京阪神都市圈以及浓尾平原上的名古屋都市圈。日本都市圈发展较快，这三大都市圈是日本最发达的地方，GDP之和占全国GDP的70%，人口也占据了整个日本人口的60%。除日本三大都市圈之外，在九州岛上以熊本市为中心也构成了熊本都市圈。

作为发达国家之一的日本，通过深度挖掘自身旅游资源禀赋优势与特色，充分发挥其文化产业与数字技术的作用，大力发展文化旅游，将文化资源优势转化为文化旅游资本，实现了经济的可持续发展与社会、经济等效益的互利共赢。第二次世界大战后，日本是东亚地区经济发展势头最为迅猛的国家，伴随着经济的高速发展，文化产业、旅游产业逐渐兴起，在日本政府的主导与民间多方力量的共同推动下，日本文旅融合对于拉动国民经济增长、增强文化软实力发挥了巨大作用。2022 年，世界经济论坛发布了 2021 年版《全球旅游业竞争力报告》，日本首次被评选为最有魅力的观光地，在全球旅游竞争力综合排名中位居榜首。日本的文化旅游发展较早，其文旅发展历经了几十年，而我国文旅起步较晚，大部分文旅项目仍处于发展阶段，因此，我国的文旅融合发展可以借鉴日本文化旅游的发展方法与经验。长江三角洲地区作为我国经济发展最活跃、开放程度最高、创新能力最强的区域之一，具有文旅共同发展的先天优势，是我国文旅融合发展的“先行者”，以日本的成功模式为借鉴，能解决其融合过程中存在的诸多难点，弥补其发展过程中的不足，实现文化旅游产业高质量发展。

一、发展状况

汤布院小镇也叫由布院小镇，位于日本第三大岛屿九州岛。九州岛面积与海南岛面积相近，境内以熊本市为中心构成了日本三大都市圈之外的熊本都市圈，有着悠久的历史文化底蕴和丰富的自然旅游资源。日本群岛位于亚欧板块和太平洋板块的交界处，地壳活动剧烈，频繁的火山活动为日本带来了丰富的温泉资源，使得日本成为了世界知名的“温泉大国”。在日本不计其数的温泉小镇中，汤布院小镇位居全国第三位。据日本最权威的旅游杂志 *JALAN* 发布的“日本人气温泉排行榜”显示，截至 2019 年新冠肺炎疫情暴发前，汤布院连续 13 年高居榜首。汤布院小镇区域占地面积约为 319.16 平方公里，人口约 1.1 万人，规模较小，但小镇内 80% 的人都从事温泉旅游业。如今，汤布院小镇每年都有无数世界各地的游客慕名前来体验，年游客量近 400 万人次，年旅游收入 470 多亿日元，其中仅观光消费金额总计就达到 164 亿日元，整体旅游产值近 30 亿人民币。观光产业是汤布院小镇的基础性产业，创造了直接税收，相关企业以及个人税收占了整个财政的大部分比重。在疫情之前的 2018 年，共创造税收 18.29 亿日元。温泉事业的泡汤部分占全镇收入的 7.2%，香烟税占 4.9%，温泉设施、休闲设施和土地等固定资产税、企业税及个人税收等观光相关事业税收占 86%，个人税收中的 68% 跟观光产业相关。

随着经济发展程度的提高，文化产业与旅游产业开始兴起与发展，文旅产业融合逐渐成为经济增长的强大引擎。温泉小镇起源于欧洲，逐渐成为现代旅游度假的新宠，近些年来，人造温泉项目遍布各国各地，并且业态单一，趋向于同质化，导致温泉旅游缺乏特色，旅游资源开发稀缺性不足。汤布院则围绕温泉这一核心，不断拉长产业链，形成强大的休闲旅游度假产业集群。汤布院的温泉包括由布院温泉、汤平温泉、冢原温泉三大温泉系，主打一日游洗浴及温泉住宿，已被指定为国民保健温泉地。立足于这样的天然优势，汤布院小镇以汤宿为核心，在整个区域内布局了120多家特色各异的温泉旅馆。小镇内的每家旅馆不仅配备了露天风吕，还为游客提供精致舒适的住宿环境，其中“玉之汤”“龟之井别墅”“山庄无量塔”三家旅馆在日本是本国高级旅馆的杰出代表。据统计数据，汤布院小镇在放弃“夜间经济”经营模式的情况下，虽然大部分的游客为日间游客，但仍有24%的旅客为过夜游客。每年除汤宿外，还有许多公共非留宿浴池，如金鳞湖畔的下汤浴场，与各种健康主题温泉馆，如手汤、足汤、钱汤、超级钱汤等消费项目，遍布于小镇全域。汤布院小镇内还布局了丰富的温泉体验项目，涵盖了多样的温泉衍生品，包括了美容、饮食、养生等多方面。其中汤布院风之森温泉民宿主打美肌主题，放大温泉疗愈的功效特色，满足旅客的美容美体需要，成为日本乃至世界各地女性钟爱的宿泊地。经过多年的发展，汤布院温泉小镇已成为日本当地人气最高、最受女性喜爱的温泉小镇之一。

汤布院不仅是广为人知的温泉小镇，还是充满童话气息的艺术小镇。这里是日本动画大师宫崎骏画龙猫时的灵感发源地，因此也被称为“龙猫小镇”。汤布院利用“龙猫创作灵感发源地”名头，对动画场景反写生，在现实中进行还原。小镇按照电影场景复原了一家架设着龙猫公车站牌的龙猫专卖店，吸引世界各国的游客纷至沓来，成为小镇著名一景。专卖店内陈设着琳琅满目的龙猫主题纪念品，供游客挑选，店门口还设立了公交站牌，重现电影中的经典场景，成为各地龙猫粉丝在小镇内必去拍照留念的打卡地。不仅如此，以“龙猫”为特色，汤布院继续强化小镇的童话氛围，仿照英国的科兹沃尔德地区，打造了一条具有吉卜力的日式幻想风格与英国乡村风的主题商业街区——Floral Village，街道上遍布着爱丽丝梦游仙境主题店、彼得兔宠物花园、魔女宅急便的魔女快递服务，仿佛置身于童话世界。此后，不断扩充并于2012年建造完成欧洲童话小镇Yufuin Floral Village，一开幕便立即成为汤之坪街道的新地标。

汤布院小镇抓住文创产业的独特吸引力，从吃、住、行、游、购、娱六个方面为游客提供全息化的创意服务。汤布院小镇打造的诸多网红美食店主要分布在汤之坪街道沿街，将文化创意融入餐饮产品中，将餐厅打造成各样的主题餐厅，如全球第一家Snoopy主题餐厅、可爱的蜜蜂专卖店、创意冰淇凌店等，不仅可以拍照打卡、享受美食，还能沉浸到餐厅的主题氛围中，受到许多年轻女性消费者的强烈追捧。汤布院小镇的旅馆是一种纯日式的客房，着力打造出“家”的温暖氛围，并且在每一个旅馆内都能体验富有自然气息的露天温泉以及私享泡汤的静谧时光。有两条线路可以到达汤布院小镇，每一条都能体会到别样的风情。其一，先到达别府市的大分机场，而后可以转乘巴士经由沿海公路前往，途经别府的温泉，进入由布岳的山脊，道路两旁开满了山樱，美不胜收，这些山樱是数十年前“打造日本第一山樱胜地”运动留下来的物质遗产；

其二，到达福冈机场后，乘坐“由布院之森号”复古列车前往由布车站，列车通过列车员的服饰、餐食的供应、车厢内的特色合影、盖章环节等细节，让游客在进入小镇的过程中充满仪式感，丰富了漫长的旅途。在进入小镇后，街区内还提供马车体验的服务，增强游览的趣味性和代入感，为游客带来了度假休闲的体验感。小镇内还有独特的美术馆、博物馆供游客游玩参观，包括汤布院美术馆、WATAKUSHI 美术馆、彩色玻璃美术馆、末田美术馆、温泉 3D 艺术博物馆、Comico 艺术博物馆、九州汽车历史馆、Dorudonyu 博物馆等，每个馆都有自己的主题与特色。九州汽车历史馆内展出了 70 多台老汽车，包括 20 世纪二三十年代的福特车和木炭车，以及一些老电影里常出现的经典车型，极具观赏性。建筑大师隈研吾大师打造的 Comico 艺术博物馆，能让人充分体验到时间、空间上的乐趣，同时还有高水准的艺术品可供鉴赏，展品都是出自日本著名艺术家之手，如村上隆、杉本博司、奈良美智等。WATAKUSHI 美术馆被汤布院大自然包围，主要以九州出生的画家作品为中心，如福冈县出身的画家织田广喜等，馆内约展示了 100 项艺术作品。

小镇的主街道——汤之坪，长 1.5 公里，连接着汤布院车站与由布岳山脚下的金鳞湖，沿路分布了餐厅、咖啡馆、各种土特产店铺、手作店、温泉民宿、手汤足汤等特色商铺。其中有许多风格迥异的文创商店出售充满趣味性的文创商品、包括琳琅满目的精致小物、本地特色的伴手礼、可口的日式小吃。此外，汤布院还会举办各种音乐节、电影节、吃牛肉尖叫大会等丰富的娱乐活动，为游客带来娱乐休闲的特色体验。其中吃牛肉尖叫大会是汤布院小镇特有的活动，起源于20世纪70年代的“一头牛牧场”运动，历史悠久。当时，汤布院以饲养肉牛为生的农户因入不敷出，经营困难，因此有了这项运动的发起，类似于众筹模式，也就是为每头牛在城市里找到几个主人，“牛主人”每年支付一万日元，而农户以每年10月前往汤布院品尝鲜美的牛肉作为回报。从1976年10月开始，“牛主人”就在聚会烤肉时，开创了“呐喊大会”——吃完牛肉后就对着由布岳喊出自己的心愿，从此便一直延续至今，逐渐演化成了汤布院小镇独一无二的节庆活动。音乐节也是汤布院小镇历史悠久的传统节庆，开始于1975年九州交响乐团音乐会大师的提议，极具地方特色。汤布院音乐节的形式与在音乐大厅举办的古典音乐会不同，分为沙龙音乐会和十字路口音乐会，对于古典乐爱好者而言是一种新鲜的体验，主要形式是环城观光的马车在音乐会时停在十字路口进行音乐表演。汤布院电影节始于1976年，到2022年已是第47届，是日本历史最悠久的电影节。汤布院电影节的举办形式分为前夜祭、特辑上映、电影上新和换场派对四部分。前夜祭在由建筑师矶崎新设计的由布院车站前的广场免费放映。从第13届电影节开始，前夜祭作为汤布院电影节的开幕仪式实施，主要以娱乐性电影为主。除此之外，汤布院每年还会举办两次电影节，分别是汤布院文化·纪录电影节和儿童电影节，为小镇营造了浓烈的艺术气息。

汤布院小镇还非常注重空间设计，规划布局以游客的体验为基准，较一般景区更为合理。小镇以优美的自然环境为底板，拥有宜人的气候和迷人的自然风光，树木、树叶的色彩与天空、湖水的色彩相辉映，构成小镇整体的风貌。小镇整体的场域特征为轴线空间加上“回”字形街区，在车站与金鳞湖之间打造了一条中央大道，游客一出车站便可远观由布岳山，看到街道两旁的餐饮、民宿、文创等特色商店，为游客带来度假的感官刺激，是一种极具仪式感与中心感的设计。主街道两侧设计了“回”字形次级街区，游客进入街区后，可以绕行一周再回到主街，这样的设计把选择步行距离的机会留给游客，避免游客因小镇不合理的布局而走回头路和断头路，既营造了舒适的步行尺度，又延长了游客在街区的停留时间。同时，次级街区的设计也注重情景化的打造，建筑风格多元，如日式和风街区、欧陆风情小巷等，给游客带来了身临其境的体验。除了街区，在小镇内充满着大师的设计品质，进入小镇的汤布院火车站便是由著名的设计师矶崎新主导设计的，汤布院美术馆也是由隈研吾亲自操刀设计建造的，烘托了整个小镇高级的艺术格调。

二、文旅产业融合因素分析

1. 供给维度

汤布院小镇属于亚热带季风气候，四季分明，由于受到北上黑潮暖流影响，气候温暖。小镇四周被由布岳、雨乞岳、城岳和飞岳环绕，景色宜人，秋季漫山遍野的红色枫叶包裹着整个小镇，夕阳下金鳞湖像鱼鳞一样闪闪发光，湖底常年有温泉涌出，天气较冷时水面上漂浮着朦朦胧胧的雾气，形成了当地独特的景观风貌。依托由布岳山和金鳞湖的优美自然景色，汤布院小镇吸引了大量游客聚集于此。不仅如此，与这两个自然景观相关的还有一个神明宇奈岐日女的传说，“一山”“一水”也因此而被蒙上了宗教色彩，吸引了大量热爱日本历史与宗教文化的游客前来参观、祭拜。

汤布院小镇位于九州岛大分县的一处盆地，拥有800多处温泉，温泉资源极为丰富。史前时代，九州岛最具代表性的火山阿苏山喷发给汤布院带来了丰富的温泉资源，受阿苏山喷发的影响，汤布院境内的活火山由布岳也极为活跃，给当地带来了日本境内顶级的优质温泉资源。优质温泉形成的三个决定性条件是优质的水源、热源和断层，而汤布院优越的地理位置使其同时具备了这三个条件，并且泉涌量也丰沛稳定，全域内共879处温泉眼，其泉涌量达到每分钟44486升，居日本第三。汤布院小镇的温泉水因矿质原因呈现蓝青色，是极为罕见的温泉水色，并且因温泉含有大量的保湿成分偏硅酸，美肌的效果得到消费者的广泛关注，成为备受本国乃至全球欢迎的温泉乡。温泉作为可遇不可求的自然资源，是温泉特色小镇的建设基础。温泉资源是汤布院小镇的核心天然优势，但在日本这样的温泉大国不具有唯一的稀缺性。即使以日本的入境游体量，从全球来看，也并非稀缺资源，因此单一发展温泉不会造就汤布院小镇如今的文化旅游规模。在温泉资源优势的基础上，汤布院小镇充分利用其自然资源、文化资源，将文化资源落地转化为人文资源，引进社会资本进行商业布局，并且抓住当地的文化特色举办各类节庆活动。

汤布院小镇文化资源丰富多元，有着与当地旅游资源相结合的温泉文化、养生康体文化，还有小镇独有的动漫文化——宫崎骏的《龙猫》。作为动画《龙猫》的发源地，汤布院整个小镇以“龙猫”为特色，将这一具有高度黏合性的 IP 植入小镇的文旅产品开发中，打造以龙猫为主题的商品店，并且深度还原电影中的经典场景。除了在融合深度上进行挖掘，小镇还不断地在动漫 IP 的广度上进行拓宽，引进国内外著名 IP，将动漫文化融入商业景观中，如《爱丽丝梦游仙境》《彼得兔》《魔女宅急便》等。小镇还着力开发不同类型的文旅产品，如全国首家的 Snoopy 主题日式茶屋，将文化元素与餐饮商业进行融合，颇受市场欢迎。同时，小镇还设计了当地特有的吉祥物“Yuufuu”，吉祥物头的形状为由布市盆地的地形，身体为绿色和黄色组成的形似兔子的生物，传达出了当地居民的奋斗精神。无论是文创商店还是周边产品，汤布院小镇都注重与游客间在思想文化上的互动，所传递的文化精神与游客的信仰、思想、兴趣等不谋而合。汤布院小镇在逐渐发展起来的文化产业中挖掘和利用本土的文化资源，并针对特色的文化元素进行开发打造、通过创意创新，为旅游注入文化底蕴和魅力，从而促进文旅融合高效发展。

汤布院小镇把温泉产业作为核心，形成了强大的休闲旅游观光产业集群。汤布院温泉小镇的产品体系包括温泉产品与休闲度假产品，温泉产品分为温泉食品、温泉饮品、温泉美容、温泉养生等以“汤文化”为核心的温泉体验产品以及手汤、足汤、钱汤等丰富的温泉衍生产品。除全息温泉之外，汤布院小镇还植入文创产业，丰富小镇内的文旅业态，开发了包括自然观光产品、艺术体验产品、养生康体产品、休闲娱乐产品等在内的一系列休闲度假产品，使其成为内生发展的新动力。如上所述，小镇引入了丰富多样的IP，开设了大量小尺度的文化设施，小镇内集聚了大量不同主题的美术馆、博物馆以及多家文创店铺，每月还会举办种类丰富的艺术馆每月展、音乐会、电影院映画祭等活动。汤布院小镇服务商群庞大，小镇内目前总计809家小镇商业服务商，其中服务业322家，大众浴场、温泉旅馆、温泉酒店118个，民宿及小旅馆36个，住宿总共可接待约7000人，属于餐饮及购物类的小商店、餐厅376家，美术馆、博物馆等43个，观光相关的业态约占83%，并且餐饮零售、住宿、文化设施配比适度，数量比约为9∶4∶1。

汤布院以社区化为小镇的发展趋势、发展目标，小镇内约有一万常住人口，社区自治管理是让居民参与建设的方式，传统文化与观光体验结合需要逻辑与融洽，这能够使传统文化自然地流露与活化。除动漫文化之外，还有一些日本传统文化中民族艺术的传承，如特色木玩具、吹玻璃、用温泉水染布等，融入旅游项目中，构造出具有当地历史特色的文旅体验产品。此外，当地的旅游相关部门每年都会定期到欧洲考察学习，拓宽开发思路与认识，将最新的规划设计与创意创新概念结合运用到汤布院小镇的文旅开发中，不断打造出多元的文旅产品，通过新发展模式构建特色小镇，使得小镇不仅有着浓郁的日式风格，还散发着一些欧式风情。小镇还会不断推行热爱家园植树造林、温泉开发管理条例等活动与政策，让居民参与小镇的建设，共建共荣。汤布院小镇还采取地方独特的经营方式，为了打造小镇的生活气息，汤布院的商店在下午五点准时关门，放弃“夜间经济”的发展策略，这是小镇为了区别于商业城市而设立的规定。

2. 需求维度

日本于2003年开始实施“观光立国”战略，多年来日本以深度体验型消费吸引了大量的外国游客，旅游业发展势头迅猛，尤其是入境游市场增速显著。据中国商务部数据显示，受疫情影响之前，2018年入境日本的外国游客数量突破3000万，2019年入境日本的外国游客达3180万人，是2011年的五倍。与此同时，2018年日本入境游消费突破了4.5万亿日元，规模超过了半导体部件出口，成为仅次于汽车产业的第二大经济支柱。从全球来看，日本接待外国游客数量已升至第11位。新冠肺炎疫情暴发后，日本入境游人数总体上大幅下降，但在旅游需求不减弱的情况下，汤布院小镇这样地广人稀的乡村度假旅游反而受到大众的广泛追捧。2022年，日本先是在6月半开放了入境游，而后在10月全面放开了入境游，取消单日入境人数限制等疫情期间的防控措施，之后又陆续恢复了免签与自由行。疫情后采取的一系列放开政策又使得日本入境游人数时隔三年首次突破了100万人次，相对于其他国家来说，已是巨大的转变。汤布院小镇发展至目前，有七成的游客为海外入境游客，受到韩国、泰国等亚洲国家文旅消费者的欢迎。大体量的文旅需求伴随着需求升级，再加上疫情的冲击，促使文旅供给者加速文旅融合的进程，更加注重文旅产品的质量，为文旅消费者提供更高质量、更贴合他们需求的产品。同时，汤布院小镇还精准定位消费者的需求，在创意上进行深入挖掘，有针对性地开发了许多指向女性消费者市场的文创产品。考虑到携带宠物泡温泉的消费者的实际需求，枫之小舍温泉旅馆还特别推出了“小狗的留守料理”，解决消费者泡汤时无人照顾爱宠的问题。为了满足游客购买纪念品和分享旅游氛围的意愿，小镇积极开发具有当地特色的产品与农产品，将当地传统文化与新创意融入其中，并在种类上不断丰富，给游客提供选择多种多样伴手礼的空间。

同时，日本还有发达的温泉文化，日本称温泉为“汤”，泡温泉也就是“泡汤”。日本文化中，“泡汤”不仅可以洁净身体，缓解生理上的病痛，还能洗去精神上的苦闷。日本人认为在沐浴时，人们身体放松，心灵得到释放，因此，他们喜欢一边泡温泉来放松休息，一边交流信息。日本本土宗教神道教强调清洁和纯洁，以及与大自然联系的重要性，历史与宗教的原因使得日本的泡汤文化弥漫着浓浓的人文芬芳。此外，日本人自古以来就非常注重养生，养生康体文化渗透到了日本的平民文化中，形成了全民泡汤的需求。随着经济的发展与生活方式的转变，社会上亚健康的人群不断扩大，人们对于养生、疗养的需求越来越大。汤布院小镇的泉水为碱性单纯泉，1 公斤的泉水内固体成分不超过 1 克，有助于风湿性疾病、运动器官障碍、关节痛、神经痛、疲劳恢复。冢原温泉是具有强大杀菌能力的高级硫磺泉，作为治愈伤口和疾病的圣泉，长期以来一直受到广大民众的欢迎。温泉胜地汤之坪温泉和冢原温泉一样，也有作为具有强烈药用价值的医疗泉的历史。在江户时代，它因对胃和肠道的良好影响而广为人知，已经形成了一个治疗性温泉胜地的雏形。出于对宗教虔诚的信仰与养生康体的习惯，日本的泡汤市场极大，大量需求的存在推动着供给者将文化资源与旅游产品进行广泛的深度融合。汤布院小镇则以汤宿为核心，开发出了一系列体验产品与衍生品，达到了文化产业与旅游产业的高度融合。

3. 外部环境

汤布院小镇从一个落寞的小城变成日本九州岛上首屈一指的特色温泉小镇，这一成功与当时的政策环境和政府与企业的积极支持是不可分割的。从汤布院小镇的历史发展来看，该区域因四面环山、多山少地，并且地质结构极为不稳定，地震多发，导致小镇内人口流失严重、经济发展落后，在 20 世纪 80 年代之前汤布院小镇还是一座无人问津的封闭小镇。同时，位于大分县由布市的汤布院小镇，与日本其他的自然发展成长的小镇不同，汤布院所在的大分县在日本历史上是一块数个小藩国分立的地区，因此，汤布院小镇缺乏明显的县域特色和统一的价值观，一直是个贫穷落后的小乡镇。直至 20 世纪 80 年代，在整个国家的文旅发展格局下，大分县当时的知事平松守彦发起“一村一品”运动，联合企业和居民共同开发，重新打造小镇，拉动地方经济的发展，取得了巨大的成效。

从20世纪80年代初开始，“一村一品”运动主要分为五个阶段，第一阶段以推广当地的创意活动为主，汤布院小镇当时以丰后牛加工成的牛肉为“特产”，并在这一阶段若干年后的2000年受到了当时中央部长的强烈赞扬，知名度进一步提高，文旅融合进程得以加速。第二阶段主要是为商业、流通、信息产业等第三产业的发展培养充足的人才，也是在这一阶段开设了丰之国商学院、丰之国国际交流学院、丰之国旅游学院、丰之国未来商业学校，为汤布院小镇的经营培育了一大批专业人才。第三阶段是1989年到1993年开始注重文化产业的发展。日本从20世纪70年代就提出了文化产业的概念，文化产业就此在日本开始发展，这一时期也是日本经济受到“石油危机”影响进入低速发展的时期，因此，日本的文化产业一经提出就肩负着国民经济产业结构转型的历史使命。到20世纪90年代，日本经过20年的发展已经成为了世界第二大经济强国，逐步确立了文化强国的发展目标。在这一时代背景下，“一村一品”运动进入到了第三阶段的发展，提出了开展“一村一文化，一村一体育”运动，强调文化的独特性。在此之前，汤布院小镇已经开始发展旅游业，在小镇内建设起了观光旅游基础设施。而在时代洪流中，小镇也开始注重文化产业的发展，为文旅融合创造了必要条件。第四阶段是1994年到2001年，在大力开展观光、交流活动中，小镇拓宽了文旅产品开发思路，进一步提升文旅融合的程度，也是在这一阶段，日本确立了“文化立国”的发展目标。第五阶段从2002年至今，在日本提出的“观光立国”战略的支持下，小镇积极开展地方国际交流活动，在提高文旅产业国际知名度的同时，向外学习借鉴文旅融合的经验，充分发挥地方特色，以文化产业和旅游产业拉动当地经济发展。历经40余年的不断尝试，当地政府在人才培养、积极对外宣传展示方面，给予了汤布院小镇极大的协助和支援，使其发展成为以温泉为核心元素，融合了电影、博物馆、艺术、文创等丰富元素的国际著名的温泉度假小镇。

除此之外，汤布院小镇所在的九州岛地壳活动频繁，给当地带来许多温泉旅游资源的同时，也带来了地震等破坏性极强的自然灾害。20世纪70年代，汤布院小镇便遭遇了一次大地震，虽然是一次灾难，但也给了当地的人们重新打造家园的契机。汤布院现在的观光马车、拥有日本最悠久历史的“汤布院电影祭”、音乐祭等活动，都是在1975年的大灾难之后兴起的。2016年4月以九州岛上的熊本县为震中也发生了一次大地震，与其相邻的大分县汤布院也受到灾害波及，但一个月后便完成了重建。受地震的影响，在一段时间内因不可抗力而无法前往旅游的游客与潜在消费者大量流失，而当地的居民借助前人积累的面对地质灾害的经验以及在灾后复兴重建中留下的更为坚毅和奋进的人文精神遗产，使得此次的地震并未对汤布院小镇造成持续性的影响。当地居民以此次地震灾害为契机，用积极的态度和强大的信念，创造出新的文旅魅力，升级小镇的文旅业态。

4. DSE 分析图

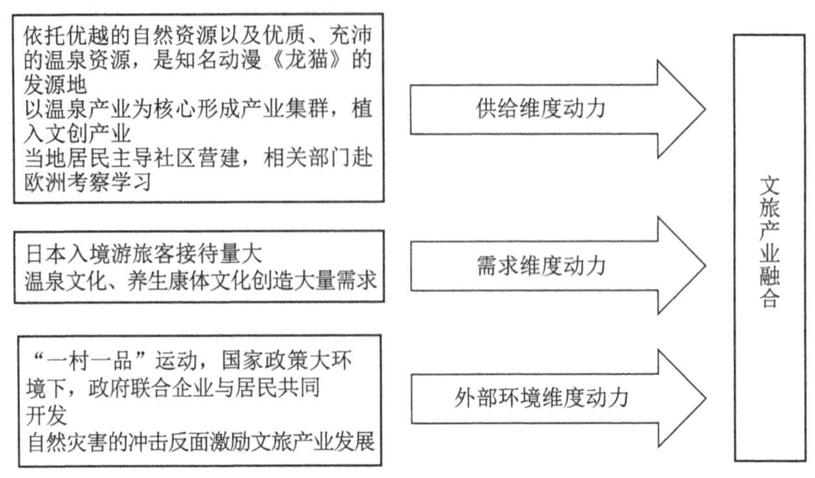

三、融合评价

如上所述，汤布院小镇在供给端依托核心资源，不断延伸产业业态和拉长产业链，发展温泉产业与文创产业，为游客提供全息化的“创意”服务，配比适度。小镇注重空间设计，在街区规划上合理布局，注重引景空间与仪式感的营造。小镇的社区化营建以及积极主动地对外学习新模式也进一步促进了文旅融合的发展。在需求端，汤布院小镇的市场不仅面向大量受日本泡汤文化、养生文化熏陶的人群，而且拥有着巨大体量的入境游消费者，得以从消费者的需求出发，通过高质量的文旅融合来满足不同人群的需求，不断提升消费者文化旅游的体验感。在外部环境方面，汤布院通过“一村一品”运动，改变乡村的落后面貌，在政府的服务与支持下，找准定位、发展优势产业，打造出富有特色文化的温泉小镇；同时通过不断创新，将原本容易忽视的产业转换为可利用资源，创造其价值。在面对自然灾害的打击时，反而以积极的态度去面对，转换思路，在文旅融合上做出努力，来填补不可抗拒的损失。总体来说，汤布院小镇的文化旅游发展模式是独有的特色小镇样板，在乡村振兴的时代背景下，为长江三角洲地区的乡镇建设与文旅小镇的营建提供了非常值得借鉴的经验。

第二节　法国狂人国主题乐园

法国是欧洲文明的重要发源地之一，拥有厚重的历史文化积淀，具有良好的艺术文化氛围，自古以来拥有了许多处历史遗址和艺术遗产，旅游资源丰富，是一个旅游大国。法国的旅游业涵盖了文化旅游、休闲旅游、商务旅游等多个领域，其中文化旅游是法国旅游业的重要组成部分。文化产业与旅游产业是法国的重要支柱产业，产值占本国生产总值的十分之一左右，两个产业之间的联系也十分紧密，文旅融合程度较高。法国的旅游产业和文化产业的发展历史悠久，旅游产业的发展可以追溯到19世纪初工业化的推进和交通运输的发展，文化产业则是在20世纪中期才开始逐渐兴起的，经历了长期的发展与壮大，如今文旅产业已经成为法国经济的重要支柱之一。法国统计局的数据显示，疫情前的2019年法国接待了8900万游客，旅游业总收入为927亿欧元，法国文化产业的总产值为850亿欧元，两者共占法国国内生产总值的10.6%。因此，法国文旅产业发展的成功方法和经验，对于我国长江三角洲地区的文旅发展具有很高的参考价值，可以为文旅融合过程中存在的问题提供有价值的解决方案。

众所周知，法国首都巴黎是世界第一大旅游目的地，在新冠肺炎疫情暴发前，总游客数最高达到了5000万，埃菲尔铁塔、卢浮宫、凯旋门等都是巴黎的代表性景点。相邻的卢瓦尔河大区受其辐射影响，旅游业也极为发达。该区所辖的旺代省作为法国的旅游大省，在接待能力与游客人数上的表现，均位居法国各省第二。本书选取该地的国际知名主题公园——狂人国主题乐园作为案例进行分析，该主题乐园在法国具有极高的人气，是法国文旅融合发展的成功案例之一。同时，随着上海迪士尼、北京环球影城的相继开放建成，主题公园逐渐成为了国内文旅市场的热门。2023年，为了区域内“三江两岸”文旅事业的发展，杭州在旅游业高质量发展大会上集中签约了14个重大的文旅项目，法国狂人国主题乐园为14个项目之一，占总投资约十分之一。这一举措为杭州的文旅产业布局填补了空白，也意味着长三角地区将再添一座世界级主题公园，同时还充分印证了狂人国主题乐园对我国长三角地区文旅发展的意义。以下为本书的分析。

一、发展状况

法国狂人国主题乐园原名Puy Du Fou，是世界上第一座以戏剧演艺为主题的主题公园，也是全球唯一一家还原历史场景和传统文化的大型主题公园品牌，有着法国的“文化瑰宝”之称。狂人国位于法国旺代省，坐落于法国南特和昂热之间，在1978年向公众开放，被称为“世界上最会讲故事”的主题公园。狂人国的内容与模式并非千篇一律的传统主题公园模式——由乐园IP、各种游乐设施、园区游艺组成，而是以打造舞台场景与乐园环境为主，通过科技和演艺的融合创新，将古罗马、中世纪、文艺复兴等重大历史节点的传奇故事搬上舞台，展开创新性的演绎。与其他乐园不同的地方还在于，狂人国主题乐园每年的经营期只有七个月，一旦到了冬季便闭园不营业，但即使如此乐园每年也能吸引来250多万的游客。2018年，狂人国主题乐园荣获世界主题娱乐协会TEA“最佳主题公园奖”，是继环球影城和迪士尼乐园后的第三名，2020年在该奖项的评选中获得第二名。此外，狂人国几乎每年都有单个演艺项目获得各类奖项，如2016年，《最后的威武》将科技与艺术进行充分融合，获得了“欧洲顶级最佳景点”的荣誉奖项。

狂人国主题乐园是狂人国集团旗下的产品，该集团是一个私人集团，由非营利组织狂人国协会和狂人国战略协会持股，持股比例分别为63.5%、34.7%。两者在日常运营中分工为，由狂人国协会负责组织乐园最大规模、知名度最高的季节性大秀——La Cinéscénie，而由狂人国战略协会负责保护狂人国演艺作品的知识产权。主题公园的主要收入为园区的门票、大秀的单独门票、酒店餐饮、古村落中的店铺租金等，而这些收入则会回馈到狂人国协会，用于对公园再做投资，帮助协会进行表演的创作与创新。狂人国的门票具有明显的价格优势，相比法国的迪士尼主题乐园的门票价格低约53%，但乐园最具知名度的大秀为额外收费。门票的价格优势加之优质的文化旅游内容使得狂人国主题乐园的客流量与收入长期保持稳定增长，同时，也提高了其复游率。

法国狂人国主题乐园已有43年的历史，最初以一场演艺秀起家，不断发展成为总占地面积超300公顷，拥有17个表演项目、4个古代村庄、22家主题餐厅和5家主题酒店的大型沉浸式历史主题公园。乐园占地面积为53公顷，以一座始建于12世纪的古堡为中心，覆盖了周围15个村庄，并且保留与还原了14世纪法国乡村古朴的风情。其中，狂人国主题公园名字便来源于这座位于乐园中心，曾叫“雷恩狂人国”的古代贵族城堡。在场景氛围营造上，为了贯彻“游客将忘记二十一世纪”的核心设计理念，狂人国在原有历史建筑的基础上，打造出了具有不同时代氛围的街道、村落、建筑、餐厅和酒店，营造出中世纪之旅的沉浸感。狂人国还非常注重园区内生态环境的保护，园区随处可见绿地，每年都会获得国际“绿色环球”的认证。与其他传统的主题乐园不同，为了让游客在园区内充分沉浸式地体验到中世纪的生活，狂人国主题乐园路面并非现代的硬化路面，而是保留了中世纪的道路风格，让游客的鞋子上沾上一些乡间的尘土。此外，许多园内的装置与系统采用了复古的风格与材料，营造出没有工业化痕迹的生活气息，与整个乐园的设计风格融为一体。在乐园的村落里，狂人国也充分地还原中世纪和18世纪普通人的生活场景，使游客产生极强的代入感。在这里可以看到中世纪村庄里的牛棚，村边的小瀑布和磨坊，还有18世纪的铁匠打铁、木匠制作木鞋，村落里的店员、路人演员、手工作坊里的工匠都以古装打扮成那个世纪的人一样忙碌着。狂人国通过表演和场景再现了中世纪以来法国人和欧洲人的文化风貌和精神气质，是法国和欧洲历史的缩影。

狂人国的游乐项目基本是舞台剧和现场表演秀，现有的17项演出项目中，有11项为室外演出（包括2场夜秀），6项为室内演出（其中有4场为展览类型，类似于博物馆）。与普通博物馆不同的是，作为游乐园中娱乐项目的一部分，它们致力于打造更为沉浸式的体验，通过声、光、电和机械模拟出战争、航海或中世纪城堡的场景，场景中突然出现的角色扮演的真人，在增加游客的互动性体验的同时，也为其带来了强烈的冲击力。狂人国的演艺项目极为丰富，其演艺团队对从古罗马到一战时期的欧洲历史故事或神话传说进行改编和艺术加工后在舞台上呈现，大部分都是在法国当地耳熟能详的故事，如牧羊女带领人民打败英国侵略者、人兽竞技场、维京海盗袭击村庄等等。狂人国通过在演艺项目中融入法国的人文历史和民间故事等文化元素，使观众在观看表演时产生强烈的文化归属感，对法国乃至欧洲的民众都产生了巨大的吸引力。

在舞台演艺上，狂人国采用真实还原的舞台布景和重金打造的硬件设备等丰富多样的舞台剧表现手法，在表演中创造与观众互动的机会，并植入多元化的舞台技术、新科技元素，如灯光秀、高清LED显示屏、空中轨道、无人机等，不断增强演艺项目的互动性与沉浸性。在表演项目《幽灵鸟舞会》中，表演者会进行飞禽表演，控制超过 200 只禽类从观众席上方飞过，通过使雄鹰停留在观众的帽顶来与观众产生互动。在《胜利者的征兆》中，狂人国仿造了直径 115 米、拥有超过 6000 个观众席位的古罗马斗技场，演绎出了罗马帝国侵占高卢人地盘（现在的法国）的一系列故事，观众在故事中也化身成了古罗马统治下的为斗兽场中的勇士高声喝彩的高卢人民，成为了表演的一部分，增强了观众的参与感与沉浸感。其中，La Cinéscénie 是全球规模最大的夜间表演，是整个狂人国乐园的起源。整场表演长达一小时 40 分钟，只在每年 7—9 月园区旺季的周末才会上演，每年会安排约 28 场左右的演出，每场表演有 2400 名演员，3650 位志愿者参与，演出场地 23 公顷，能容纳 1.4 万人观看。演出采用真人表演、烟花秀、灯光秀、3D 投影、无人机等相结合的形式，将莫比利家族从中世纪至第二次世界大战世代传承的故事进行海陆空多角度的立体呈现，不断给观众带来视听上的冲击。除了这个陪伴狂人国整个发展历程的表演之外，法国狂人国主题乐园内的演艺项目都是在乐园后续的发展中以高标准、严要求打造的，新表演从构思到开演需要 3—5 年的时间，以期为游客带来优质的沉浸式观看体验。全园的 17 项表演时长共计约 7 小时 35 分钟，游客需要在园区内待上两天一夜才能将全部项目游览完毕，通过演艺项目的创新打造延长了游客的游玩时间。相比于法国其他的主题公园，位于法国旺代省莱瑟佩瑟镇的狂人国在地理位置上并不占优势。除了私家车之外，其他公共交通方式均耗时较长，以法国巴黎为出发点，从旅途耗时来看，与位于圣乌斯勒罗施的欧洲火山公园接近。因此，乐园通过餐厅与酒店的全配套，减少了地理位置劣势给游客带来的不便，提高了非过夜游客向过夜游客的转化率。

狂人国主题乐园内有 5 家风格各异的自营酒店，包括了中世纪风格酒店、城垛式建筑、水上酒店、文艺复兴风格的营地和古罗马风情的别墅，涵盖了从中古罗马到第一次世界大战不同历史时期的风格。根据不同历史时期的特色，整个主题公园被分成了不同的村落，连接各个区域的道路多半以大量的植被覆盖，让不同的时代氛围能自然地过渡、巧妙地转换。主题公园中包括了中世纪城市、第十八村庄、1900 小镇、新年城堡四个古代村庄。中世纪城市位于表演场地之间，顾名思义，该村落展现了中世纪时期法国城市的风貌。在观看演出之余，游客可以在此看到大量真人演员与艺术家展现锻造、雕刻等手工技艺。第十八村庄是中世纪法国的普通村庄，从菜园到牛棚，再到磨坊一应俱全，游客可以在此体验中世纪欧洲的风土人情，也能在此欣赏到音乐表演《大钟琴》。1900 小镇是 20 世纪的法国小镇，游客可以在这里看到许多具有时代风格的商铺，淘到时代感的花布、刺绣和杯盘，真人扮演的玩具商、糖果商人等井然有序地忙碌着，游客还有机会在此看到《人偶音乐家》的表演。新年城堡则是有半木结构加茅草小屋组成的中世纪维京风格村庄，还有一个古罗马神庙风格的当地教堂，同时还设有游客休息点。

狂人国主题乐园内游乐项目众多，从年轻人到年长者都可在此体验到符合自身需求的活动，如艺术气息浓厚的歌舞剧表演，互动性强、有参与感的表演，体味历史细节的表演或激发探索欲的古村落。狂人国乐园给游客呈现的不是生硬的舞台剧表演，也不是单调地陈列历史遗迹，而是在人物、实物、环境上生动地、充分地还原那个时代的历史，让游客进入到乐园营造的时空中，以极强的代入感体验到21世纪以前法国和欧洲的风土人情。园区还有一个专属的App，每个开放日都会在上面更新当日限定的表演场次导览图供游客查阅，并在表演前提供推送通知，App的设计以及行程安排都贴合了游客的真实需求，体现了狂人国主题乐园产品与服务的人性化，给游客带来了极佳的文旅体验。根据狂人国官方数据显示，2018年主题公园的复游率为60%，远高于法国同类型其他的演艺乐园。

二、文旅产业融合因素分析

1. 供给维度

法国是欧洲浪漫的中心，历史悠久，有着丰富文化内涵与历史背景的名胜古迹以及欧洲特色的乡野风光。法国历史上经历了多个时期，包括公元前的高卢时期，中世纪时期的法兰克王国，中世纪后的文艺复兴时期，17世纪的绝对王权时期，18世纪的法国大革命时期，再到短暂的拿破仑时期，以及延续至今的现代时期。高卢时期的法国土地上居住了90个不同的部落，他们在农业和发达的手工业基础之上建立了高卢人的文明，收割机、木桶、四轮马车和铁剑是他们的主要发明。中世纪时期，随着高特和法兰克人的入侵，高卢—罗马文化和日耳曼文化逐渐融合，在战乱时期，也留下了许多历史故事与民间传说，形成了丰富的历史文化遗产。在15世纪和16世纪期间，法国经历了文艺复兴运动。在这个时期，包括达·芬奇和米开朗基罗在内的一些伟大的艺术家和思想家来到法国，促进了法国的文化繁荣，形成了浓厚的艺术氛围，延续至今。法国深厚的历史积淀和丰富的历史遗址、文化遗产，给予了文旅产品极大的创作空间，为文旅融合提供了物质基础和文化基础。

中世纪的法兰克王国是欧洲历史上最为重要的国家之一，其在中世纪期间对欧洲文化艺术产生了深远的影响，也成为了欧洲最重要的文化中心之一。虽然法兰克王国已不复存在，但它留下的遗产和影响将永远保留在法国和欧洲的历史上。这决定了法国文化中既有欧洲文化的普遍特质，又有着丰富的本土特色。狂人国主题乐园的表演正是建立在此基础之上，其表演内容极为欧洲化，魅力就在于中世纪欧洲历史和拿破仑战争。乐园的建筑和场景设置也都是以中世纪和18世纪的法国为模板进行复刻，融合了法国传统元素，塑造了一个具有法国本土风格的乐园。狂人国主题公园致力于挖掘历史、尊重历史、还原历史，在历史遗址的基础之上，将文化遗产融入园内的各个旅游项目中，使法国的历史文化进行深度活化，形成了一种对法国本土游客的“爱国主义教育”。主题乐园内众多的文旅项目能帮助游客更好地了解、感受法国的文化和历史，园内演艺项目中的互动则更激发起了本土游客的爱国情感和认同感。

狂人国主题乐园由非营利组织进行营建，经多年发展，组织形成了大量的志愿者群体，完善了相关的人才培养体系，形成了充足的劳动力供给。狂人国主题乐园由狂人国协会和狂人国战略协会建设和运营，整个集团拥有4150名志愿者和2200名永久或季节性的雇员。其非营利属性决定了狂人国主题乐园在经营时，绝非以项目投资的资本回报率为第一考虑因素，而是以保证演艺项目的品质和游客的体验为第一要义，使得狂人国的创意与技术领先于全球其他主题乐园。狂人国主题乐园还带动了周边村落的经济发展，因此，乐园内的表演与日常运营都有大量的原住民自愿参与，演出志愿者甚至因名额限制而提高了准入门槛，为整个乐园的开发节省了大量人力成本，形成了独特的成本优势。在此基础之上，较低的成本也扩大了乐园的门票定价空间，相对于其他主题乐园，在价格上也形成了一定的优势，吸引了大量注重性价比的家庭旅游人群。狂人国再将充足的利润结余全部用于乐园的再开发投入，对演艺项目进行完善、升级与创新，形成了资金链的良性循环，为文旅更深入地融合提供了必要的资金保障，有助于提高文化产业和旅游产业的融合程度。

在人才供给上，狂人国集团于1998年全资成立了青年学院，每年为狂人国乐园培养600多名相关人才，提供了乐园表演所需要的大量艺术人才和技术人才。近年来，还与法国教育局合作建设了狂人国学院，开设了通识教育和专门的艺术表演课程，以培养未来的艺术人才。学院内主要招收小学生，到8岁后，就可以获得在狂人国参与真实表演的机会，作为一种训练方式与学习激励。在已有的演员中，也形成了“干中学”的模式，以高水平的重复演出培养出了出色的舞台剧演员、驯兽师等演职人员。完善的人才培养体系促进了文旅项目持续性地创新与开发，提高了文旅开发的质量和效率，为文化产业与旅游产业的高质量融合提供了持久的动力源泉。

2. 需求维度

目前欧洲整体人口老龄化严重，中老年群体规模庞大，同时他们具有相对较强的消费力和消费需求，形成了规模巨大的“银发经济”。据欧洲统计局的最新数据显示，欧洲 65 岁及以上老年人口占比已高达 21%，已是老龄化社会标准百分比的三倍，已整体步入“超高龄社会”。预计到 2050 年，65 岁以上人口将达到 1.298 亿，占总人口的 29.4%。同时，中老年群体也占据了整个社会大部分的财富，具有极高的消费能力与消费欲望。据欧盟测算，目前欧盟 65 岁以上老年人年消费总额已经超过了 3 万亿欧元。到 2025 年，欧盟“银发经济”的规模将达到 5.7 万亿欧元，对整个经济的贡献总规模有望达到 6.4 万亿欧元，占欧盟 GDP 的 32%。就旅游市场来说，欧盟发布的“银发经济十大机遇”报告显示，欧盟 65 岁以上老年人旅行市场规模超过 660 亿欧元，近年来呈现出上升趋势。欧洲的中老年群体接近退休或已退休，时间充裕且退休金不菲，有着较高的文化素养和强烈的消费需求，亟须具有历史文化和人文艺术内涵的文化旅游产品。随着中老年群体的持续性扩张，对高质量文化旅游的需求也在不断升级，这促使着文旅产品的提供者深入挖掘民族的文化内涵，持续推出丰富且优质的文旅项目，在体验感、互动性与场景营造上不断优化升级，在供给侧迎合消费需求升级，为消费者提供更贴合其需求的文旅产品。

就欧洲的主题乐园市场来说，存在同质化竞争严重的问题，主要是依靠IP、大型游乐设施、场景营造，引进先进的游玩设备，以大型游乐设备的更新升级作为吸引游客的主要手段。如此相似的运营模式使文旅消费者产生了对主题乐园文旅项目的倦怠感，从而激发出对多元主题乐园的需求，推进文旅供给在模式和内容上进一步创新，形成并且强化差异化竞争模式。同时，迪士尼主题这类以刺激的大型游乐设施为园区主要文化旅游内容的主题乐园，主要定位于年轻人和亲子消费群体，其消费内容对于欧洲规模庞大的中老年群体并无较大的吸引力，并导致了该群体较低的复游率。需求的升级推动着文旅融合朝着差异化、多元化方向发展，不断丰富文旅消费场景的业态，拓展产业的边界，创新文旅供给内容。狂人国主题乐园以戏剧演艺为特色，以历史故事为主题，在园区内提供规模不等、类型多样的17项演出，形成了演艺项目的集聚效应，从而延长了游客在园区内的游玩时间，并通过对演艺项目进行快节奏高品质的迭代更新来吸引游客复游。在产品打造和场景塑造上，围绕着技术发展和场景延伸为主线，力求在细节处做到极致，造就完美的舞台效果和沉浸式体验，实现了差异化竞争。

3. 外部环境

法国的文化产业和旅游产业是本国经济的重要支柱性产业，政府为了促进文化旅游产业的发展，从政策、资金、税收等多方面给予大力支持。作为政府主导型产业，法国对文化旅游产业建立了完善的管理体制，设置了具有不同职能的文化旅游管理机构，整个体制体系庞大、分工明确、各司其职。法国的文旅产业实行三级管理体制，中央层面制定法规、政策等并提供指导与资金支持，区域层面设立委员会，整合数据、设定目标，市镇层面开展文旅活动与合作。在资金保障方面，法国政府也出台了一系列的资金保障措施，提供多方面的支持。对于供给方，鼓励金融机构为企业提供信贷支持，成立基金会为企业提供补贴，以及对文旅企业提供税收优惠，包括对综艺性演出、电影业等特定的文旅类别减低税率，甚至对非营利性的文旅项目进行免收增值税等。对于需求方，法国政府以对弱势群体发放补贴和免费开放一些景点的方式来鼓励公众旅游，提高社会的文化旅游消费力。

在开展文旅事业方面，为了保障文旅融合发展的质量，法国政府还采取了一系列合作措施，包括建立联盟和协会，为文旅企业提供培训和指导。同时，还与文旅开发商通过签订指标型合同等来保证文旅投资与收益之间的平衡。法国政府还致力于将文旅产业与数字经济紧密结合，借助先进科技手段提升文旅行业的效益和影响力，拓展了文旅产业的边界。目前，法国已经引入了虚拟现实、增强现实、智能导游等新技术，推进文化和旅游产品的迭代升级，不断为游客和文旅从业者提供全新的体验和服务。法国政府还出台了对文旅开发商和酒店进行分级的制度，并鼓励采用“旅游质量”标志，以推动文旅产品供给质量的提高。此外，作为文化资源大国，法国政府还非常注重文化遗产的保护与利用，为了旅游业健康可持续地发展，法国政府对其产权及保护利用均有着相当严格的法律和政策。

为了鼓励城市的文化遗产保护以及促进文化生产力，法国政府还专门设置了文化部长、教育部长等特殊职位。

在对外营销推广方面，法国通过各级政府，海外、海内两个市场，联合各相关机构与企业，开展针对性的推广活动。对于海外市场，在全球化的背景下，通过中央层面代表性机构在国际上进行宣传推广，并且与其他国家、地区政府积极开展合作，以提高法国文化旅游的整体知名度。对于国内市场，地区和市镇层面分别对本区域内的文旅项目有针对性地在本国进行文案制作与推广。政府还联合各机构与企业构建起营销网络，产生良好的宣传效果。此外，为了提高游客的复游率，法国相关文旅政府机构在为游客设计旅游路线时，贴合消费者的需求升级，进行深度的文旅融合，给消费者带来印象深刻的文旅体验，增强其开展再次、三次旅游的欲望。

4. DSE 分析图

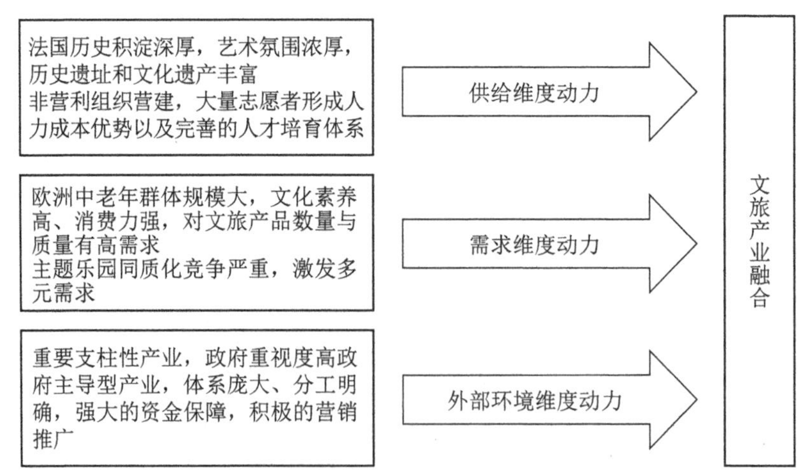

三、融合评价

狂人国主题乐园在法国丰厚的历史积淀、丰富的文化资源的基础上，以打造舞台场景和乐园环境为主要内容，以各类机械特效与中世纪风情为特色，植入舞台技术、科技元素，为游客塑造出具有法国特色的沉浸式目的地场景。因其非营利性质，乐园拥有大量志愿劳动力供给而形成独特的人力成本优势，为文旅项目迭代升级与创新创作提供了良性循环的资金链。狂人国完善的人才培养体系也为乐园的运作提供了充足且优质的劳动力。在需求端上，在欧洲的老龄化社会中，大量的高素质、高消费力中老年群体产生了对高质量文旅产品的大规模的需求，促使文化产业和旅游产业的融合向着“精”“深”发展。同时，因法国乃至欧洲的主题乐园都存在着严重的内容同质化，从而激发了消费者对此类文旅产品的多元化需求，推动文旅产业拓宽融合路径与边界。在外部环境方面，文化产业和旅游产业作为法国的支柱性产业，同时也是政府主导型产业，在文旅供给质量的提升与激发消费者的文旅需求方面，法国政府做出了巨大的努力。“中央—区—市镇”三级政府共同开展工作，从企业和消费者两个层面，供给和需求两个维度，国内和国外两个市场，有针对性地采取多种措施，出台各项政策，为文旅发展提供资金保障与支持，在提高文旅发展质量的同时，做好对外宣传推广工作，为文旅高质高效融合创造良好的外部环境。

第三节　伦敦国王十字街区

英国是世界经济强国之一，英国服务业产值约占国内生产总值的四分之三，是英国的支柱产业，包括金融保险、零售商业、文化创意、旅游等。旅游业在英国的经济体系中占有重要地位，在世界经济论坛发布的《全球旅游业竞争力报告》中，英国几乎每年都榜上有名。英国旅游业的兴盛主要得益于产业革命的成果，它构成了近代旅游的第一因素——技术因素。技术进步促成新的交通工具与新的交通方式的产生与普及，从而减少了旅途时间并降低了交通费用，使得人们更有可能加入外出旅游的行列，扩大了旅游者规模。

而伦敦作为英国的首都，是英国的政治、经济、文化、金融中心，是全世界博物馆、图书馆和体育馆数量最多的城市。曾有“世界工厂”之称的伦敦，如今已经蜕变成为了“世界金融中心”，金融业十分发达。而除金融服务业外，文化创意产业和旅游产业也是伦敦经济的一大支柱，每年 210 亿英镑的产值使得文化创意产业成为仅次于金融服务业的伦敦第二大支柱产业，从这方面看，伦敦已然成为了全球的创意中心。同时，据世界旅游城市联合会发布的 2019 年旅游城市排行榜显示，伦敦位列全球城市知名度首位。当年，旅游业为伦敦创造了 32 亿英镑的收入，而在其本身人口仅有 1000 万的情况下，全年的游客访问量已经达到了 2000 万。作为国际化大都市，伦敦拥有大量值得参考的文旅产业项目，本书选取与城市更新紧密结合的国王十字街区作为分析案例。对于长三角地区，特别是如上海同样作为国际大都市，也曾是中国第一大工业城市，通过对工业遗产的再开发利用，形成文化创意产业的雏形，多年来致力于打造“文化创意之都”“设计之都”，而伦敦国王十字街区的发展与开发，对其文旅产业融合具有重大的学习借鉴意义。

一、发展状况

国王十字街区位于伦敦市中心，靠近金丝雀码头、大英博物馆、白金汉宫等多个伦敦地标性建筑，交通极为发达。“国王十字”的名字起源于19世纪该地区十字路口的乔治四世国王雕像（已于1842年被拆除）。20世纪初，因其优越的地理位置，国王十字车站及周边地区成为了重要的工业中心与交通枢纽。而第二次世界大战以后，在后工业时代的浪潮中，英国开始产业转型升级，公路运输替代铁路运输，国王十字车站周遭的运河以及厂房成为了废弃的工业用地，到了20世纪八九十年代，国王十字街区成为了伦敦最贫困的十大区域之一，是一个交通堵塞、经济落后、环境不佳的破败区域。2008年，随着国际铁路“欧洲之星”的线路规划建设，政府投入80多亿英镑，开启国王十字区域的重建工作。到2012年，以伦敦奥运会为契机，国王十字街区被建设为英国最大、最重要的综合交通转运站，再次成为城市枢纽，该车站还被英国遗产协会定为一级保护建筑。目前，国王十字街区已是集商业、生活、艺术于一体的新社区，每天有15万人流经过，成为伦敦充满活力与包容性的都市文旅空间。

国王十字街区通过特色场景的塑造与多元功能的融合，形成了一个微缩版的伦敦，对游客、居民、工作者具有持续性的吸引力。以便利的交通设施为核心，国王十字街区在此基础上形成了一个功能多元的生态系统，包括办公空间、商业娱乐设施、生活住宅以及公共文化空间等。作为综合交通运转枢纽，国王十字街区在改造时以行人为本，增加了20条公路、895个汽车停车位和900个自行车停靠点，并进行了空间的重新布局与分配，最大程度分流了地上交通，避免了交通堵塞。改造后的国王十字车站构造了以车站为中心的10分钟步行圈，在为游客提供公共汽车、出租车、自行车等多种交通方式的同时，也便利了周边住宅区居民的活动与出行需要。在圣潘克拉斯火车站与国王十字火车站改造时，还为其新增了零售业态，别具一格的餐饮与零售功能满足了旅客的需求。车站还引入了特色IP刺激旅客消费，使得车站成为一个独特的商业空间。众所周知，国王十字火车站是电影《哈利・波特》的拍摄地之一，车站为了不影响站内的主要功能，将电影中出现的9¾站台改建到了大厅，供“哈迷们”拍照打卡，成为了国王十字车站的文化地标。不仅如此，车站的大厅也营造出了浓厚的艺术气息，如大厅顶棚悬挂的艺术作品、曲量丰富的自动唱片点唱机、可随意演奏的钢琴，还会在此举行新兴音乐家的演奏会、大牌时装表演等活动。

国王十字街区在保护伦敦城历史风貌的基础上，在商业、旅游、娱乐、教育等方面延伸其产业业态，形成了业态丰富的城市文化综合体。街区位于维多利亚时期的伦敦工业心脏地区，发展历史悠久，历史建筑存量规模较大。街区内的交通枢纽和历史建筑虽然老旧，但也为如今的综合体的打造提供了珍贵的历史实物资源。在改造时，国王十字街区并没有完全抹杀历史的痕迹，而是对该区域的历史文化进行修复与传承，对具有旧时特色的建筑进行了最大程度的保留，展现出街区历史元素与现代感结合的独特风貌，营造出上个世纪的伦敦特有的历史感以及原住民的归属感，如在对维多利亚时期的拱形廊桥保持原貌的基础上，新增了商铺，形成了街区的购物中心，再如曾是铁路运输时代卸载和存储煤炭的货场，经过了外墙的修复和现代感屋顶的增建后，成为了现在热闹繁华的卸煤场商业街。改造后的国王十字街区，展现出了丰富的历史文化底蕴，为伦敦的人们打造了一种都市时尚前沿的生活方式，既保护了历史，也创造了新鲜。

国王十字街区整个零售商业的规划面积为4.6万平方米，拥有零售、餐饮、休闲娱乐等业态，休闲娱乐中包含了剧场、画廊、美术馆等，整体构成了功能多元的10分钟生活圈。国王十字的零售商业分为七个板块，每个板块具有不同的定位，针对不同客群的多样需求，提供完善而又差异化的服务。以摄政河为界分为了南北两部分，南边是以时尚和生活为中心的购物街和办公楼旁的商业配套，主要为工作者和来往旅客而打造，因其便利的交通让车站保持高度开放，也吸引了周边市民就餐与购物，弥补了伦敦北部高质量商业的空缺。北面为中心商业区、社交中心、摄政河岸的高端餐饮、社区氛围感的城市村庄以及当地人的购物休闲区，其中中心商业区作为体验式购物中心，融合了艺术、文化、娱乐多种元素，包含了时尚潮牌、零售超市、轻食、咖啡厅等丰富的业态，形成了满足不同人群需求的商业文旅空间。

除了改善业态之外，国王十字街区还吸引了伦敦多所国际知名高校、科研机构、世界大型科技公司、文化创意企业等入驻，包括Google、Facebook等大型互联网公司和Youtube、英国卫报、法国巴黎银行等行业巨头，产生了强大的产业集聚效应。其中，中央圣马丁艺术大学是伦敦大学的一部分，是世界顶级的艺术与设计学院。作为一流的艺术殿堂，这里提供全面的艺术与设计课程，以盛产时装设计名师而闻名于世，国际时装品牌如LV、Gucci、Dior等，都非常乐于聘用该学校毕业的学生。在中央圣马丁艺术学院的周围还分布了不同的文化创意形态的工作室等，将学院的创意储备能量辐射向整个街区。同时，还吸引了大量的博物馆、画廊、艺术空间等文化单体的落地，奠定了该区域的创新基调，强化了其文化属性。在打造国王十字独特的文化地标的同时，也营造了浓厚的艺术氛围，形成了功能强大的文化创意集聚区。

国王十字街区还打造了大量的公共空间，新增了20条路网以及丰富多样的景观与公共艺术设计。国王十字的公共空间占整个街区总面积的40%，连接着各个功能板块，实现各个板块之间的相互作用、与各板块相辅相成，提升街区整体的空间价值。为了使功能与服务深入贴合大众的需求，国王十字街区在充分听取民意的基础上，将公共空间设计为路径式，串联主要广场与次要广场，使得儿童、家庭、工作者、游客与居民等各类群体都能在此获得个性化的文旅体验。其中，谷仓广场是国王十字街区最大的公共空间，也是街区公共空间的核心点，位于中央圣马丁艺术学院和摄政运河之间。广场中间是四座可自由开关的喷泉，构成了欧洲最大的水景。喷泉的位置对应着国王十字街区历史上的河港景象，具有丰富的历史意义与文化内涵。谷仓广场在整个区域内的功能尚未完善时便对外开放，至今已经举办了数次音乐节、冰淇淋节等活动，每逢体育赛事还会搭建大屏幕进行转播，其岸边还有充满文艺气息的水上书店，已成为伦敦的人气景点之一。运河走廊则贯穿着国王十字街区的历史核心，从约克路的梅登巷大桥到圣潘克拉斯火车站的铁路桥，是一个极具自然风景与人文历史的公共休闲空间。此外，还有风景迷人的 Handyside 花园、路易斯·库比特公园和广场、新的储气罐公园和煤气罐花园、Pancras 广场等等，可供游客观赏、游玩与休憩。街区还配备了各种户外运动、亲子活动、艺术文化等空间，中央圣马丁艺术学院也常年在公共空间组织举办学生的作品展览、艺术表演等活动，为当地营造了极具活力的艺术创意氛围。这些活动都极具开放性与包容性，贴合伦敦多民族多文化的背景，为来自不同文化背景的人群带来融入感与归属感。

总之，国王十字街区实现了在知识时代从货的枢纽到人的枢纽的转变，打造出了一个具有独特辨识度的城市中心综合体和一个拥有丰富业态与功能的文化旅游场所。

二、文旅产业融合因素分析

1. 供给维度

作为伦敦市中心最大的未被充分利用的棕地，国王十字街区在重建的过程中面临着诸多问题与困难，但同时也为多元功能的打造提供了充足的空间与历史资料。在 19 世纪中期，国王十字街区曾是伦敦大型的仓储、物流批发区域之一，除了车站之外，还有大型的仓库与工业建筑。而 20 世纪第二次世界大战结束后，随着后工业时代的到来，这一片区便几近废弃，还有着环境脏乱差的恶名，中产者们也纷纷逃离，使其沦为十大贫困区之一。如今，正是借助着这些遭人唾弃的工业遗留品与众多维多利亚时代的历史遗迹，在新街区的打造上“变废为宝”，对历史文化建筑进行修复、翻新，既为街区的整体建筑风格增添了历史文化特色，也改善了街区的整体环境与风貌。国王十字街区在改造中保留了约 20 座历史建筑，并融入了购物、学习、办公等新功能，打造出业态丰富、风貌多元的文旅场所，如卸煤场商业街、储气罐改造的公园和住宅、谷仓广场等，同时也为伦敦城市留存了特殊的历史记忆，为文旅融合提供了丰富的历史资源、文化资源。这不仅吸引了本市市民来见证历史的转变，如此具有特色的建筑风格与故事背景也吸引了大量外来游客的驻足，成为都市历史文化旅游新地标。

国王十字街区地理位置优越，产业集聚效应十分显著。国王十字街区位于伦敦市中心，周围聚集了伦敦金融城、金丝雀码头、大英博物馆、白金汉宫等伦敦知名地标性建筑。不仅如此，在新街区尚未建成前，35家国际领先的包含学术、文化、科研和媒体等各个领域在内的知识机构共同构成了伦敦知识区，而在国王十字街区的一英里范围内，聚集了其中大部分的成员，包括大英图书馆、大英博物馆、伦敦大学等，形成了以国王十字为核心的知识聚集区。街区在如此优越的地理位置的支撑下，受周边金融与知识集聚效应的影响与其形成良性互动，知名度得以提升，业态也得以丰富，使其发展与“创新”紧密挂钩。谷歌前后耗费了大量资金将英国的办公地点设在了国王十字街区，Facebook也紧跟其步伐，在此租下了三栋写字楼作办公用。在两家互联网巨头公司的带动下，许多科技公司与创业公司也来此落户扎根，在街区内形成了良好的科技产业生态。在此集聚效应的带动下，环球唱片、索尼音乐等多家世界顶级公司也都纷纷将英国总部聚集于国王十字街区内，形成了丰富多元的产业业态，涵盖了科技、媒体、教育、时尚、金融等各个领域，在街区内形成了浓厚的商务、文化、艺术氛围。集聚效应为街区带来了大量资源的流入，为文旅融合创造了条件，促进文旅高质量发展。

除了众多的企业与知识机构外，国王十字街区还引入了中央圣马丁艺术学校这样的高等院校，院校学生将其艺术作品在公共空间中进行展示，促进了街区内艺术氛围的打造，也成为了街区内文旅体验的独特形式。不仅如此，艺术高等院校的引入还为文化创意产业的发展提供了大量的年轻精英人才，推动文化创意下沉社区，提高街区的文旅融合程度。

2. 需求维度

国王十字街区作为中心交通枢纽，人流量大，有来自办公楼的工作者，社区当地居民以及来往的游客等多方需求。国王十字车站是伦敦的交通枢纽，而同时，伦敦也是欧洲的交通中心，这为国王十字街区带来了欧洲各国的游客，并且国王十字街区当地也是族裔繁多，文化多样。基于此，国王十字在开发改造时也在街区中注入了丰富多样的文化元素，以贴合来自不同文化背景的群体需求。随着城市的发展，中心区人口不断增长，经济活动不断增加，对生活方式、购物体验、文旅体验提出了更高的需求，高需求促进文旅升级创新，提质升能。因此，商场购物、休闲娱乐等作为新时代新的文旅需求形式，使得商业综合体也逐渐凸显出旅游价值与文化价值。在文旅融合过程中，更加强调对于生活情景的打造，塑造人们的感官体验与心理认同，通过环境、建筑以及城市风格的融合打造出别致的休闲场所，提供满足消费者品位的文旅体验，形成一个更高层次的文旅商业业态。

伦敦不仅是欧洲的交通中心，也是欧洲的经济中心，经济极为发达，对文化旅游的需求也更为旺盛。在全球城市实力排行榜中，伦敦连续八年成为全球第一城市，市民的文化素养普遍较高。此外，伦敦的 GDP 总量也位居全球城市中的前列。在经济如此发达的伦敦，这数十年来，人们的休闲时间不断增多并且可支配收入也是逐渐提高。据统计数据显示，伦敦家庭的每周消费居于英国平均水平之上，约高出四分之一，其中对于看电影、欣赏戏剧等文化艺术活动的消费比英国的平均水平更是高出了将近三分之一。收入增加、休闲时间充裕、文化素养提高使得人们对休闲商品与服务，特别是文旅消费的需求规模日益扩大，这也驱动着文旅供给者增加其产出，提高其产品品质，促进了文旅融合向高产出、高质量方向发展。

同时，国王十字街区的多元打造也是城市发展对其提出的迫切需求。随着城市的不断发展，位于伦敦中心区的国王十字街区也亟须被开发利用，成为一个都市文艺新地标，发挥其功能，使城市发展进入良性循环。20 世纪的伦敦发展规划战略中，国王十字街区被认定为五大伦敦中心区的发展机遇之一，其重建与改造是城市复兴中的重要一环，能够在经济上为伦敦吸引新资本和新企业，为伦敦的城市发展助力。

3. 外部环境

英国政府高度重视文化和旅游产业的发展，采取了一系列的综合措施，从文化遗产挖掘、资金供给、人才培育、营销创新等方面推动文旅产业的繁荣。在文化遗产的挖掘方面，英国充分利用具有历史意义的工业遗迹作为文旅融合的基础资源，开发出丰富多元的文旅产品。而不论是文化遗产的修复还是与旅游设施的融合都需要充足的资金支持，在这方面，英国政府主动联合非政府公共文化机构、相关的行业协会以及基金会等，采用政府和社会资本合作的方式进行文旅开发，保障了文旅融合资金的供给。在人才培育方面，英国政府在学校教育、社会教育与产业教育全维度提供支持，在高校教育中鼓励理论与实践结合教学，对从业人员进行在职培训，并鼓励企业培养创意人才，提供税收减免优惠。在营销推广方面，英国政府积极举办各类国际营销活动，建立有效的全球传播网络，提高英国文旅的国际知名度，为文旅融合提供了外部激励。在国王十字街区的建设中，政府采取了 PPP 的经济投资模式，引入了社会资本，进行共同开发打造。建设资金一部分来源于政府，提供现金拨款，并担保证券的发行，另一方面，政府给予伦敦和欧陆铁路公司周边的地块开发权，并与政府部门平分利润。这一模式为国王十字街区改造项目的顺利推进提供了强大的资金保障。在规划阶段，伦敦的地方政府还参与了多家开发商组织的“国王十字开发论坛”，进行共同协商。因区域改造项目周期较长，政府给予了开发商灵活的空间，在保证区域功能多样化的前提下，允许开发商根据条件变化调整部分规划，确保国王十字项目充分发挥其效能。

此外，伦敦政府致力于扶持和推动文化创意产业的发展，着力对文化产业的政策进行完善，加之伦敦时尚论坛、设计商业协会、文化产业发展署等相关机构的助力，使伦敦成为了全球的创意中心，文化创意产业高度繁荣。在 1997 年布莱尔当选英国首相后，便提出了将文化创意产业作为英国振兴经济的聚焦点。在这样的时代背景下，“创意伦敦”工作组于 2004 年成功创立，并在资金、立法、场地、人才四个方面开展其工作，并且相关的机构也在提供信息交流平台、资金支持、咨询服务等方面助力伦敦文化创意产业的发展。政府及相关机构对产业的协同支持，健全了伦敦市内的文化创意产业发展要素，增强了文化创意对文旅融合发展的赋能作用。

4. DSE 分析图

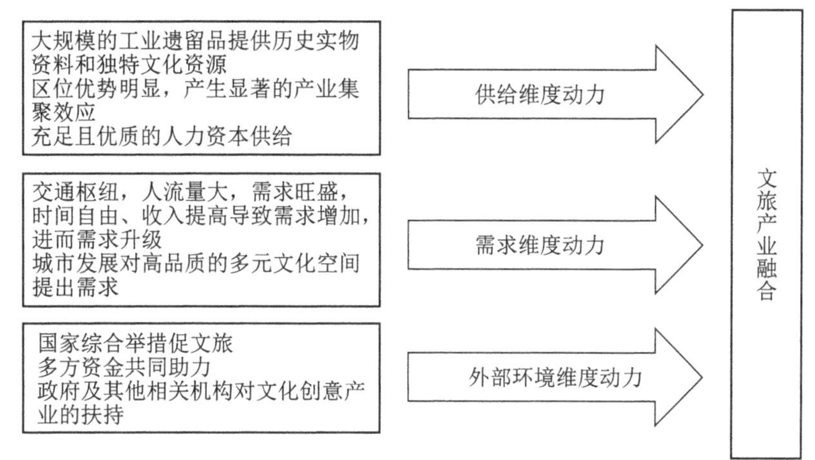

三、融合评价

国王十字街区依托其工业用地及工业遗留品的独特资源优势，借助着地处伦敦市中心的区位优势，受到金融中心以及知识集聚区辐射效应的影响，不断拓展其服务场景，在区域内形成了强大的产业集聚效应，进一步丰富了街区内的产业业态，并为其文旅融合提供了丰富的优质劳动力。在需求端，国王十字街区作为伦敦乃至欧洲的重要交通枢纽，给街区带来了大规模的具有不同文化背景的客群，产生了旺盛的需求。同时，随着经济的发展，高知识素养的人群规模逐渐扩大，充足的闲暇时间与收入激发了其对高质量文化旅游产品的需求，推动文旅深度融合，以满足消费者高品质、多样化的需求。在外部环境方面，国家层面和城市层面都在资源、人才、资金、推广等方面，联合社会力量，不断健全其发展要素，创造有利外部环境，助推文旅融合发展。

第五章 长三角地区文旅产业融合案例分析

第一节 灵山小镇拈花湾

一、发展状况

灵山小镇拈花湾位于江苏省无锡市，是江苏省文旅产业发展的重点项目之一，是以中国佛教文化为主题的标志性旅游景区。拈花湾景区在国内首创了禅意文化特色小镇，打造了一个集人文自然与生活方式于一体的旅游度假区。小镇自 2015 年年底开园以来就引来了大量游客的追捧，开园当年的两个月内客流量为 4.2 万人次，2016 年 148.7 万人次，2017 年 174.1 万人次，到 2018 年游客量达到了 229.9 万人次，客流量逐年增长，已经突破了 200 万大关。

禅意小镇拈花湾地处无锡市滨湖区，规划面积1600亩，建筑面积35万平方米，到目前为止前后投资高达48亿，是灵山集团历时5年打造的文旅休闲度假胜地。灵山小镇拈花湾的建筑设计主要借鉴了日本奈良的风格，并融入了中国江南小镇独有的水系，形成了一种独特的建筑风格。小镇整体形似“五瓣佛莲”，总体布局为“五谷”“一街”“一堂”，并以具有禅意的名字命名，分别为高端禅修精品酒店区（鹿鸣谷）、度假物业区（竹溪谷、银杏谷）、论坛会议中心区（禅心谷）、旅游综合服务区（云门谷）、商业街区（香月花街）及供千人禅修的胥山大禅堂。作为旅居度假目的地，灵山小镇拈花湾突破了观光型景区单一的商业模式，为游客提供的旅游产品种类十分丰富，游客在这里可以体验不同产品项目大类，而且各个产品项目大类中包含了大量纵向体验产品内容。灵山小镇拈花湾围绕“吃、住、行、游、购、娱”6大旅游服务因素，打造出能够满足更多细分市场需求的产品，多层次全方位引导游客体验旅游产品。

灵山小镇拈花湾的文化内涵核心在于佛家文化中的“禅”，这一名字命名来源于佛经中的“佛祖拈花，迦叶一笑”。拈花湾的文旅项目全面体现了禅文化的强关联性，突出了文化的独特性。为了给消费者提供禅意度假和禅意观光的文旅体验方式，灵山小镇拈花湾将禅文化渗透在餐饮住宿、生态景观、购物体验和演艺互动的各个层面。其中餐饮方面包含国内外各式各样的特色餐饮产品，同时又尽可能开发、传播具有本地风格的饮食文化。灵山小镇拈花湾还围绕

“住”这一核心需求充分打造了充满禅意的文旅住宿产品，满足消费者多种消费需求。灵山君来波罗蜜多度假酒店便是拈花湾倾心打造的国内最大的禅文化旅游住宿产品，酒店内拥有独具特色的自助餐厅，根据时令和当地的特色提供新鲜优质的美食，为游客带来独特的餐饮体验，除此之外，还有各式各样禅意十足的客栈、青年旅社、精品度假酒店、度假别墅等，品类丰富。拈花湾还策划了一些不同主题的旅游住宿产品，如以睡眠为主题的生活康养度假型客栈——放下客栈。客栈共有 7 间安睡客房，取名为放下是希望每一位入住的旅客都能放慢身心，放下烦恼，在睡眠中感受心灵与情绪的能量共振。客栈内配备了专属的营养师根据住客体质和偏好，为其特别定制下午茶、营养早餐及四季定食，还有管家精心准备的欢迎茶点、助眠小食、养生茶包等，带来舌尖上的健康新体验。在游客的住宿体验方面，景区的酒店和宾馆还专门设置了一些主题活动，包括创意花艺、草木拓片制作等，让游客体验到手工制作乐趣的同时，还能将禅意理念融入活动中，使游客静心体验。

拈花湾禅意主题的依托是其优越的生态资源和地理位置。拈花湾坐落在无锡马山国家风景名胜区的山水间，四季分明，日照充足，气候湿润，素有“净空、净土、净水”之称，提供了清新、淡雅的禅意环境。拈花湾背靠灵山，面朝太湖，更与南麓的灵山大佛为邻，可以说是得尽天地人文灵气，是人们最为理想的禅修之所。以此优越的自然条件为基础，灵山小镇在建筑景观的规划设计上无不体现着禅意特色，以禅心谷为例，其会议中心为中国风的庭院式设计，而配套的主题酒店掩映在山湾的深处，整体半圆形的围合设计蕴含着一种“抱缺”的禅意，告诉我们人生不必求“满”，少即是多。小镇内还有各种佛教建筑错落有致，宝塔、寺庙、佛像林立，皆为景区内观光禅修的好去处。

灵山小镇拈花湾从“亲子游”“禅修度假”到众乐营，为儿童、家庭、情侣、企业、学校、政府机关等各样群体设计了专属的禅修体验。在暑期，景区内会举办一些亲子活动，包括学做茶艺师、彩塑泥玩、趣味闯关等。针对都市白领群体，景区还会不定期举行抄经、禅食的活动，在拈花湾的禅意氛围中，为游客提供打坐、托钵、经行等禅者生活方式，让人们切身体会到禅文化。另外，灵山小镇拈花湾的香月花街主题商业街，充分融合禅文化，为文创产品、禅文化体验提供了产品化服务。其中的商铺、工作坊、体验室等每年都会针对短途多次的游客与长途单次的游客，推出不同主题的文创产品体验活动，游客可以根据自身兴趣自由选择、适时安排，受到了广大游客的欢迎和喜爱。值得一提的是，拈花湾还规划了聚焦心灵调养的产品体验馆——云舒馆，这是立足于自然原貌，在充分保护生态、内外肌理以及享受生活的基础上，聚焦康养体系打造的融合产品。云舒馆共分为上下两层，一层以“灵动”为主体空间形式，负一层以“静定”为主体空间形式，包含了空山茶语、鹿柴隐、山月吟、雪晴斋、春山胜、秋露微等多个空间。在体验过程中，云舒馆将茶道与颂钵相结合，倾听钵音帮助身心恢复平衡的同时，赏一次茶道、品一口香茗，身心共养。这是一个由听觉和视觉双重感官结合的私享体验，使用尼泊尔颂钵、琴床、音叉、小型泛乐器等工具，帮助体验者进入到深度放松和自我修复的状态。

同时，灵山小镇拈花湾推出了国内首部原创禅文化主题电影，在创新禅意演出方面别出心裁，微笑广场、水上主题演出等演艺深受消费者喜爱。每逢节假日，拈花湾便会在五灯湖举行大型的“禅行”表演，演出以“行者的行走、感受生活的喜悦安乐”为主旨，将小镇、花海、微笑广场的故事元素串联在一起，组成一个整体的、独具东方禅韵的意境空间。作为拈花湾小镇的核心夜游产品，《禅行》项目经过四年多的运行和三次迭代升级，特别是在2020年新景点微笑广场投入运营后，集观赏、互动、体验、巡游于一体，以行进式的独特观演方式呈现出一场文化盛宴，使游客既是鉴赏者，又是体验者，更是共同完成一件禅意作品的参与者，为广大游客带来了全新的360度浸润式的场景体验。此外，无锡灵山于2012年被确定为世界佛教论坛永久会址。作为核心会址的配套地，灵山小镇拈花湾还为禅意交流提供了场所，有助于禅文化的不断发展，提高产品的文化属性。禅心谷经常承办各式各样的禅文化论坛会议，主要布局有世界佛教论坛会议中心及专属会议宾馆等配套建筑群，不仅如此，它也是国际文化艺术交流中心和人文会展中心。

节庆期间，灵山小镇拈花湾还会策划花海市集、露营、夜游等缤纷多样的精彩活动。景区还推出了踏青赏花、赏花品美食两种门票套餐，以及禅意村舍、主题客栈和酒店住宿三种住宿套餐，诸如此类的优惠套餐不计其数。在春季，拈花湾就成了“樱花湾”，那时樱花当令，粉白满树，正是游园赏花的好时节。游客朋友既可以观赏到唐风宋韵建筑掩映下迷人的樱花禅境，也可以在远离喧嚣的鹿鸣谷，品味山谷间樱花的静美。此外，拈花湾更推出樱花树下野餐体验，美味与颜值兼备的樱花野餐篮使得赏樱之旅收获满满。“推窗见花”的樱花主题赏樱客栈，让游客感受“住在樱花里”的体验，独享满园的春光明媚。白天搭乘樱花小火车，缓缓驶入春天，徜徉在纷飞的樱花雨里，晚间游船赏夜樱，穿越空灵之境，樱花树衬上璀璨灯光，展现在游客面前的便是一幅“人在船中坐，船在画中行”的悠然景象。

同时，拈花湾还保持着对行业大势的敏锐嗅觉，紧跟国家战略和政策，在数字文旅领域潜心耕耘。虎年元宵期间，一段名为“拈花湾打开元宇宙传送门”的小视频风靡互联网，这段视频以拈花湾禅意小镇景区地标拈花塔为视觉核心，运用酷炫的数字技术，相继呈现菩提树、拈花指、金色福虎等拈花湾禅意小镇核心标签以及节庆代表符号，将景区特色和节庆祝福巧妙融合，呈现出让人惊喜的视觉艺术魅力。该视频上线后，反响热烈，超过250万用户观看，55万转发，引来了大量网友的关注和热议。此前的2021年，拈花湾禅意小镇在“大游可为”2021江浙沪地区“智慧景区TOP10”评选活动中获得“智慧景区TOP10”“优秀智慧景区”两项大奖。

多年来，灵山小镇拈花湾充分挖掘中国传统文化底蕴，持续探索文旅产品的创新，寻求产品差异化，将场景、艺术、建筑、体验的美学融为一体，让消费者在其中既可以感受到文化的无穷魅力，也能够体验到旅游为美好生活带来的幸福感。开园至今，拈花湾先后获得中国十大最受欢迎旅游小镇、第一批国家级夜间文化和旅游消费集聚区等荣誉。在自身发展态势良好的基础上，拈花湾小镇的溢出效应也十分明显，除了带动无锡太湖国家旅游度假区年游客量1000余万人次外，更是拉动当地就业10000余人。现在拈花湾景区周边有省三星级以上乡村旅游点（区）6家，社会餐饮店200多家，规模和品牌酒店17家，民宿244家。中国经济进入新时期提质增效的发展阶段，文旅板块是各地政府拉动内需对接精神文化生活消费的重要抓手；也正是拈花湾小镇的成功让各地政府纷纷向拈花湾文旅伸出了橄榄枝，以期通过文旅项目拉动城市经济发展。

图5-1为拈花湾小镇的产品组合开发图。

二、文旅产业融合因素分析

1. 供给的优化

长江三角洲区域与传统意义上的江南地区基本重合，该区域以吴越文化、江南文化、海派文化等地域文化为代表，在历史的演进中逐渐形成了统一的江南文化区。作为我国文化建设的优势区域，长三角地区文化底蕴深厚，文化市场要素健全，上海的金融、科技商贸对文化产生深远的影响，浙江的互联网与文化产业紧密结合，江苏的园林极具历史色彩，安徽省乡村旅游特色鲜明。就中国佛教

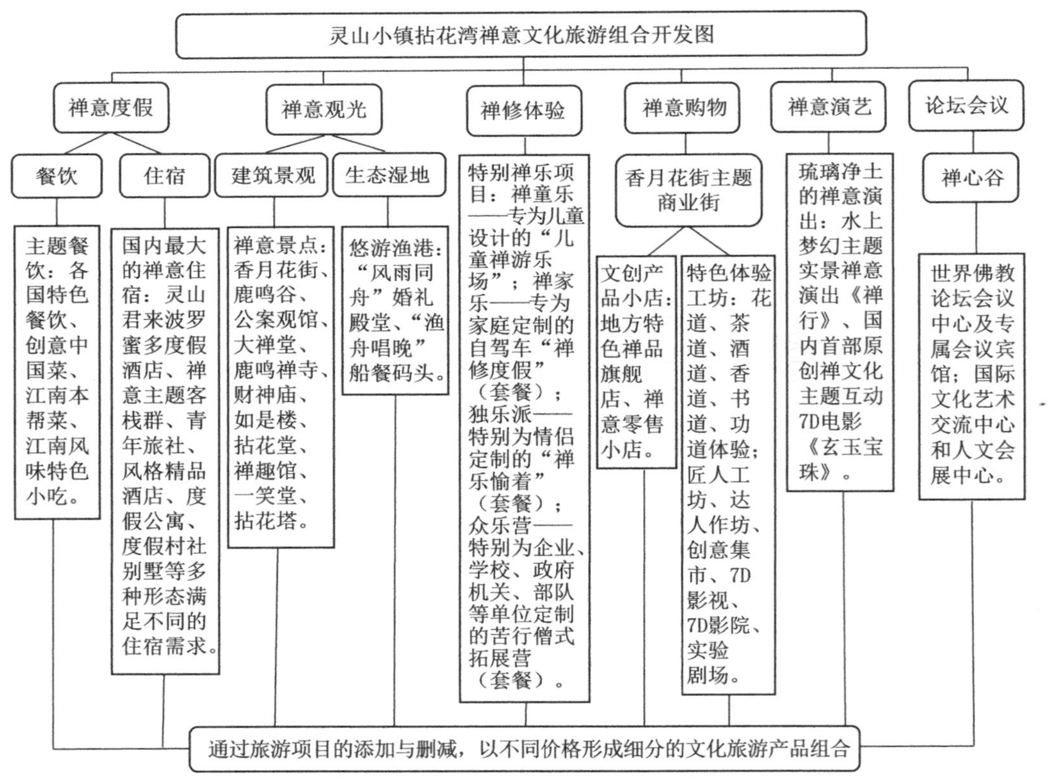

图 5-1　灵山小镇拈花湾禅意文化旅游组合开发图

数据来源：参考刘晴（2017）。

文化而言，江南是后世公认的佛教发祥地，佛教地位显赫。有了江南之始，佛教才开始在中国由南向北四处传播开来，逐渐在隋唐时期达到了鼎盛阶段。江南地区作为我国佛教发展的中心，在佛教各宗派的影响下，南禅思想在这一时期深入江南各阶层民众之中，对江南文化产生深远的影响。唐代之后，中国佛教渐趋式微，总体经历了一个从衰弱到振兴的过程，但江南佛教却长盛不衰，不断与儒家、道家等诸多文化融合发展，在历史发展过程中形成了具有我国特色的佛教文化，留下了大量的文化遗产。

无锡位于带有禅意标签的江南地带，佛教文化与吴地江南文化共同繁荣发展。在文化资源方面，灵山小镇拈花湾所处的马山半岛拥有一座作为城市佛教文化象征的88米高的灵山大佛，具有佛文化、吴文化与湖岛自然风光相互促进共同发展的地域优势，文化资源丰富。灵山的历史可追溯到1000多年前的唐代，相传玄奘西天取经归来，到小灵山后，见此地景色非凡，大为赞赏，曰“无殊西竺国灵鹫之胜也”，小灵山的名字便由此而来，小灵山寺也由此逐渐发展。灵山小镇拈花湾充分利用地域文化与现有资源，精准定位，采用了佛教文化中“禅”的理念，持续对禅文化进行深度的创新性开发，用文化要素优化旅游要素，赋予旅游要素以内涵和附加值，同时以旅游要素为载体推动了传统文化的传承与创新，不但促进了文旅产业融合发展，而且实现了高盈利目标。拈花湾的成功，是灵山文化、旅游产品和市场不断发展创新的成功案例。

同时，灵山小镇拈花湾在充分利用自身文化的基础上，成功打造文化的小商品化业态，依靠以禅意为主题的文化旅游组合开发在种类繁多的旅游功能区中打造修身养性的度假区，对休闲度假模式进行创新。与灵山胜境的佛教文化景区不同，拈花湾不是较为单一的观光型景区，而是一个满足“全过程”服务需求的休闲度假综合体，是与文化进行更为深入融合的体验型旅游区。无锡灵山的拈花湾以其独特的东方禅意文化体验为特色文旅小镇之“特”做出诠释，禅是一种生活方式，具有佛教文化的中国本土化特色，拈花湾挖掘了“禅”作为“特”，在进行深度文旅产业融合的基础上做到了差异化竞争。灵山小镇拈花湾有效地将文化元素、创意设计与自然资源等旅游资源加以整合利用，致力于设计一系列黏合度比较高的文旅产品，对演艺旅游产品积极进行创意创新，建立的研学旅游基地和创意集市分别在文化的深度和旅游产品的广度上取得进展，丰富、延伸了文旅产业的产业业态和产业链，加深了文旅产业的融合发展程度。作为经典的赏花景区之一，拈花湾还进行了延长“赏花经济”价值链的积极尝试，在原有樱花季的基础上，打造了持续整个春夏季的“为你花开满城”概念，区别于常规的“走马观花”，而是结合景区唐风宋韵特质开启精致赏花模式。同时，拈花湾将赏花与景区业态紧密融合，推出樱花树下露营野餐、樱花客栈、樱花小火车、游船赏樱等多种丰富体验，全力呈现自然风景、风土人情、文化特色多元融合的“花”业态。拈花湾多样化提供综合沉浸式体验，以花为缘打造花意盎然的生活模式，为游客带来精细化、多层次的旅游体验。

另外，长三角地区聚集了我国大量的人力资本和资金。我国文旅运营管理市场供不应求现象十分严重，大量亟须提档升级的国有景区都缺乏专业团队管理，而灵山小镇拈花湾背后却有一家提供文旅策划、设计、建设、运营管控等全产业链服务的高水平商业团队——拈花湾文旅。拈花湾文旅在创新上追求无限和超越，在产品打造上精益求精，在运营上统筹全局，在管理上实现效益落地，创意创新创研能力是拈花湾文旅的核心业务能力。其内部组成包括文化团队、设计团队、运营团队，通过文化团队对专属文化 IP 的落地转化解读，运营团队对运营落地需求的指导，设计团队对建筑、景观、内装、外场装置等效果方案创意设计及艺术效果谱系化设计，形成文旅产品的整体创新研发及落地实施方案。拈花湾文旅基于 20 余年的成熟景区运营经验，通过知识管理系统积累和固化了数百项景区建设期规划、设计、实施、运营的标准，以运营视角贯穿开发建设运营全过程。不仅如此，灵山小镇拈花湾还高薪聘请顶级团队对文旅项目进行高度创新性、一体化设计，对员工进行充分的培训，为促进文旅融合发展提供了充足的劳动力。拈花湾文旅从项目的整体策划规划，到建筑风貌细节，再到每一件艺术品的设计摆设、材料的打样选用，处处都犹如匠人一般仔细雕琢，精益求精。在整体规划上，拈花湾聘请了一家上海的一级建筑事务所的专业团队进行设计，即使在小镇的建筑细节上，也聘请了相关领域的“非遗”传承人对施工团队进行培训。在文创产品开发上，拈花湾早在 2008 年就成立了景区产品研发中心，经多年发展，文创签约设计师已有一千余人，成功孵化出了包括零售、餐饮、互动体验等 30 个文旅全业态品牌。

同时，灵山小镇拈花湾充分利用外部资源，保障资金链的稳定，保证文旅项目的策划顺利进入实施阶段。在建设初期，拈花湾积极与当地金融机构合作，为项目初期建设争取到了大量资金支持，后续的经营中也充分整合各方资源，搭建党建共建平台，进行更为深入的合作，达成了包括智慧景区、综合收银等在内的一揽子合作计划，为拈花湾的长久发展提供了动能。而且，由于灵山小镇拈花湾项目的成功，使得项目资金能够迅速回笼，从而继续进行产品开发，不断扩展产业链和发展空间。疫情前，拈花湾禅意小镇每年运营收入达到 5 亿元人民币左右。2016 年当年门票收入为 7675 万元人民币，而住宿餐饮等二次消费收入达到 1.31 亿元人民币。2019 年在拈花湾小镇上经营餐饮类铺位，年收入百万元，利润同比增幅达到 20% 以上。即便是在受新冠肺炎疫情影响的 2021 年里小镇也比全国恢复略好，拈花湾景区购票入园人数 145 万，实现收入 3.67 亿元人民币，分别恢复到 2019 年的 61% 和 74%。目前，拈花湾文投商业的单品数量已有 2 万余，年营业规模达到 2 亿多元人民币，实现了资金链的良性循环，为产业业态的衍生创造了条件。

所以，灵山小镇拈花湾文旅融合的成功不仅是自然资源和人文环境优势的推动，也是人力资本和金融资本共同支持的结果。而在拈花湾建成前，灵山集团的单一核心景区灵山胜境，已历经旅游核心吸引物的三期迭代。一期的 88 米灵山大佛、二期的九龙灌浴、三期的梵宫，不断完善灵山胜境的佛、法、僧的观光体验内容，为拈花湾的建设打下了良好的标志性设施基础，同时也让灵山年旅游总人次快速迈过 100 万、200 万、300 万三大阶梯性门槛，奠定了无锡灵山在旅游界的行业地位，推动了拈花湾为景区实现从文旅融合的简单相加到深度相容。

2. 需求的增长

20 世纪 80 年代，美国经济学家约瑟夫 · 派恩和詹姆斯 · 吉尔摩在《体验经济》这本书中明确指出“欢迎进入体验经济”。而在 21 世纪的今天，我们正处于一个富有生机活力的体验经济时代，体验业逐渐成为经济发展的支柱。体验经济是以消费者为中心的经济，将体验作为一种特殊的经济提供物，它反映了人们的消费观和消费行为正在进入一种高级形态。对于旅游业而言，消费者在旅游中更加注重感知和体验，他们在异地旅居中感受到了别样的乐趣，重建了内心的秩序，实现了自我的再塑造，成为高层次的精神享受者。

在体验经济时代背景下，长三角地区作为我国经济发展较为迅猛的区域，随着城市化进程的推进与制造业升级，该区域聚集了大量高质量人才，同时城市规模的迅速扩张也造成了一定的负面效应，拉动了大量城市工作者对逃离城市生活、感受心灵放松的旅游消费的需求。市场容量的增加促进了需求升级，因此长三角地区文旅消费者对文旅产品消费体验中的感知价值、人文价值和体验价值更加看重，促使旅游产品进行高质量的体验化开发。此外，根据闲暇的二重性，需求升级后，人们对旅游产品的需求不仅停留在简单地获取感官上的享受和寻求消费带来的快感，更是精神上的愉悦和心灵上的开解，从而回到城市中能更好地工作和生活。灵山小镇拈花湾处于长三角的地理中心，为满足游客更深层次的旅游需求，它在传统文化上进行深入挖掘，在前三期工程形成的佛教文化主题中提取了“禅”作为核心，将禅文化与旅游产品在横向和纵向上进行深度融合。在佛教文化中，禅是锻炼思维生发智慧的生活方式，对于在城市中工作生活的消费者来说，不仅能在此因暂时的逃避而得到放松，在物我相融的情境中，还能使其精神世界得以慰藉和表达，能有效地化解其生活中的困惑和烦恼。拈花湾把消费者的文化需求融合到旅游体验中，促进了文旅融合。

由于游客多样化与深层次需求的日益增长，使得文旅特色小镇的营建手法向着多样、互动、复合方向发展。随着物质丰富、科技进步，人们对美好生活向往的具象化、智能化、多层面，驱动着拈花湾不断拓宽“文旅＋”边界。为满足消费者对于身体上“康养”的需求，拈花湾全新升级了睡眠主题酒店——放下客栈。放下客栈在硬件、软件、服务上都进行了创新与优化。硬件上，放下客栈从视、听、嗅、味、触五感入手进行产品设计；服务方面则围绕尊享抵达、安睡客房、健康膳食、温度复合空间、唤醒愈场五个维度，为消费者提供睡眠监测、睡眠诊断、睡眠治疗、助眠环境、心理疗养、健康促进六大服务体系。

为满足消费者对自我价值的追求，灵山小镇拈花湾对人与环境进行共同的二次创造，通过设置非遗主题文化创意集市，打造品类丰富的禅文化体验馆，开展传统工艺类、食品制作类、民俗展示类的非遗主题活动，增强文旅产品的主体性和场景化，实现从风景向场景、从观光向沉浸的转变。同时，由于消费者在对文化旅游产品的定制化、个性化、小众化上提出了需求，拈花湾根据消费者个人的年龄、兴趣、爱好提供定制的个性化产品和服务，另外还根据不同的消费群体推出不同主题的组合套餐游。高质量的体验设施有利于对文化空间和旅游空间进行拓展，加深两大产业边界的渗透，促进文旅产业的融合发展。消费者对深度旅游的追求使无锡灵山小镇拈花湾的功能性在广度和深度上得到提升，除饮食、购物、住宿这些基本功能外，具有小镇文化输出、沉浸式体验等附加功能，目前，拈花湾还在建设多家禅意村舍，开发多个禅意岛屿，以满足消费者对商旅会议、节庆旅游等的多重需求。拈花湾还不断跟进消费者需求的变化，推出了颂钵音疗体验地，开始自主研发并不断优化颂钵产品，衍化出茶养颂钵、香韵颂钵等多款颂钵产品。基于此，云舒馆正是拈花湾颂钵产品的更新迭代版，引入国内外优秀团队资源，通过空灵的声音、情景模拟、自我唤醒和自我认知的冥想来达到提升心身能量的作用，实现消费者心灵调养的需求。这样的业态功能定位对文旅特色小镇的空间结构与功能布局等都会产生重要的变化，使无锡灵山小镇拈花湾在发展体验式文旅时，将相关功能要素充分融入文旅特色小镇特色产业中，并充分体现其丰富的价值，在释放潜在的消费需求的基础上，推动文旅产业的融合发展。

3. 外部环境的支持

现阶段，文旅板块是各地政府拉动内需对接精神文化生活消费的重要抓手。长三角地区文旅正处于一体化发展增速时期，区域协调性不断增加，各级政府积极响应国家的号召为文旅产业融合发展提供战略规划、政策激励、资金支持等保障措施。2022年，《无锡市“十四五”旅游发展规划》中明确提出“坚持‘宜融则融、能融尽融、以文塑旅、以旅彰文’，积极推动文化和旅游融合发展”。可见政府对文旅融合的支持与重视。在文旅产业融合发展的进程中，公共设施建设也是不可或缺的基本保障，对道路网络的修筑和公共交通系统配置的完善性都提出了要求。上述规划中就将与拈花湾相关的马山全域旅游集散服务中心项目纳为了“十四五”旅游重点项目之一。灵山小镇拈花湾体量巨大，是一个大投资长周期的项目。从初期的规划设计到开发建设，以及紧跟终端市场的需求变化进行产品创新与升级，都需要大量的资金以实现项目的成功落地与可持续运营。灵山小镇拈花湾在项目初期，从拿地到基础设施建设，当地政府都提供了大量的支持，促使灵山小镇拈花湾项目能够顺利实施。由于疫情的困扰，近几年拈花湾的文旅消费市场也难免陷入低迷，在全国疫情防控政策优化后，文旅市场开始逐渐复苏。为配合文旅消费转型扩容升级，政府携手企业开展深层次的政企合作，在模式上持续创新，积极推出一系列惠民措施以及为无锡灵山春游季开展文旅推介活动，抓住“窗口期”为拈花湾恢复往日营收，助推文旅复苏走上快车道。2023年3月，由江苏省文化和旅游厅、省发展改革委、省商务厅、无锡市人民政府共同主办的2023“水韵江苏·有你会更美”文旅消费推广季在无锡拈花湾正式启动。本次消费推广季以“一起向春天”为主题，联动全省文旅行政部门和相关文旅企事业单位、电商平台、新媒体平台、金融机构，推出“1＋16＋N”项活动，此次活动将持续一整年。活动将文旅资源、信息、技术、创意、产品进行整合，培育出更多兼具文化和旅游特色的新产品、新服务和新业态，催生出文旅融合的高质量产品，更好满足消费者精神文化新需求。消费季期间，地方政府还推出发放文旅消费券、优惠打折、旅游年卡等268条惠民措施，提振消费信心，以促进文旅融合可持续发展。地方政府的资金支持与多方的合作是景区能够成为文化项目成功典范的有力支持。所以，拈花湾的成功离不开政府的政策引导、精准的补贴政策与多方的联动合作。

同时，长三角地区科技创新水平处于全国领先地位，在数字技术领域也走在国内前沿。随着5G、人工智能、云计算等信息技术的成熟应用，科技与产业的融合发展逐渐成为时代发展的新趋势。在文旅行业，数字技术已成为文化和旅游融合、供给以及文旅产业转型升级的重要工具。数字技术的应用使文化旅游供应者获取文化旅游信息、培育新业态、孵化新产品的能力增强，有利于迅速对需求的变化和升级作出反应，提高了文旅融合过程中的需求方和供给方在细分市场上匹配的效率。灵山小镇拈花湾的游客可以通过微信公众号或微博、抖音、小红书等线上渠道对景区、主题活动及其项目产品有个粗略的概念，在了解的基础上，游客与其需求进行匹配，从而提高线下游的满意度和体验感。尤其是近两年来，在疫情防控常态化的背景下，拈花湾通过进行线上云直播、设计短视频、策划开展线上活动增强与粉丝的互动，从而在扩大景区流量时更准确地掌握市场新特点与新需求。同时，拈花湾小镇还落地了“拈花码”“拈花智慧文旅云”等一系列数字化成果，为游客创造了全新的文旅体验和消费服务体验。在拈花湾·禅意小镇，游客可以通过小程序等数字化手段畅享景区服务，一体化导览可以智能推荐游览路线、服务游园场景，还有电子管家提供VIP尊享服务，智慧大屏实现销售、客流、安全、车辆调度、应急等一系列运营状况整合，通过数字技术的充分应用为游客提供全方位的配套服务。

此外，新技术的广泛应用还弱化了旅游产业对环境的依赖性，有利于打造个性化、艺术化、场景化的文旅产品。灵山小镇拈花湾始终以禅文化为内在驱动，以现代科技为主要形式，通过大数据、人工智能、5G等新一代信息技术实现“旅游＋文化＋科技”的融合，真正将禅文化的内涵和价值诠释好、传承好、弘扬好。在盛大的“赏花季”期间，拈花湾借助“拈花码”小程序将AR体验与樱花季场景巧妙融合，并精心策划了线上小游戏以增强与游客的互动趣味。为了满足游客对“还原拈花塔元宇宙”的呼声，景区还特意对拈花塔、鹿鸣谷两个场地做了全景建模，游客可以通过MR眼镜，感受到元宇宙视频中虚实结合的震撼场景，并且还打造了IP形象

3D 小鹿“鹿樱樱”，为游客提供“所见即所得”的线下 MR 体验。为了丰富夜游活动，夜晚的拈花湾专注于营造返璞归真的氛围，利用灯光打造的活动更是亦真亦幻，震撼心灵。拈花塔亮塔仪式是夜晚的光影大秀，微笑广场舞美的灯光效果，是专业团队运用五大视觉演绎手法，创造性设计出全方位沉浸观演的梦幻表演景致，科技助力拈花湾打造优质震撼的演艺活动和令人置身世外桃源的灯光效果，刺激消费者对灵山小镇拈花湾产生兴趣和关注。

此外，长三角金融规模整体发展水平较高，在数字化支付上也走在前列。在数字信息技术全面渗透的浪潮下，消费便捷支付已基本全面普及，而随着数字人民币推广的工作愈渐深入，长三角地区作为数字化支付的试点的重点区域，消费便捷支付在文化旅游领域的不断落实，为文旅融合提供了良好的支付环境。拈花湾作为第二批江苏省文化和旅游消费便捷支付示范区，通过“数币＋旅游”“数币＋消费”“数币＋文创”三大主题场景，完成了景区内多个商户数字人民币线下环境受理改造，搭建起景区数币消费场景应用，目前景区内 70 余户餐饮、酒店和客栈等商户均可实现数字人民币消费。从“拈花码”到元宇宙视频沉浸式赏花，再到启动数字人民币试点，拈花湾始终紧跟国家政策导向，坚持以数智力量引领文旅行业转型升级、赋能文旅融合发展。

因此，外部环境对灵山小镇拈花湾项目的顺利实施和成功落地提供有效的外力支持，促进深度旅游与主题旅游的发展，推动拈花湾文旅产业融合进入优质融合阶段。

4. DSE 分析图

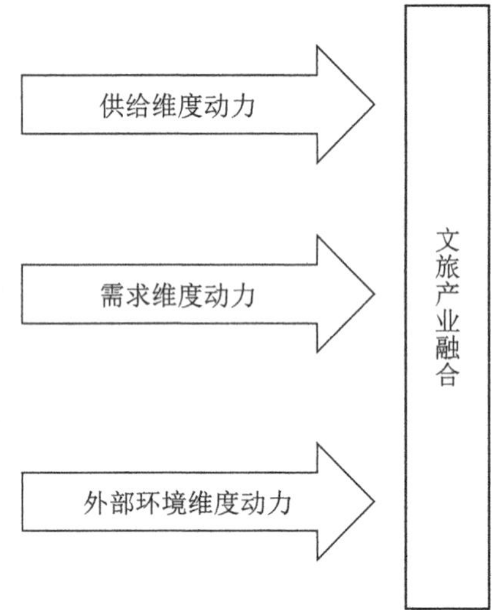

三、融合评价

灵山小镇拈花湾注重供给端的优化，依靠专业团队和资金支持，致力于增强文旅项目的体验性，极大地提高了文旅产业的融合发展程度，善于对原有文化进行整合、发扬，在对以往历史文化的继承上结合当代文化的需要，在对该地区的传统文化旅游资源进行整合的过程中，注重对文化旅游资源真实性、完整性、生活性的保护，以系统的创新意识发展文化产业和旅游产业，精准定位，有效地消除同质化严重的问题，提升了企业文旅产品的供给质量，满足了消费者对物质精神文明的追求。在需求端，灵山小镇拈花湾充分考虑到市场容量的增加和需求升级的现状，在保护原有文化的基础上，注重市场的导向性，精准定位，积极开发深度旅游和主题旅游，不断加深文旅产业融合发展。此外，灵山小镇拈花湾积极响应政府的文旅政策，充分发挥科技创新对文化产业和旅游产业融合发展的驱动作用，紧扣消费需求，加快传统文旅资源的数字化开发，利用文化技术消费催生出的场景消费、定制消费、智能消费等众多新兴文化消费形态，不断释放潜在消费需求，加大文旅产业融合发展程度。

第二节　杭州之江文化中心

一、发展状况

浙江省之江文化中心项目位于杭州市西湖区之江板块龙王沙地块，东至江涵路，南至碧波路，西至枫桦路，北至文景路，该项目是浙江省“十三五”时期公共文化设施建设的龙头项目，将打造成为长三角地区，乃至国内一流的标志性重点文化设施和“文化浙江”的金名片。项目总用地面积 258 亩，总建筑面积 32 万平方米，总投资约 32.3 亿元，主要包括新建浙江图书馆新馆、浙江省博物馆新馆、浙江省非物质文化遗产馆、浙江省文学馆等“省级四馆”以及配套设施，打造新型文化综合体项目。各大文化场馆的集聚将产生指数级的溢出效应，实现正反馈。省博物馆之江新馆定位为浙江历史文化的展示窗，并辅以浙江历代艺术的展示，指导、引领区域公共博物馆建设和交流，将作为浙江省博物馆的主馆区，计划于 2023

年8月正式开放。它是集收藏、保护、研究、展示、宣传、教育和文化体验于一体的现代化公共文化空间，也是之江的重磅文化配套——之江文化中心的重要组成部分，馆区建筑体量约10万平方米，是之江文化中心单体建筑面积最大的建筑，是原浙博孤山馆区体量的5倍。在如此大体量的基础之上，之江馆区的可发挥空间更大、可布置展品的空间也更大，所以讲述出来的浙江故事会比之前更完整、细节更多，从之江大地一万年的沧桑变化，到世界各地的文化瑰宝。在规划馆藏中，与原武林馆区的展览内容也会有很大不同，将形成更多功能、更广范围的新格局。之江馆区的布展面积约3.2万平方米，其中作为常设馆的固定陈列展区约15406平方米、初步开放可举办各种特展的临时展览展区3103平方米，还有体验展区962平方米、衍生展示区2775平方米。常设馆主要规划有人文探索馆、《浙江一万年》系列展览、青瓷文化馆、民俗文化馆、宋韵文化馆等。其中之江馆区的四楼，设置了富春山居馆，将展出国宝级文物《富春山居图》的前半卷《剩山图》，这也是省博物馆的“镇馆之宝”之一。之江新馆以“国内领先、国际一流”的新型博物馆为目标，开启数据驱动、深度互联、智能引领、协同共享、开放创新的博物馆新纪元。省图书馆新馆定位为综合性、研究型、现代化的全省重要的知识信息枢纽和区域图书馆网络中心，打造“国内领先，世界一流”的省级公共图书馆。公共图书馆是人类知识的宝库、信息的中心、文明的标志，是一个城市的文化象征。作为一座集教育和生活为一体、图书与科技相结合的综合型图书馆，处在之江文化中心的图书馆新馆无论是藏书量还是建造面积都排在全省各大图书馆的第一位，且在全国图书馆范围内都处于顶尖级水平。省非遗馆定位为浙江记忆的活态展示、生活体验中心，突出区域性非遗保护的综合性、代表性、示范性。建成后，它将成为中国首座大型专业的综合性非物质文化遗产馆。作为杭州市非遗保护中心新馆，省非遗馆在设计规划、展品展项深化设计中加以优化、完善，力求打造具有鲜明杭州特色，又与之江文化中心形成呼应与互补效应的文化综合体。省文学馆定位为集文学基地、展览、资料档案于一体的综合省级文学场馆。它是一座具有高辨识度、充分展示浙江“重要窗口”形象的专业化智慧化文学馆。对于广大文学爱好者来说，之江文化中心所创建的独一无二的文学馆无疑是对有着诗书之盛的这片土地的最好诠释。文学馆不仅将展出众多文学资料，而且也会成为文学爱好者的创作基地。

之江文化产业带是浙江省文化产业未来发展的主引擎，也是杭州市“拥江发展”的重大平台之一，将成为全国文化产业发展的重要增长带。之江文化产业带以钱塘江杭州段为核心轴线，从富阳区富阳大桥到杭州经济技术开发区，集文化长廊、生态长廊、旅游长廊等为一体，按照“串珠成链”的布局模式，通过串联区域内的产业基地、文化企业、文化金融机构等重大平台和重大项目，谋划建设具有全国乃至国际影响力的11个特色文化产业组团，总体构建“一带一核五极多组团”的空间开发格局。其中，“一核”为之江的发展核，重点打造之江数字文化产业园。之江文化中心便归于之江文化产业带“一核”之中，位于西湖区的“之江发展核”定位为之江文化产业带核心区，将致力于打造之江文化产业带的核心引擎和抢占全球数字文化产业发展制高点，重点发展影视文化产业、数字文化产业、旅游演艺产业、设计服务业、教育培训业五大产业，充分释放“之江发展核”的辐射、带动及渗透作用，打造之江文化产业带核心引擎。之江新城是杭州沿钱塘江规划建设的十座新城之一，也是杭州市区范围内可开发建设面积最大、环境最优、潜力最大的新城之一。之江新城背靠青山，面朝大江，钱塘江在此地的蜿蜒形态酷似“之”字形，群山环绕，自然风光秀美，故此地景观不仅宜登高眺望，一直以来也因其上风上水的位置而被视为旅游养生福地。同时区域内已建成中国美院、浙江音乐学院等高等艺术学府，已打造出浓厚的人文艺术氛围。而在这些高等艺术学府的辐射效应与政府的政策扶持下，以象山艺术公社、外桐坞艺术村落、凤凰国际大厦为代表的创意文化产业也迅速集结于之江新城，设计事务所、文化传播公司、时尚品牌集散地、美术材料供应店、图文公司等与艺术相关的产业也纷至沓来，给区域注入发展动力的同时也为其带来了大批的高素质群体，之江地区的人文艺术氛围已愈加浓厚。在此基础上即将建成的之江文化中心，更是将艺术氛围浓缩，供普通游客旅游时欣赏与感受。自然资源和人文资源相融合是之江文化中心的特点，它将学习、观摩、交流与游览等多种体验与需求贯穿于一体，通过介于“游”和“学”之间，同时又融合了这两者的“游学结合”的模式将之江打造成一个文化旅游的极佳场所。自然风光可以赋能文化传播，做大公共文化传播的格局。它不仅能使参与者享受到之江美好的自然风光，同时能带动其主动探究与解决问题的学习状态，实现知识与见识的拓展和延伸，引导参与者体验生活、发展能力。

之江文化中心以“江南”“山水”和“公园”这三个关键词为设计理念，以“以人为本、文脉延续、环境协调、彰显特色”为设计构思，致力于打造一个山水诗意、融合共生、有机活态的新型文化综合体。在总体建筑风格上，之江文化中心深挖了地域建筑的特色，以深色金属屋面结合灰色系开放式的石材幕墙，整体造型犹如自然山脉的起起伏伏，细节上又构造出江南传统建筑错缝叠砖的墙面肌理。之江文化中心作为一个文化综合体，并不是将四馆纳入一幢建筑内，而是四馆自成一体，分设于四边，沿城市道路设置开放的广场、绿地。各馆建筑的单体设计独具特色，又与建筑群整体的风格协调统一。四个主要场馆在场地中沿边均衡布置，互相形成对话，每一个界面都向城市开放。围合成的内院既延续了江南建筑的庭院感又赋予了她现代公共空间满足市民文化生活的功能需求，从而创造出一个和谐的整体。中间围合部分重点打造一个文化旅游公园“诗画江南”，公共服务设施和停车场布置在公园地下。这种“分散式＋围合”的布置来源于中国传统文化里“和合”的理念。同时这样场馆绿地开放式的设计更能让自然风貌和文化场馆紧密结合，避免产生割裂的突兀感，同时更突出公共感，和社区相融合。在景观设计方面，借助具有江南地域文化特色的园林造景手法，以中心文化公园为核心，以四周的场馆为山，下沉式的庭院、大体量的绿地以及屋顶花园铺垫在其中，使游客感到置身于水墨山水画卷中。在单体设计上，博物馆的中央大厅在起到连接各层空间作用的同时，也是向游客们展示公共艺术的空间。图书馆的中央大厅则有一个充满人文气息的名字——“知识之殿”，是图书馆藏书、交流与对外展示的窗口。非遗馆的空间则较为多元，包括演艺剧场、古戏台等风格鲜明的展陈。文学馆的空间更为明亮通透，将“让文化照亮生活”具象化，整体设计更为人性化，更具文学氛围。

为保证出行便利，避免交通堵塞对游客的文旅体验造成的负效应，之江文化中心在四馆的东南西北四面都分别设置了出入口，并且为博物馆运输大型出土文物设置了专门的车辆通道。此外，作为文旅融合发展、公共服务与文化消费结合的省级综合性文化中心，之江文化中心对四馆分别设置了各异而又互补的功能，在单体设计方面尽可能在内容和体量上都满足各方需求。浙江图书馆新馆总建筑面积为 8.5 万平方米，主要包括信息技术服务网络枢纽、文献资源存储、文化交流等功能。地上部分总共分为 9 层，一层到四层针对不同的人群与主题分别设有各类阅览室，其中老年与少儿阅览室主要设置在低层，展现了图书馆在区域规划上的人文关怀。此外，从一层到四层还分别设置了服务大厅、24 小时图书回收处，报告厅、培训教室，藏书库以及网络枢纽中心机房等。五层为普本库、古籍保护修复中心、古籍典藏展示交流空间等；六层为善本库；七至九层则为办公及会议区域。浙江省博物馆新馆的主要功能为文物收藏、文物科技保护、学术研究、陈列展览、宣传教育和综合业务等。其中，一层至四层主要设置为向参观者开放的展厅区域，还有贵宾区、休息厅、咖啡厅为参观者提供休闲、娱乐等配套服务，而五层至八层则主要为藏品库房、办公区以及文物修复中心等。浙江省非物质文化遗产馆具有展陈体验、传承教育、公共服务等功能。地上部分总共有5层，集合了观众、剧场、展品入口等多个门厅，总览大厅、咨询服务中心、临展区、非遗衍生品展示区等，非遗生态馆基本展厅设置在地上一层、二层空间内，局部设置通高空间；三层主要设置传统表演项目展演厅和传统戏剧馆、工艺馆等特色展区；四层为非遗衍生项目研发展示中心、非遗抢救性记录陈列馆、非遗数字化成果展示馆等；五层为非遗资源保存室、传习教室等。浙江省文学馆主要设置了成就展示区、文学创作交流区、少儿文学之家、写作中心区、人才培训区、技术服务区等区域。一层至三层主要设置为展厅、多功能厅、少儿文学之家等，四层为办公室、教室、电子阅览室及图书室；五层至七层为创作辅导室、活动室、人才培训教室、会议室等。而且四个场馆的地下都规划有配套公共服务中心，除了下沉广场、采光庭院等中间空地的规划，公共设施有多功能厅、会展中心、主题活动与教育中心、文创中心、配套休闲用房、24小时自助图书馆等，置于地下能够节省空间，同时避免干扰地面上观赏的沉浸性。

过去，杭州的旅游名片和城市中心是苏轼笔下“水光潋滟晴方好”的西湖。随着杭州的发展，城市重心渐渐从西“湖”转移到了钱塘“江”。如今，杭州继续奔流向前，这座城市的旅游名片也将不止有湖，还会有《富春山居图》中绵延的江水。“四馆”集聚加上自然人文融合的两大特点，使得之江文化中心享受到集聚带来的溢出效应和良性循环，实现公共文化设施网络提质升级，成为浙江文化的“金名片”，显著提升其文化竞争力。水上黄金旅游线、茶文化、博物馆非遗馆等元素将成为之江文旅产业发展的王牌，为之江带来源源不断的客流和消费力。

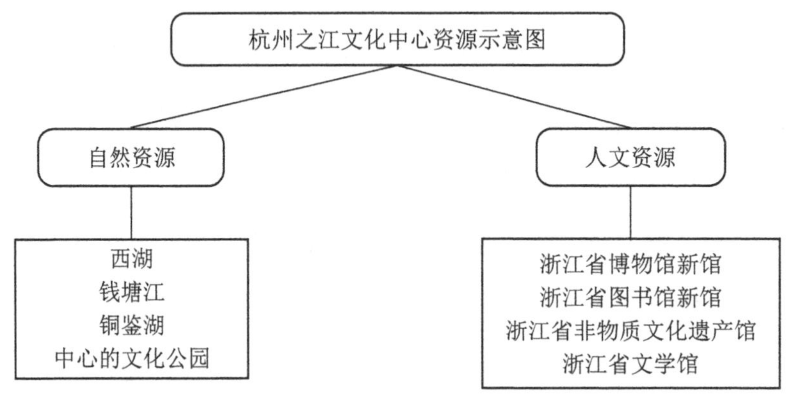

图 5-2　杭州之江文化中心资源示意图

二、文旅产业融合因素分析

孙晓清等通过对国外已有的文化群落分析指出，打造一个具有影响力、知名度较高的聚集式建设模式需要以下几点要素：具有地域优势；城市文化底蕴深厚；政府支持力度大；地区具有足够的话题性和号召力；软件配套具有前瞻性等。下面对之江文化中心发展过程中具有的优势展开分析，并分析其文旅融合的程度。

1. 供给维度

之江文化中心位于杭州市西湖区，同时拥有秀美自然景观和丰富人文资源。作为省会城市的杭州是我国首批历史文化名城之一，是一座优秀的旅游城市，旅游资源丰富，拥有2个国家级风景名胜区、2个国家级自然保护区和7个国家级森林公园等，其中以西湖风景区最为著名，不仅风景秀丽，人文景观更是丰富，多位历史名人曾在此间驻足并留下多首广为流传的诗词佳作，堪称杭州的地标性景点。在“天人合一”的人与自然的互动机制下，它成为了一处以秀丽的湖光山色、璀璨的文物古迹与文化艺术交融一体的国家级风景名胜区，人文历史悠久，旅游资源丰富。杭州的人文资源也十分丰富，非物质文化遗产是一个国家传统文化的精髓，是民族文化的“根”与“魂”，是人类文明的宝贵财富。就非遗馆的建设而言，杭州市现有人类非遗代表作名录4项，分别是“中国篆刻”、作为“中国蚕桑丝织技艺”子项目的“余杭清水丝绵制作技艺”和“杭罗织造技艺”、作为“古琴艺术”子项目的“浙派古琴艺术”，以及“中国二十四节气”之半山立夏习俗；国家级非遗代表性项目名录44项，居全国同类城市第一；省级非遗代表性名录185项，遥居全省榜首；市级及区、县（市）级名录共1119项。之江文化中心非遗馆的建设为非遗技艺提供了保护、传承与发扬的平台，而杭州市现有的宝贵非遗项目也丰富了非遗馆的展示内容，为促进文旅融合提供了必要的资源条件。杭州之江文化中心选址紧邻杭州西湖风景名胜区，通过符合中华美学的设计和布局，有机结合自然景观与人文资源两种文旅资源，提供差异化、高品质的文旅产品。在公共文化资源供给上，之江文化中心打出了高质量组合拳。从城市的发展历史来看，杭州作为吴越和南宋的首都，是行政中心属性较弱，而市场和商业中心属性较强的城市。其商业文明的形成领先于全国，并由此带动了产业的发展和生产效率的提升，形成了文化立市、市场立市的城市特征。最具代表性的事件是，苏东坡在杭州上任后，不仅写词筑堤，还发明了雅俗共享、具有很高商业价值的美食东坡肉，至今仍广为流传。进入近代后，杭州又由于近邻中国最大的工商业城市上海而得开放风气之先，成就杭州的江南文化中的求新、求变、“利义并举”的性格特征。在这种文化特质的浸染下，杭州以亦商亦雅的价值导向搭建了文化和产业之间的桥梁，为之江文化中心建设成为一个文化和旅游融合发展、公共服务与文化消费结合的综合性文化中心提供了必要的文化价值环境。

浙江省之江文化中心所处的区位还具有显著的产业集聚效应，在落地成为聚合效应中的中坚力量，引领文旅价值的同时，也充分享受到了之江发展核释放的辐射带动作用。之江文化中心所处的板块集聚了中国美术学院、浙江音乐学院以及艺创小镇、云栖小镇、龙坞茶镇的创新要素优势，是之江文化产业带承载创新功能的核心发展区块。除“四馆”之外，附近已经成熟的博物馆有中国美术学院民艺馆、中国美术学院国际设计博物馆、浙江音乐学院音乐博物馆，以及民间力量建设的全山石艺术馆等，共同构成了聚集效应显著的文化艺术群落。同时依据《之江文化产业带建设规划》，之江文化产业带将推进包括之江文化中心在内的云栖小镇、艺创小镇、龙坞茶镇等特色小镇以及之江国际影视产业集聚区、灵山演艺小镇、象山艺术公社、中国国际茶博会会址等重点项目的建设，打造之江文化产业带核心引擎。随着浙江文化产业的蓬勃发展，从东向西，沿钱塘江星罗分布的文化要素被不断激活，杭州钱塘江两岸地区，集聚了越来越多的高水平文化教育科研机构、高端文化服务机构和文化行业领军企业，成为浙江文化产业发展的前沿阵地。在之江文化中心的不远处还有着杭州市第一个大型人造主题公园——宋城，在宋城开园时，庞大的游客群体为该区块周边文化活动与消费的场所送来了“宋城红利”，也为之江增添了许多人气。

此外，《杭州市人民政府关于加快促进旅游业高质量发展的实施意见》中明确指出，杭州市要构建起“一核三带三极”的旅游空间格局，其中杭黄世界级自然生态和文化旅游廊道便是三条旅游发展带中重要的“一带”，具体指的是“诗路文化·三江两岸”水上黄金旅游线。该旅游线杭州市政府规划了多年，从2022年开始正式提出建设，现已投入运营。线路涉及杭州市境内的钱塘江、富春江、新安江三段水路，全长235公里，是元代画家黄公望《富春山居图》的创作来源地，沿线自然风光优美，文化底蕴厚重。杭州市还计划为旅游线招引国际知名品牌重大文旅项目和更多知名度高的度假酒店品牌或旅游设施，加快三江两岸沿线存量文旅资源改造提升，实现现代休闲度假全要素供给，将旅游线沿岸打造成世界级休闲度假标杆地。而水上黄金旅游线与之江的文旅发展关系密切，在之江规划有一座占地60万平方米的之江游轮母港项目，是线路的核心配套之一，将在之江打造水上旅游集散中心，使其成为钱塘江世界级滨水主轴。之江文化中心作为“三江两岸”之江区域中的重要元素之一，其周边的旅游配置将有巨大提升，有了三江两岸水上黄金旅游线、之江文化中心这样的游客与旅游资源虹吸利器的加持，这一板块的文旅活力将被进一步激发，促进文旅产业融合发展。

之江文化中心不仅占据了城市重要产业带和未来发展的核心位置，而且它还连接着更大范围的一体化发展格局，是加快融入长三角一体化进程的文化结合点。之江文化中心地处杭州市“三江汇”规划带的核心区域，以及浙江省“诗路文化带”的“钱塘江诗路”“大运河诗路”与“浙东唐诗之路”三带交汇点。地理位置优越，产业集聚效应显著。根据杭州市《“三江汇”杭州未来城市实践区发展战略与行动规划》和《“三江汇”杭州未来城市实践区建设与治理准则》的内容，其规划核心管控区面积为265平方公里。三江汇的范围是杭州钱塘江、富春江与浦阳江三条流域交汇处。根据规划，三江汇将打造创新创意以及艺术修养美学设计部落，成为艺术文化产业聚集高地。而地处三江汇规划带核心区域的之江文化中心，自然而然拥有不一般的地位。在此基础上，之江文化中心还位于《浙江省诗路文化带发展规划》所提出的“诗路文化带”的三带交汇点，能够作为一个基点与其他文化聚合点关联，共同成为长三角一体化的支撑点。可以看出，之江文化中心的选址充分体现了地域特点赋能产业发展的原则。优越的地理位置势必助力其吸引文化产业入驻。它有望成为杭州文化产业良性循环的支撑点之一。之江文化中心地处杭州市与浙江省两个重点规划的核心区域。这一优越的地理位置条件同时也给它带来了丰富的文化交流场景。前文所述的三江汇规划致力于打造创新创意以及艺术修养美学设计部落，而诗路文化带建设也将重点放在人文与旅游的有机结合上。浙江有着秀美的风景与丰富的历史文化积淀，为古代历代诗人所传唱。诗路文化带抓住这一点，以诗词文化为线索，通过四条诗路串联浙江各地的优秀文化，沟通各地的经济。之江文化中心，正是诗路文化带规划中的文化高地之一。之江文化中心作为多条重要文旅线路的节点和文化高地，可以作为浙江省文旅融合的代表性项目，对内起到优质文旅产品的示范性作用，对外辐射杭州文化，盘活诗路文化带和三江汇地区两条文化路线，从而起到对浙江省和杭州市文旅经济的带动作用。其文旅产业融合发展在未来大有可期。

同时，杭州市自古以来便有宋朝南渡而来的知识分子在杭州形成知识集聚，由此形成了江南文化开放、包容、多元和融合的文化特征。在这种文化特质的渗透下以及杭州市人才引进优惠政策的加持，杭州以包容开放的姿态欢迎全国乃至全球的人们来此，不仅为杭州的文化要素向文化产品、文化符号转化提供了包容的通道，也孕育了杭州浓厚的创新创业氛围，为文化和旅游产业的发展储备了大量的人才。

之江文化产业带在资源聚合、要素支撑、创新能力、政策环境和平台建设等各方面将取得更大突破，引进落地一批重大国际化产业项目和知名文化领军企业，培育一批“巨无霸”文化集团和文化创新型企业，做强一批区域性特色文化产业平台，集聚一批引领性文化名人和领军人才。作为之江文化产业带的核心，之江文化中心也将享受到人才、资源、产业集聚升级等方面的优惠，在供给端形成强大的助力。

2. 需求维度

随着杭州的发展进入到钱塘江时代，银行和保险等主要的金融机构已经逐渐汇集在钱江新城一带，在钱塘江沿岸集聚成金融中心，为之江文化产业带吸引来了更多的高质量人才。产业的蓬勃发展吸引了大量人口在空间地域上的集聚，对周边的公共服务与文化消费也提出了更高的要求，促使杭州市在供给侧进行发力，找准群众的精准需求，提高公共文化服务供需的匹配程度。杭州市针对少儿图书室人满为患的现状，在之江文化中心的省图书馆中为少儿开设了专门的区域供其阅读，并在儿童图书的采购量、阅览室面积上加大投入，充分满足服务对象的需求。为使广大群众能够就近便捷地享受优惠甚至免费的公共文化服务，杭州通过建设之江文化中心，以一个中心、多个站点的方式来实现公共文化服务设施的网络化。随着人们精神文化需求的增长、应试教育向素质教育的转变以及终身教育的发展，人们的公共文化需求在向更高层次迈进，之江文化中心将以其独特的学习教育优势受到人们的欢迎与追捧，成为当代教育的新内容和新方式。以省图书馆为例，公共图书馆的读者构成成分的变化也推动着文旅融合程度的进一步加强。读者对于图书馆的需求变得更为多样化，流动性和变化性更强，更愿意在体验和互动中进行学习。基于需求的升级与新需求的萌芽，之江文化中心的省图书馆为培训、讲座、参观、展览等各项阅读推广活动设置了专门的区域以满足研学旅游服务参与者的需求，提升了公共文化空间的功能性与品质性，使得文旅融合的加强在公共文化空间的发展上得以体现。

之江文化中心位于杭州，而杭州市旅游资源丰富，年均接待旅客数量近 2 亿人次。且随着浙江旅游业从量到质的不断发展，旅游者对于旅游过程和文化消费、美学体验、人文价值等的有机紧密结合更加看重。因此杭州对于优质文旅融合产业消费品的需求日益旺盛。从浙江省博物馆的发展来看，其发展和变迁分为三个阶段，从孤山时期走向武林时期，再从武林时期走向之江时期。武林馆区位于运河边的西湖文化广场，浙博十大镇馆之宝中，有七件都在武林馆里。比如，越王者旨於睗剑、元龙泉窑舟形砚滴，还有上过央视《国家宝藏》栏目的三件国宝——唐落霞式彩凤鸣岐七弦琴、宁波万工轿、良渚玉琮王。这些文物中一部分将会在即将建成的之江文化中心的省博物馆中展现给大众。省博物馆还特向海内外公开征集文物展品，给散落海外的珍贵文物铺就归家之路，为游客讲述出更完整、更多细节的浙江故事。为了充分满足人们更深层次的文旅需求，之江新馆将以“国内领先、国际一流”的新型博物馆为目标，开启数据驱动、深度互联、智能引领、协同共享、开放创新的博物馆新纪元。与原武林馆区的展览内容也会有很大不同，将形成更多功能、更广范围的新格局。

之江文化中心作为文旅融合进程中标志性的产物之一，依托绿水青山，以浙江省图书馆新馆为核心，聚集了博物馆、非遗馆、文学馆，能带给到访的游客极佳的文化体验。优质的文旅项目势必反哺需求，带动浙江省的文旅产业迅速发展。

3. 外部环境

之江文化中心是浙江省“十三五”文化基础设施建设的领头项目，也是《浙江省人民政府关于印发之江文化产业带建设规划的通知》中艺创设计产业重点工程项目。为将其打造成为全国领先、国际一流的新型城市文化地标，之江文化中心获得诸多政策帮扶。浙江省将依托省之江文化中心项目和之江文化产业带建设领导小组，建立市、区县（市）两级多部门联动发展机制，进一步完善财政、土地、人才等方面政策，加大招商引资工作力度，加快推动重大产业项目落地和国内外高端专业人才和行业领军企业集聚。在营建资金方面，西湖区正在加紧编制《之江新城文化专项规划》，并设立了50亿元规模的西湖产业投资基金，重点支持发展特色文创产业。之江文化中心作为之江文化产业带核心区中的重要项目，将在资金上得到政府的大力支持。

在技术方面，依托阿里巴巴、西湖高等研究院等企业科研机构，之江文化中心所位于的“之江发展核”将建立以“文化＋科技”为特色的全省数字文化产业公共技术服务平台，推进“文化＋科技＋

互联网”深度融合发展，依托区域互联网、大数据、云计算、物联网、人工智能等技术优势，推动文化行业的数字化转型、文化资源的数字化采集应用，积极培育数字文化装备、数字化艺术展示等行业发展，拓展文化产品个性化定制、文化产品融合推广新零售、人工智能教育等新兴业态，将这里打造成为涵盖内容丰富、高端国际化的数字文化产业集聚区。

2023 年 9 月，第 19 届亚运会将在杭州举行，是杭州提升城市影响力、软实力与发展力的重要机遇。从东京、巴黎等国际大都市的发展历程来看，国际大型体育赛事已经跨越了纯粹体育竞技的范畴，已然成为全球化多元素融合的城市形象展示窗口，在城市的发展中发挥了关键性的作用。大型国际赛事的举办将推动城市将城市景观等具象形象与城市精神文化等抽象形象进行深度融合，刺激城市的后续开发，给城市发展带来强大的推动力。国际赛事还会产生巨大的“虹吸效应”，借助承办赛事的机会迅速提高承办城市的曝光度，有助于城市形象的塑造与传播。杭州市政府借助承办亚运会的机会，利用好亚运会筹备阶段、举办阶段、赛后阶段三个阶段的全过程，赛前是全国以及全球的人们了解亚运以及亚运承办城市的主要时机，赛时是观众观看比赛项目、规划行程、体验亚运城市风貌的重要阶段，赛后阶段亚运红利将持续释放，形成宝贵的亚运数字遗产，成为未来城市提供文旅服务的独特资源。为了充分利用好“亚运效应”，杭州市计划在亚运前建成开放之江文化中心，向世界展示杭州文化、杭州特色、杭州风貌，向世界人民讲好浙江故事、杭州故事。并且亚运的承办也能为杭州吸引来更多投资、更多资源、更多曝光量，在办好亚运的同时，优化了文旅融合的环境，为文旅融合发展创造了良好的条件。杭州在赛后也能延续亚运激发出来的热情，借助亚运的长尾效应，继承亚运的遗产，将建设成果与民共享，提高城市的向心力。其中亚运遗产包含物质遗产和非物质遗产，在筹备亚运时对城市环境、交通、场馆等资源进行的建设与改造留下的物质遗产，以及在筹备过程中培养的志愿精神、公共服务能力、文化交流意识以及环保意识等非物质遗产，都会对杭州日后的发展产生巨大的影响，为文旅融合发展带来持续动力。

4. DSE 分析图

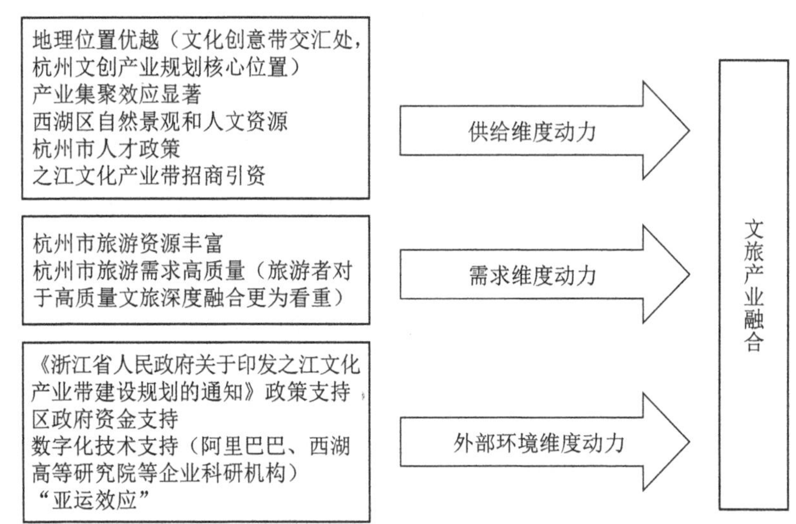

三、融合评价

之江文化中心注重供给端优化，位于“三江汇”和“诗路文化带”的交汇之处这一重要战略地理位置，兼具杭州艺术文化产业集聚区中心点以及长三角一体化支撑点的重要区位，最大程度赋能文旅产业发展。针对公共文化资源引流能力不足、无法和旅游有效结合的问题，之江文化中心整合全省的自然和人文资源，通过之江文化中心的布局使得自然风光和文化资源有机结合，注重对文化旅游资源开放性、完整性的展现，加深文旅产业融合程度，以全局意识和创新意识发展文旅产业，以最大效率利用公共文化资源。在需求端，杭州旅游资源丰富，需求旺盛，但游客更需要优质的文旅融合项目产品，即在旅游过程中的人文体验、美学享受、自然欣赏等方面均衡发展的高质量项目。之江文化中心将传统江南建筑粉墙黛瓦的风格融入建筑，并完美融合了中国传统文化“和合”的理念，在设计上亦秉承了“天地人和”的哲理，汲取浙江的山水地域元素，将四周的场馆建筑隐喻为“山”，点缀在江南园林的庭院水景之中，就如同一幅展开的中国山水画卷。围合成的内院既延续了江南建筑的庭院感又承载了现代公共空间的功能要求。之江文化中心从建筑设计建造层面就体现出文化底蕴，为追求高质量的消费者提供了深度融合的文创产品，满足了不断升级的需求市场。在外部环境方面，之江文化中心作为《浙江省人民政府关于印发之江文化产业带建设规划的通知》的“发展核”中重要一员，受到政策在人才、招商引资、技术支持等多方面的倾斜，有助于其迅速发展。

总而言之，之江文化中心集聚多方资源，精心设计打造了开放、便民的文旅综合体。

第三节　上海 teamLab 无界美术馆

一、发展状况

2001 年，世界上第一家数字艺术博物馆 teamLab 诞生于日本东京，随即凭借其创新性的无边界、数位艺术火遍全球，开馆一年就接待了来自 160 多个国家和地区约 230 万名访客，超过了荷兰阿姆斯特丹的梵高艺术馆，创下了世界最大规模的单年度参观人数记录。teamLab 的展览还曾被《纽约时报》称为“科技化的梦幻仙境”，被设计网站 Designboom 连续两年评为“全球十大必看展览”。teamLab 是由东京大学和东京工业大学的五位学生创立的，团队的成员是跨界融合的，包括艺术家、程序员、工程师、CG 动画师、数学家和建筑师等各种创作专业性人才，团队被称为超技术专家，不断跨越艺术创造和科学技术的边界，让数字技术延续审美的初衷。他们打造的展览完全由数字艺术构成，在团队的共同努力下不断创新、试验，推出了一个又一个让人叹为观止的艺术作品。除了展示在美术馆里的作品，teamLab 创作作品越来越多地出现在商场、酒店、餐厅，甚至是大自然里。teamLab 在上海、纽约、伦敦、巴黎等世界各地都举办过大规模的展出，曾创下单场参展人次高达 50 万客流的记录。迄今为止，teamLab 的全球累计观展人数已经超过 2800 万人，还创下了属于单一艺术家美术馆观展人数的世界纪录，在 2017 年北京的短期展出中也吸引了超过 20 万名观众的到场。

2019 年建成的上海 teamLab 无界美术馆是其继东京之后，开设的全球第二家 teamLab 美术馆。teamLab 无界上海（teamLab Borderless Shanghai）位于上海黄浦滨江，拥有占地 6600 平方米的巨大空间，是由无界的世界、小宇宙群、灯之森林、EN TEA HOUSE 四个部分，18 个大艺术空间，近 50 件交互式沉浸式体验的艺术作品共同组成的“没有地图的美术馆”。“没有地图”意味着在 teamLab 无界美术馆中，艺术作品都脱离了展厅空间的限制，既没有地图，也无任何分隔展厅。参观者可以随意自由地走动，不断探索变化着的艺术作品和相互融合的作品间的交流、互相影响，营造出一种在没有边界的世界里彷徨、探索、发现的氛围。上海的 teamLab 无界艺术馆的打造不仅是东京馆的延伸，更是 teamLab 所追求的超越物理空间限制的无边界艺术的表达，传递了一种穿梭于世界各地的真正的无边界艺术效应，融合科技的力量来展示艺术的魅力。

上海 teamLab 无界美术馆的整个展示空间分为上下两层，除了楼梯区域，观赏者的目光所及之处都是展示范围。一层作品较少，作品面积为 1133.4 平方米，除此之外的区域主要还设置了 EN TEA HOUSE 茶室和休息区，一层面积总计 1997 平方米。馆内 50 件不同的作品中包括了世界范围内首次公开的新作品，《灯之森林》——比东京的大 1.5 倍的版本，以及在上海首次以完成状态展示的雕塑群

《光群落》，这两件作品都分布在一层的展示空间内。其中作品《光群落》使用了约1000台光束灯进行打造，为了避免过高的光束灯数量与密度产生的热量给游客带来的不适感，团队亲自参与研发并改良了光束灯设备。经过反复实验，在上海首次展出的作品《光群落》极具灵感与创意，通过数字技术给消费者带来了独一无二的观感体验。EN TEA HOUSE是需要另外购票入场的休闲区，消费者可以享受到一杯“数字化”的茶，在茶杯里看到完整的花朵生命周期，花朵从开苞到盛放再到枯萎的全过程，并且获得一次把艺术作品吃掉的独特体验，为观赏者带来了新奇感与满足感。二层集中了大量作品，作品面积为2007平方米，包括《地形的记忆》《花与人的森林：迷失、沉浸与重生》《无序中的和谐蝴蝶小屋》《与花共生的动物们》等作品。teamLab将大自然的景物大量地通过声音、光影、影像等元素展现出来，人置身其中，实现了人、自然、艺术无边无界地交汇与互动。其中以梯田为灵感的《地形的记忆》是根据现实世界里春夏秋冬的季节交替，而相对应地变换景色，春天的油菜花、夏天的萤火虫、秋天的红叶和冬天的雪花都能在这看到。在《花之森林，迷失、沉浸与重生》展览空间里，花朵重复着从诞生到死亡的过程，观众若驻足停留，附近就会生出更茂盛的花朵，持续绽放，而若是触碰或踩踏到花朵，花朵就会同时凋谢，自然界的一切元素都在这里联动。teamLab不只是在用数字技术简单地为观赏者呈现令人震撼的光影变幻，而是在其中渗透了文化与价值，并且使参观者成为艺术作品的一部分，消除了作品与观众之间的距离，增加了互动感和参与感。

除了展示馆内已有的艺术作品，上海 teamLab 无界艺术馆还积极地开展跨界合作，不断地丰富文旅消费者的体验。2020 年 11 月，teamLab 无界美术馆与上海交响乐团开展首次合作，推出“感心动耳：无界 · 上海交响”周年音乐会。演奏家们走下舞台，进入 teamLab 无界美术馆的艺术作品空间之中，让作曲大家的经典之作在展厅中穿梭，现场的观众可进入到演奏的区域，感受到音乐与数字艺术相结合所带来的全新感官体验。2021 年的合作更是突破了常规音乐会的形式，将系列音乐会分为大主题与子主题进行策划，好评如潮。teamLab 还与教育机构合作，丰富了亲子体验的板块内容，小朋友们可以在这里把自己亲手绘制的海洋生物送入大海，让孩子们童真的创作成为游客眼中独特的景色。这一板块真正地做到了站在孩子的视角进行开发，在培养孩子们对于美的理解以及团队合作能力、认知能力和想象力等综合能力的同时，也顾及到了其他所有年龄段的参与者，产生了良好的审美性、科技性与互动性。

teamLab 的特点在于其超前的数字展览形式，传统的艺术表现和感知都要通过画布、颜料等媒介，但是在数位化将表现方式从物质中解放之后，表现方式变得能够单独存在，变成一种可以自由变换的存在。在表现方式成为一种可以变换的存在后，数位科技让作品能够轻易地扩大。而这也可说是作品对所放置空间具有了更高自由度的空间适应性，作品变得更容易巨大化与空间化。观赏者也能够比过去更加直接地体悟作品，甚至参与作品，成为作品的一部分，这样一来观赏者可以改变作品，作品也可以根据观赏者的操作和情形发生变化，作品和观赏者之间建立起双向的关系，重新定义了艺术作品与观众之间的关系，使得观赏者更有参与感和沉浸感。teamLab 美术馆如今风靡全球，其艺术作品的最大魅力在于科技感、互动性、沉浸性，给观众们带来了一场完全沉浸式的体验艺术。

teamLab 定位明确，节奏稳定，现阶段仍将重点放在丰富消费者的体验方面。上海 teamLab 无界美术馆并没有为艺术衍生品在馆内设置艺术商店，在美术馆规划之初，曾有计划在出口处为艺术商店规划一个空间，但后续 teamLab 团队设计了一件新的空间艺术作品，因此取代了艺术商店的计划。在取舍之间，teamLab 将重心放在了消费者在无界空间的体验，在做好艺术作品研发的基础之上，保证作品充分的呈现度，打造强大坚实的 IP，再进行文创衍生品的开发。目前，teamLab 的产业链并不完善，产业业态不够丰富，其定位主要在于吸引文旅消费者来到美术馆空间内，为其提供独一无二的沉浸式体验，在这样的节奏基础之上再进行文创衍生品的开发，拓宽其文旅业态。teamLab 以其打造的独特的实景体验，在创立后不久就成为了现象级的 IP，与其强大的团队实力密不可分，未来可期。

在招商引资方面，上海 teamLab 无界美术馆是由 teamLab 团队与上海大地诚泰文化科技有限公司联合开发的，一直专注于与国际顶级 IP 的合作，对合作项目进行投资与运营，既是投资方也是运营方。teamLab 的区位优势和成功运营除了投资方大量资本的支持外，还有获得了一些其他品牌商的助力，如爱普生（唯一的冠名商以及设备提供商）、资生堂、马爹利、荣耀等。在宣传营销方面，因其内容的独特性与营销造势上的努力，teamLab 还引来了许多流量明星的关注与打卡，获得了许多明星的喜爱与赞赏，随即提高了其曝光度，产生了强大且正面的名人效应，形成了火热的“粉丝经济”。

二、文旅产业融合因素分析

1. 供给维度

teamLab 无界美术馆选址在黄浦江滨江，滨江是近年来上海打造国际文化大都市的重点地区，是上海“十二五”规划中的六大功能区之一，并且在“上海 2035”中也提出要重点打造黄浦江世界级滨水文化功能带。滨江岸线长度 11.4 公里，区域面积 9.4 平方公里，沿江遍布国际一流文化场馆，龙美术馆、余德耀美术馆、西岸美术馆、油罐艺术公园等串连成线，已成功打造西岸文化走廊品牌。黄浦江滨江是上海文化艺术集聚度最高的一个区域，正逐渐成为现当代文化的重要阵地之一和亚洲超大艺术区。不仅如此，teamLab 选址所在的世博会地区目前定位是建设国内顶尖、世界一流的博览文化集聚区，这将对世博片区人文资源的丰富与历史人文底蕴的增强带来巨大的影响，未来这一区域将会实现金融、商业、文旅功能融合的中央活动区，培育壮大新兴产业集群，形成规模效应、人才溢出效应和知识聚集效应，对于促进文旅融合具有重要意义。

在长三角地区，相比充满人文和历史气息的杭州、无锡等地，上海的数字化更为发达，与 teamLab 数字化艺术的理念相符。作为我国经济中心城市之一，上海是长江经济带的龙头城市，拥有完备的产业集群、技术基础、科技优势和要素资源，致力于打造“国际数字之都”。在 teamLab 落地之前，在数字化技术处于全国领先地位的上海，已有一些小型的数字化技术所构造的展览的呈现，因此民众对于这样的艺术呈现形式并不陌生，接受度也较高。不仅如此，上海作为中国具有国际化视野的全球城市，拥有着丰富的文化资源，在文化、艺术等领域有着强大的实力，多个国际大型的展览、论坛等都在上海举办，如上海国际文化艺术博览会、上海数字艺术国际博览会等。因此，上海的市民文化艺术修养较高，具有较高水平的市民文化消费习惯，对丰富的艺术生态也有着强烈的需求。teamLab 作为高技术含量的艺术新形态选址在上海，也考虑到上海对于前卫艺术的高接受度、高关注度，以及数字化的溢出效应。在上海，本地市民和外来旅游者沉浸于数字科技打造的虚拟环境中，在感到身心的愉悦与满足而脱离真实世界的同时，也能够对 teamLab 的数位艺术有更深的感触。沉浸式体验与旅游的结合，延伸了旅游的内涵，拓宽了其表现形式的边界，使消费者在无形的场域里探索、沉浸，赋予了文旅消费者不可复制的体验。同时上海作为国际枢纽能够为 teamLab 美术馆提供更大的人流量，teamLab 也似乎比其他的常规美术馆承担了更多公众的期待，这为团队未来的持续创新与发展提供了巨大的动力。

作为国际知名的艺术品牌，teamLab 落户上海滨江不仅能在一定时期内为上海带来持续性、辐射性的经济效益，也为上海的文旅产业打开了新窗口。在对外开放方面，徐汇滨江的高质量艺术集聚区将借此契机，吸引更多国际一流展览和艺术馆落户滨江西岸集聚区，进一步提升西岸的质量和规模，打造新时代超大型国际艺术、商务、科技园区。在对内提升方面，teamLab 美术馆落户上海将有助于国内其他文旅项目参考国际成功经验，突破惯例创新文旅业态，打造集沉浸性、艺术性、互动性、探索性为一体的大众美术馆。上海 teamLab 无界美术馆项目落地上海，必将会对周边地区产生溢出带动效应，从点到面稳步释放，激发黄浦滨江世博片区以及整个上海的文旅经济活力。对于大多数地区以及文旅开发商来说，孵化一个爆款 IP 需要持续大量地投入资金，较长的研发周期会耗费大量的人力成本。为了寻求文旅的高效快速发展，对没有足够的技术与资金支撑而不具备独立研发 IP 能力的区域文旅运营商来说，引进国外的知名 IP 来促进文旅发展是明智之选。teamLab 优秀的跨行业创作团队、先进多元的艺术理念、大众化的审美趣味和成功的营销方式，都将作为国际经验助推上海和长三角地区文旅产业接轨国际，带动长三角文旅产业改革。

2. 需求维度

当前，全球正在经历百年未有之大变局，城市的文旅发展也进入了新发展阶段，文旅消费主体也在经历巨变，Z世代已经逐渐成为了新消费浪潮中的中坚力量。据统计数据显示，我国Z世代人口规模约2.64亿，占我国总人口约19%，贡献我国消费规模约40%。而在未来十年，超过半数以上的Z世代人口将进入职场工作，到那时其整体消费规模将成倍增长。作为数字时代的原住民，Z世代充分地关注自我的成长，追求多元价值，热衷于文博场馆和艺术空间等网红地的打卡与分享，是数字产品的坚定追随者。上海作为国际大都市，聚集了世界各地的高素养、高消费力的年轻人群，引进像teamLab这样的运用数字技术打造具有网红特性的文旅IP，有助于增强城市文旅的年轻力，将吸引更多Z世代的人群发现城市、体验城市、分享城市。teamLab作为一个国际性跨域艺术团队，在全球各大城市已经积攒了大量人气，而其创作的第一个东京的美术馆则更是在国际层面提高了其知名度，为上海无界美术馆的开放与展出积攒了庞大的消费者基础。teamLab的美术馆决定落地上海后，在网络上迎来了很高的呼声。据统计，截至上海teamLab无界美术馆开幕前一个月，微博上与teamLab无界上海相关的两个话题讨论量达到一万多条，话题阅读量为5000+万次，开幕前的早鸟票场客流量也是非常可观。足以见得，teamLab美术馆落地上海与上海民众以及全国文旅消费者的需求契合。同时，teamLab还将为滨江艺术长廊带来更多平时不关注艺术的游客，通过teamLab的网红效应，有望将其中一部分转化为文旅产品的关注者和爱好者，为滨江艺术集聚区和文旅产业吸纳客源。而更大规模、更高水平的需求将促进 teamLab 开展进一步的创意创新，对其艺术空间进行不断地更新打造，也将辐射带动滨江艺术集聚区推进文旅融合开发，加深其文旅融合程度。

作为创新型的艺术形态，teamLab 的数位艺术引入了亚洲艺术视角下的空间意识，即在超主观空间下，观赏者和展品世界之间没有界限。这样的艺术形式能够通过创新的互动来增强观赏者对作品内涵的认识，给观众带来新鲜刺激的视听感受的同时，提升观赏者的艺术鉴赏水平和美学意识。与其他美术馆、博物馆不同，teamLab 所打造的艺术空间符合大众化的艺术审美，没有专业门槛，也没有年龄限制。teamLab 无界美术馆抓住了大自然与人类世界中景物最深入人心的特征，通过数字技术将无限的世界转移到了有限的空间中，并且压缩其变化的时间，使得不论儿童还是成人，艺术专业内行还是普通观赏者，都能在此感受到强烈的视觉冲击和沉浸式的审美体验，获得一段难忘的经历。作为沉浸式空间艺术的高水平作品，teamLab 通过数字艺术影响参与者的认知体验和感官体验，让观赏者从物质世界中解脱出来，穿越或置身于虚拟世界之中，以前所未有的程度沉浸在艺术作品中，为其带来强烈的视听冲击和真实感。teamLab 无界美术馆将沉浸式展览提升到新的高度，从而在现今良莠不齐的诸多沉浸式展览中为观赏者提供沉浸式、互动式的经典范本，提升观赏者的需求。互动性、故事性、艺术美感成为文旅融合中最具吸引力的要素。随着国内体验经济的进一步崛起和文旅产业的消费升级，国内沉浸式文旅目前发展迅速，大范围地覆盖了文化旅游新兴消费的所有领域，为文旅融合提供了新的发展方向。

3. 外部环境

上海市政府对文创产业给予了大力支持，更是在十三五规划中将文化艺术产业列为主要发展方向，在浦东世博会原址专门规划了美术馆、艺术中心与文化用地，teamLab 无界美术馆就选址于此。上海市政府与黄浦区政府还非常重视 teamLab 所在世博片区的发展。2022 年 11 月，黄浦区政府与上海市规划资源局联合发布了《上海世博会地区文旅博览区详细规划》，明确提出了三条平行岸线功能带的打造，包括滨江公共活动功能带、文化功能集聚带、综合功能服务带，最靠近黄浦江的公共活动区域主要提供休憩、运动等配套设施，文化功能集聚带主要提供文化、商业等活动功能，综合功能带则是提供文化产业衍生的功能，整片世博区域将打造成文博、文娱、文创功能高度混合的文博设施集聚地。上海还在《关于加快本市文化创意产业创新发展的若干意见》（又称：上海“文创”50 条）中提到了加快推进浦东外高桥、徐汇滨江艺术集聚区建设，支持艺术类文化创意园区发展。上海“文创”50 条涵盖了 teamLab 等文旅企业和中心，在今后的发展中将陆续出台配套措施，为其提供招商引资、企业集聚效应等方面的便利。

在资金和税费减免方面，为更好地鼓励、支持文旅产业发展，疏通转型发展中的难点、堵点和痛点，为企业办税按下“快捷键”，税务部门坚持以纳税人和缴费人为中心，精准优化各类服务，让纳税人有更多的获得感。近年来，上海税务部门针对包括文旅企业在内的所有双创企业办税经常碰到的问题，推出了一系列优化营商环境的服务举措，2017 年创建了一项双创服务品牌——“税立方”，发布了《支持双创精准服务项目清单》。从优化服务、税费减免、便利企业的角度，政府部门为 teamLab 等文旅企业提供了便利。

作为颠覆性的全方位数字艺术博物馆，teamLab 充分利用外部环境中科学技术的发展，并创新性地将其和艺术展览结合在一起。观众在现场看到的效果，并非事前录制好的影像，而是由电脑编程实时生成，并且每一刻的状态都不会重复，每个观众所感受到的都是属于自己独特的视觉体验，取决于每个人自己的行为以及人与人之间的互动。例如水晶宇宙运用独创的 Interactive 4D Vision 技术（4D 视觉技术），将数万颗 LED 灯悬挂于镜屋中，以累积光点的方式来创造一个雕塑品，创作方式类似于点彩绘画，即用各种彩色的点绘制图像。观赏者可通过智能型手机网页程序与此作品结合，作品亦会随着观赏者的一举一动而改变景象，观赏者的每一步都变成创作的一部分。彩绘水族馆、彩绘城镇采用扫描、图像识别等技术，首先扫描画作，生成程序预设好的图画，再投影到巨型虚拟水族馆上，运用多点触控技术，使孩子们的作品在视觉上进入大海，实现孩子与动物的互动，给孩子们与其他游客带来定制化的独特体验。

4. DSE 分析图

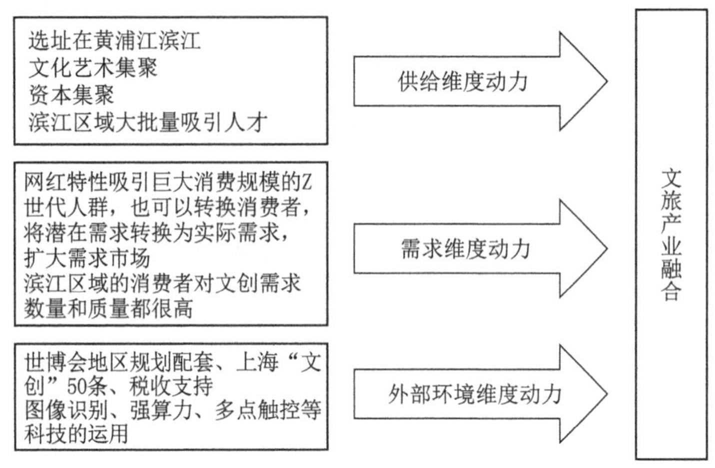

三、融合评价

teamLab 注重供给端的创新，通过数字技术赋能文旅产品，极大程度加深了文旅产业耦合度。teamLab 精准定位高科技艺术的赛道，依托上海的数字化、科技化基础，为上海引入了数位艺术、超主观空间、沉浸感等先进艺术理念，提供了高质量、接轨国际高端水平的文旅产品，为长三角文旅产业发展拓宽了道路。teamLab 还有机结合艺术性和大众性，提供了大众能够欣赏同时又具有美学价值的优质文旅产品。依托艺术场馆高度集聚的滨江岸线，teamLab 吸收西岸艺术区其他国际一流美术场馆的溢出流量，同时也通过自身热度反哺滨江，增强徐汇滨江艺术区的供给。通过供给端结构上、内容上的创新，teamLab 对上海文旅产业融合有极大的促进作用。在需求侧，teamLab 符合观赏者近年来对高质量艺术展览的需求，贴合其美学鉴赏、交互体验、沉浸欣赏的期望。在满足观赏者需求的同时，teamLab 作为高质量展览，还能提高观赏者的需求层次，为文旅产业发展培育一批有鉴赏力的爱好者，在受众层面极大程度推动文旅产业融合发展。

第四节　安徽黟县宏村

一、发展状况

宏村镇位于安徽省黄山市黟县，它始建于南宋绍兴年间，坐落于黄山西南麓，占地面积 188.95 平方公里。宏村建筑群作为唐朝皇室贵族在徽州隐居的建筑，有着精美的建筑细节，至今已有千年的建造进化。现保存有明清时期的建筑 103 座，民国时期的建筑 34 座，历史文化风貌保留较为完整。宏村现是国家 5A 级景区、国家级重点文物保护单位、安徽省爱国主义教育基地，也是中国首个收录入世界非物质文化遗产的古村镇。

宏村的建筑历史悠久，在选址、布局上都与水有着密切的联系，选址时按照阴阳五行学说，结合对周围自然环境的周密观察进行规建，以达到“天时、地利、人和”的目的。宏村把建筑与景观作为载体，将古代的民间文化与徽派文化融入其中，使文化穿越千年呈现在广大慕名而来的游客面前。受地区内民间文化差异与自然环境的影响，徽州的古村落形态各异。宏村的村落建筑设计自成一派，整个村落为“牛形”设计，雷岗山拔地而起为牛头，参天古木是牛角，村西虞山溪上架四座木桥是牛腿，从而形成“山为牛头，树为角，屋为牛身，桥为脚”的特色牛形村落。还有牛胃、牛肠、牛肚等由水系来构成的象形地，虽然在地图上俯瞰令人难以想象出其形状，但这确是在当地流传至今的建筑建造的初始想法，在建筑中彰显出千百年前当地以牛为富贵吉兆的古文化。并且宏村受到程朱理学思想的影响，形成了以家长制为核心，以血缘关系为纽带的宗族制度。从空间构成来看，宏村的村落建设主要以宗祠为中心，以亭、桥、井等点状，街道、巷子、水圳等条状，祠堂、水塘、湖面等面状空间结合，组成了逐渐稳定的整体开放、局部闭合的空间布局。

宏村地处皖南山区，四季分明，雨水充沛，徽州人常与水打交道，因此徽州文化也与水有着很深的关联。在宏村的牛形建筑上方，是一个被称为月沼的湖泊，也就是牛形建筑中的牛胃，建于明朝永乐年间。月沼的形状像半圆形的月亮，蕴含着徽州文化中“月满则亏”的处世态度。宏村南端的南湖是牛形中的牛肚，借鉴了杭州西湖的“平湖秋月”，与当地四季的景致融为一体，颇具江南特色。除此之外，这个古村落的水系设置也无不体现着古人的智慧，屋门口的水渠用的是活水，八点之前水是用来饮用，而八点之后的水则是用来洗涤的，除此之外还能用于防御火势以及作物灌溉，四通八达的水系通道贯穿了整个村落。在房屋的设计上，也将窗户置于屋顶，防盗的同时还能在雨天收集雨水。宏村的整个村落设计将蓄水、饮用、净水、浇灌都考虑在内，淋漓尽致地展现了江南文化即水文化。村中各户间皆有水道相连，水从家家户户汩汩流过，让宏村显得格外灵动。而这九曲十八湾的水渠便组成了宏村卧牛形状中的“牛肠”。水圳的水使用过后就会汇聚到南湖，因此南湖中的水是居民使用过的，而南湖中因含有淤泥，村民在此种植了荷花以供观赏并达到净化水质的效用。同时，宏村的南湖也是电影《卧虎藏龙》的拍摄地之一。因其优美的景观与人文背景，吸引了众多游客与写生者聚集于此。

此外，徽州文化中还有著名的木雕、砖雕、石雕三雕，被较多地应用在徽派建筑中，并受儒家思想的影响，具有极高的艺术价值与人文价值。徽派建筑有着自己性格鲜明的特点，主要以黛瓦、粉壁、马头墙为表型特征，以砖雕、木雕、石雕为装饰特色，以高宅、深井、大厅为居家特色，如今在皖南，徽派建筑充分体现了徽州人的智慧与徽州文化的特点。宏村是徽派建筑的典型，其中有一座广为流传的“民间故宫”——承志堂，建于清末，是村内最大也是最早开放以供参观的古建筑群，共 28 间房间，游客可以在此感受古风和文化的熏陶。建筑采用了大量的石雕，主要集中在门楼，象征着主人的身份与地位。除此之外，整个村落的修祠堂、树牌坊、建宅第、造水口等都与徽商有着巨大的联系。徽商是中国十大商派之一，在明清时期达到了鼎盛，其将在商道上的积累用于建设家园，追求建筑的气派、舒适与品味，对建筑工艺的要求逐渐提高，推动了徽州三雕工艺向精深发展，形成了独具特色的徽派建筑风格。

宏村有“画里乡村”之称，截至2014年全镇完好保存明清民居140余幢。宏村镇较为完整地保留和体现了徽派文化，是徽派建筑文化的典型物化形式之一。目前，保存得最为完整的有汪氏祠堂乐叙堂、林德义堂、南湖书院、明清商人的住所敬德堂以及民艺收藏馆树人堂等。除此之外，宏村中还有月沼风荷、牛肠水圳、双溪映碧、亭前古树、雷岗夕照等诸多具有古朴感与人文气息的山水景观。白墙黛瓦、青砖红灯笼、月沼湖南湖、宗祠院落、古街石桥等独特的景观相呼应，宏村同时还承载着儒家思想的传播、教化功能、程朱理学的美学主张以及徽商人群的历史特色，具有极高的历史、艺术、科学价值。自然和人文景观交相辉映使得宏村不仅具有极高的美学价值，还拥有较高的人文附加值，两者互相叠加让宏村成为乡村文旅产品不可替代的典型。

宏村不仅是古建筑的保护区，更是徽州传统居民文化的载体。宏村积极打造宏村品牌群众文化活动，如赛鸟、象棋等比赛活动30多场次，云集周边省市县画眉等鸟类爱好者100多名，共商保护之策。每年极具徽州地方特色的“传统民俗婚嫁”演出在重要节庆活动都会登场表演，让游客流连忘返。已连续举办六届的“宏村诗会”上，来自全国各地的近千名古诗词学者、爱好者与会创作诗篇，展现宏村美景、宏村民俗风情。

宏村每年接待大量文化旅游游客，具有良好的客源基础。仅2023年“五一小长假”期间，宏村接待游客29091人，门票收入190.1147万元。近年来，虽受到疫情影响，但宏村旅游也位列旅游板块经济复苏的第一方阵，村内的旅游相关产业经营户近 500 家，占全村总户数 90% 以上。宏村镇近年来在游客丰富度、旅游小企业类型方面都有了较为显著的成长。宏村的建设与运营是由政府、企业、居民三方协作来完成，参与主体多样，政府与企业的加入，建立在尊重当地居民利益与诉求的基础之上，并且收成分配比例较为合理。宏村景区全部门票收益中，京黟公司占 67%，地方占 33%，其中县政府占 21%，镇政府占 4%，宏村占 8%。近年来，宏村先后被列为安徽省首批特色旅游名镇，第一批全国乡村旅游重点镇等，并被评为最受网友喜爱的十大古村镇之一。2020 年 4 月宏村村级综合文化服务中心荣获国家级文化和旅游公共服务机构功能融合试点工作单位（全国共 172 个试点单位，全省 5 家），证明其发展受到了政府部门认可。

二、文旅产业融合因素分析

1. 供给维度

宏村依山傍水，自然环境优美，建筑融汇于山水之间，村落的整体轮廓与地形、地貌、山水等自然风光和谐统一，达到了天人合一、尊重自然的理想境界。牛形村落和人工水系是宏村区别于其他民居建筑布局的最大特色，其选址、规划、布局处处体现了村落建造者对大自然的尊重与理解。如前文所述，宏村存留大量徽派建筑民居，风景优美，具有丰富的人文和美学价值。宏村的建筑历经几代人数百年的辛勤修建，在自然环境的基础上，融入了古徽州人民美好的情感与质朴的祈盼，彰显了徽州文化中独特的人文观念。同时，它又较好地传承了徽州文化。徽州地区地处江淮平原与大别山交错的地带，自古以来便是交通要道和商业枢纽，因此形成了独特的文化风格。徽州文化，是指宋以来，发源与生长于古徽州，并由徽商等向外传播的传统文化。当时该地区经济繁荣、文化昌盛，出现了一批有钱有地的士族阶层。这些士族家族在明清两代逐渐发展壮大，形成了以黄山市徽州地区为中心的独特社会和文化群体。随着时间的推移，徽州士绅开始积极投身商业活动，并吸收中原地区的先进文化。徽州文化在明清时期达到鼎盛，当时徽派建筑、木版年画、徽州绣等已经成为当地人民的日常生活中不可或缺的一部分。徽派建筑在明清时期得到了迅速发展，宏村古民居建筑更是成为徽州文化的代表性建筑，被誉为“世界建筑艺术宝库”。

徽州地区还有着丰富的宗教信仰文化，包括道教、佛教和儒家思想等多种体系。其中，黄山道教文化是徽州文化的重要组成部分，黄山被视为中国道教的圣地之一。宏村中就有祠堂、庙宇等宗教建筑，这些建筑也成为当地徽州文化的代表性景观之一。宗族制度也是徽州文化中极其重要的组成部分，对徽州地区人民的财富积累以及村落的建设与发展发挥着不可替代的作用。在这一基础上形成的徽州商派受到儒家“富而教”思想的熏陶，在积累了大量财富后，在家乡建设起大量的书院、祠堂等，增强了居民的凝聚力与归属感，并产生了与宗族相关的民俗风情、祠堂文化等丰富的物质与非物质文化遗产。徽州文化承载着北方世家大族移民在“寄命于商”的背景下对儒家思想的尊崇，具有儒商、宗族文化的典型特点，体现了农耕文化繁荣时期徽州人的精神面貌，是中华传统文化精神的重要载体。经过几百年的发展，徽州文化逐渐形成了自己独特的风格和特色，成为中国传统文化的重要组成部分。现今，徽州文化还在不断地继续发展与传承，徽派建筑、徽州绣、木版年画等仍然是徽州文化的重要代表，吸引着越来越多的国内外游客前来寻访、研究和欣赏。

同时，依托着当地的自然资源与物质文化遗产，宏村不同于其他“无中生有”的文旅产品，村内的居民除了是古民居的所有者，同时也是文旅服务的提供者。作为黟县全域旅游发展的“模范生”，宏村带动当地村民脱贫致富，吸引了大批外地客商前来投资以及当地的年轻人返乡创业，本地村民和外来资本积极拓展精品民宿、咖啡酒吧、特色小吃和手工艺品、收藏展览等休闲业态。年轻人的回流与外来资本的引进为宏村的文旅发展注入了新鲜力量和生机活力，为宏村的文旅融合拓宽了思路和视角，带来了新技术的助力。宏村月沼湖畔“汪家酒坊”的主人以其导游出身的经验，借助抖音等新媒体传播平台，成为有一定人气的网络主播。她借助自己积累的流量，结合对家乡的了解，在网络平台上扩大宏村的知名度，并销售具有当地特色的笋干等土特产，目前她的抖音账号累计有 13.4 万的粉丝，最高的一场直播卖出 1000 余单产品。诸如此类对家乡知根知底并怀有热爱的本土年轻人是宏村文旅产业发展的重要力量，提高了宏村文化的软实力，在振兴当地文旅融合的进程中发挥了至关重要的作用。

自 1986 年安徽省开始发展皖南旅游业以来，宏村的文旅融合经历了萌芽、探索、高速发展的阶段后，目前已经步入了稳步发展的阶段。初期，宏村主要是通过开放内部以承志堂、南湖为代表的丰富的历史文化资源，形成以观光旅游为主要形式的文旅模式，其中居民从事的商业也主要为满足日常生活需求的生活服务类业态。而在这一阶段，政府对宏村的旅游投入也受限于开发思路，将重点放在风景名胜的开发与建设上，开发程度低，经营规模与投入小。之后，村落里的村民通过成立宏村旅游服务有限公司对宏村进行进一步的开发，但仍无起色。这也让政府逐渐意识到其开发的局限性，无法将文旅更进一步地融合发挥村内文化资源的最大效用，并且也对村落内部的环境造成了一定程度的破坏。1997 年，地方政府引进北京中坤集团，在宏村成立了旅游开发公司。中坤集团结合宏村当时的现状进行了较为清晰的系统性规划。在其保护开发的规划中，地产是核心。中坤集团从“水—建筑—环境”构成的风水村落形态来打造宏村，以地产差异化经营方式进行产业布局，有层次地在空间层面描绘了宏村之美。其次，中坤集团对南湖书院、乐叙堂、承志堂、德义堂、树人堂等古建筑重点修缮并对村落内的自然环境与居住环境进行维护。这些徽派建筑本就承载着丰富的文化符号，它们在修复后与宏村自然风光、历史文化交相呼应，建筑之美得以充分展现。引进中坤集团后，宏村镇的旅游产业在供给层面得到了较好的组织与协调，配套设施也逐步完善，知名度与影响力得到不断提升，旅游人次逐年增长，并于 2000 年成功申报成为世界文化遗产。其中，十分值得关注的是宏村的旅游小企业的发展。

宏村已经初步成为旅游小企业的聚集地。据表 5-1 所示，宏村的旅游小企业每年开业数呈稳步增长态势。目前看来，宏村的旅游小企业已初步形成集聚态势，得以打响宏村品牌，盘活宏村的文旅资源和文旅市场，形成积极合作、良性竞争的正反馈。小企业的集聚优化了宏村的发展格局，各企业将为了企业生存发展不断推陈出新、吸引客源，从而使宏村充满生命力和创新力。未来宏村或将出现头部旅游企业，起到引领和打造形象的作用。

表 5-1　宏村旅游小企业开业时间调查表

开业年	企业数（个）	百分比（%）	累积百分比（%）	开业年	企业数（个）	百分比（%）	累积百分比（%）
2001	5	1.04	1.04	2009	17	3.52	38.71
2002	14	2.90	3.94	2010	52	10.76	49.47
2003	12	2.48	6.42	2011	42	8.70	58.17
2004	51	10.56	16.98	2012	47	9.73	67.90
2005	19	3.93	20.91	2013	41	8.50	76.40
2006	19	3.93	24.84	2014	36	7.45	83.85
2007	29	6.00	30.84	2015	67	13.87	97.72
2008	21	4.35	35.19	2016（1—2 月）	11	2.28	100.0
合　计					483	100.0	

数据来源：基于黟县工商部门数据整理。

同时，尹寿兵等（2020）所做的实地调研发现，宏村旅游小企业原先供给的产品较为单一，如食宿、土特产等。经过逐年发展，宏村的旅游小企业逐步囊括了主题民宿、休闲小吃、酒吧、咖啡、奶茶、鱼疗、服装等多元化内容。此外，宏村旅游小企业主一般较为年轻，这也促使企业的经营、创新能力得以提升，对社交媒体、营销等的应用也接受度更高，有利于宏村的对外拓展；旅游小企业老品牌不断强化，新品牌不断创立创新，逐步扩大了企业品牌影响力；各旅游小企业更加注重企业文化内涵、主题营造、时尚休闲等元素，并且不断探索新的适宜顾客的经营理念和更优质的软硬件服务。总体上看，宏村旅游小企业在量和质方面不断优化。小企业是宏村旅游服务供给的核心，其结构性的优化无疑对于宏村旅游产业的迅猛发展有着不可磨灭的作用。

2. 需求维度

宏村位于安徽省黄山市黟县，黄山市本身就是旅游热门城市。据2021年黄山市政府工作报告，黄山市全市年旅游接待量超1亿人次。同时，黟县又是其中的旅游热点，十三五期间，黟县获批国家全域旅游示范区与中国地名文化遗产“千年古县”。这样大的旅游接待量与国家认可度自然给宏村旅游带来了极大的市场需求。伴随需求量上升而来的是消费者的需求升级，为了满足游客更深层次的文旅需求，宏村开始探索文旅融合的新路径和多种业态综合利用的新模式，围绕打造艺术酒店、民俗客栈、特色酒吧、休闲茶社、传统作坊等12种产业类和文化教育、民俗活动、文博展示、名人故居等7种社会事业类业态要求，发挥宏村文化、旅游、生态“三位一体”优势。在山水生态旅游的基础上，通过加快民宿产业发展、积极研发旅游新产品和四季旅游产品，实现“吃住行游购娱”一体化同步发展，进一步满足游客的深层次需求。

随着季节更替，游客流量峰值时段也在变化。南方入伏后，针对夜游人群增多的现象，宏村在自身文旅资源的基础上，将夜经济与文旅产业进行深度融合，围绕着夜游、夜食、夜购、夜宿、夜娱、夜演“六夜”业态重点打造，提高消费者夜间便利度和活跃度，激活了消费增长点。在烟火气十足的夏季，宏村先后举办了奇墅湖的汽车露营节、湖畔草地音乐会、宏村非遗闹灯会、秀里“百米”的长街夜宴以及宏村艺术小镇的篝火晚会等众多活动。一方面，为点亮夜经济，宏村投资300万元完善了艺术小镇亮化工程，推动“五黑”博物馆、徽三说等知名徽味美食企业举办夜宴活动，还深入挖掘了徽州传统戏曲文化内涵，推出了《宏村阿菊》《凤鸣宏村》等夜演节目。另一方面，宏村以商业街为依托，着力打造徽州特产、非遗文创、音乐节等夜购、夜娱项目。同时，围绕塔川等民宿集群，打造包含徽墨制作、剪纸、打铁花表演、艺术摄影写生等不同主题的夜宿经济圈。宏村通过对夜游经济的打造，拉长了游客的游玩时间，延长了宏村景区的文旅产业链，为消费者提供了更为多元化的娱乐内容与体验。

在宏村游客中，值得注意的是其中写生游客的比例。目前，宏村镇共有81家写生创作基地。截至2023年4月，写生学生人数达到17805人，人次达到169150人次。可见，写生游客在所有游客中占比较大，这是由宏村的自然与文化条件所决定的。习近平总书记在新时期我国的教育方针中明确了社会实践能力的重要性。实践能力的提高需要建立在丰富的实践资源的基础之上，而研学旅游目前仍然存在极大的市场缺口。不同于游客的旅游观光，大学生的研学之旅除了使大学生身心愉悦外，还要能帮助其储备人文知识，实现自我价值。自清华大学建筑系师生到宏村写生后，全国各地许多高校和机构将宏村作为写生基地，组织学生去到宏村进行绘画创作，宏村逐渐成为国内众多名校的研学之地。写生游客这一市场在未来值得进一步开拓。

3. 外部环境分析

宏村的保护和发展受到政府部门的高度重视。安徽省黄山市黟县县委县政府在国家全域旅游示范区创建过程中，坚持“保护为先、改革为魂、创新为要”的总体原则，用文化为旅游注入灵魂，促进旅游产业发展，将旅游作为文化的载体，彰显文化的魅力，实现文旅融合高质量发展目标。西递、宏村被列入世界文化遗产名录后，黟县组建成立了旅游管理委员会与遗产保护委员会等管理机构，制定颁发了《黟县西递宏村世界文化遗产保护管理办法》等，强化了对传统村落的规划管理和依法保护。为最大限度保留和恢复村落的自然本色，黟县政府与古民居的所有人签订保护责任书，对制定村规民约提供积极指导，强化村民自发保护的意识。黟县还对民歌民谣、雉山凤舞、黟县傩舞、美溪唢呐等民间民俗项目进行了抢救性记录与挖掘，整理出版了《黟县非遗名录》《黟县非遗传承人记略》《黟县非遗图谱》，加强了对传统艺术、民俗、典故以及地域风情等非物质文化遗产的发掘和传承力度。在资金保障上，县政府将其在宏村景区的全部门票收益中占有的21%份额中的1%作为旅游基金，并留出了专项资金用于村落旅游环境的治理、配套基础设施的建设以及旅游新产品、新业态的开发。同时，还设立了文旅营销资金和出台文旅产业奖励办法，推动文化旅游资源的保护和开发。

黟县在保护的基础上妥善利用其旅游资源，为顺应“民宿热”，有效盘活村民闲置房屋资产，编制出台了《黟县乡村民宿发展规划》《闲置农房有偿退出、流转管理办法》《闲置农房有偿使用暂行办法》等一系列政策，引导和鼓励西递、宏村村民采取自营、出租、流转等方式。在“产权流转”模式上，黟县按照统一、集中、公开的原则，通过充分调查摸底，有选择性地对部分古民居进行试点，吸引民间资本投入，利用闲置的古民居，通过维修改造，发展古民居特色乡村民宿，促进西递、宏村文化遗产观光旅游向度假休闲旅游转型。另外，随着民宿市场的繁荣，民宿市场乱象丛生，市场秩序也亟须重塑，为此黟县探索出了一套有效的乡村民宿发展机制。在安徽省组织举办的首届民宿大会中，黟县获评中国乡村民宿发展示范县，宏村的塔川书院入选全国首批甲级民宿。民宿大会的举办为省内各景区加强民宿建设以及提高民宿品质与服务质量提供了巨大的激励，塔川书院位于宏村景区集聚板块内，能起到良好的带头作用，促进和引领宏村景区内民宿提质升级。

在古村落古民居整合模式上，县政府组建国有资源整合平台——黟县徽黄旅游集团，对县内的文旅资源进行整合，为宏村的文旅融合发展提供了有利的外部条件。与此同时，宏村在其中起到了核心带动作用，以宏村为中心形成了文旅融合发展集聚区，打破了原本只有宏村景区的单一格局，塔川红叶、木坑竹海、徽韵秀里、奇墅秋色等景点成为新的网红打卡地。同时也推进了宏村艺术小镇、黄山中国书画小镇、檀舍酒店、龙池湾温泉民宿度假村等项目联动建设。集聚区的形成将进一步拓展宏村的文旅业态，为消费者提供更为丰富的文旅体验，为宏村景区带来巨大的客流量。可见，黟县县政府注重优秀传统文化的保护，促进体制机制改革，支持区域内旅游产品业态创新，大力推动优秀传统文化的创造性转化和创新性发展，为宏村文旅产业的融合发展创造了有益的外部环境。

4. DSE 分析图

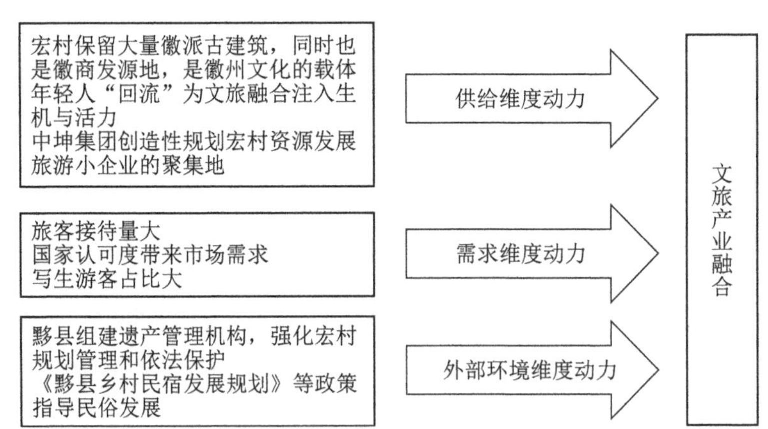

三、融合评价

由上述分析可以看出，宏村整体形象以文化古镇为主，多个著名景点均兼备优美的自然景观风光和深厚的千年人文底蕴。自然和人文资源在旅游过程中相互交织，由此形成了典型的文化旅游。因此横向比较而言，宏村在文旅融合方面具有较大的创新性与丰富度，也具有更大发展潜力。同时，宏村游客中，旅游目的为写生的游客占有很大比例，表明其游客有着较大的文化旅游需求，也代表着宏村已经初步实现文旅融合的战略目标。目前来看，宏村的总体文旅融合程度较高。

下一步若要继续推进宏村的文旅融合发展，应继续鼓励宏村集聚的中小旅游企业的创新性发展与探索，统筹利用好这些旅游企业资源，为宏村的结构布局和活力积极发展增添动力。同时应当更加深入挖掘宏村的优秀历史文化遗产，为宏村文旅融合增添文化资源，并且加大文旅耦合程度，将人文气息真正融入旅游过程。宏村也应努力尝试拓展以写生游客为代表的文旅游客的数量与质量。多措并举挖掘宏村潜力，宏村加强文旅融合未来可期。

第六章　长三角地区文旅产业融合的定量分析

本章运用系统耦合协调模型对2009—2018年长三角地区21个城市的文旅产业融合程度进行量化，通过SPSS软件计算出耦合协调度*D*值。然后使用因子分析的方法，把15个可能影响长三角地区的文旅耦合协调度的指标进行因子分析，运用降维的思路把15个指标加权成为四个主因子，由于KMO为0.770，大于0.6，说明这些数据满足因子分析的前提要求。进一步地，将因子1、因子2、因子3、因子4作为自变量，系统耦合模型计算得出的文旅产业耦合协调度*D*作为因变量，进行回归。由于通过怀特（White）检验和BP检验两种方法发现存在异方差的问题，因此选用Robust回归分析，并通过SPSS软件计算。

第一节　指标选取与数据来源

一、因变量的指标构建

1. 文化产业综合发展水平指标构建

本书在选取文化产业综合发展水平指标时，以前人的研究为基础，基于数据的可得性和连续性，主要从经济贡献和基础规模两个层面衡量，建立 8 个二级指标：文化市场经营机构总营收（万元）、文化事业费（万元）、艺术演出观众（万人次）、博物馆参观（万人次）、文化市场机构（个）、群众文化机构（个）、艺术表演场馆（个）、从业人员（万人）。

2. 旅游产业综合发展水平指标构建

本书在选取旅游产业综合发展水平指标时，以前人的研究为基础，基于数据的可得性和连续性，对比文化产业的指标，同样从经济贡献和基础规模两个层面衡量，建立 8 个二级指标：国内收入（亿元）、入境创汇（万美元）、国内接待（万人次）、入境接待（万人次）、旅行社（个）、星级酒店（个）、4A 级以上旅游景区（个）、从业人员（万人）。

下表为文化产业与旅游产业的指标汇总。

表 6-1　文化产业与旅游产业系统指标汇总

产业系统	分项层面	具体维度	单　位	产业系统	分项层面	具体维度	单　位
旅游产业系统	经济贡献	国内收入	亿元	文化产业系统	经济贡献	文化市场经营机构总营收	万元
		入境创汇	万美元			文化事业费	
		国内接待	万人次			艺术演出观众	万人次
		入境接待				博物馆参观	
	基础规模	旅行社	个		基础规模	文化市场机构	个
		星级饭店				群众文化机构	
		4A 级以上旅游景区				艺术表演场馆	
		从业人员	万人			从业人员	万人

数据来源：参照侯兵等（2015），有改动。

二、影响因素的指标构建

根据本书第三章对推动文旅产业融合影响因素的分析，在实证部分主要从以下三个方面进行量化分析。

一是从供给角度，分别从产业发展、劳动力市场和资本投入三个层面进行衡量。根据前面第三章，基于数据的连续性和可得性，实证部分产业发展主要由公共图书馆藏书量（万册）和等级公路里程数（公里）两个指标衡量，劳动力市场主要由普通高等学校在校人数（万人）和第三产业从业人员（万人）两个指标进行衡量，资本投入主要由文化体育娱乐固定资产投资（亿元）这个指标进行衡量。

二是从需求角度，基于第三章提到的市场容量和需求升级，考虑到数据的可得性，因此在进行指标衡量的时候，将选取部分数据进行代替。市场容量用常住人口（万人）、旅游人数（万人次）和客运量（万人次）三个指标进行衡量。前文所提到需求升级将选取城镇居民人均可支配收入（元），城镇居民人均教育、文化及娱乐消费支出（元）进行替代衡量。

三是从外部环境角度，分别是技术进步和政府政策。为了用数据进行衡量，本书将选取专利申请授权数（件）、互联网宽带接入端口数量（万户）、科学研究和技术服务固定投资（亿元）、政府出台（个）的文旅相关文件数量和文化事业费占财政支出比重（%）作为衡量指标。下表为推动文旅产业融合发展影响因素指标汇总表。

表 6-2　推动文化产业和旅游产业融合发展的影响因素指标汇总表

分项角度	分项层面	具　体　维　度	单位
供给端	产业发展	公共图书馆藏书量	万册
		等级公路里程数	公里
	劳动力市场	普通高等学校在校人数	万人
		第三产业从业人员	万人
	资本投入	文化体育娱乐固定投资资产	亿元

（续表）

分项角度	分项层面	具　体　维　度	单位
需求端	市场容量	常住人口	万人
		旅游人数	万人次
		客运量	万人次
	需求升级	城镇居民人均可支配收入	元
		城镇居民人均教育、文化及娱乐消费支出	元
外部环境	本地技术进步	专利申请授权数	件
		互联网宽带接入端口数量	万户
		科学研究和技术服务固定投资	亿元
	政府政策	政府出台的文旅相关文件数量	个
		文化事业费占财政支出比重	%

数据来源：作者整理而得。

三、数据来源及研究区域

本书选取了长三角地区的上海、宁波、杭州、苏州、无锡、南京、连云港、常州、南通、盐城、镇江、泰州等 21 个市从 2009—2018 年五年的面板数据，数据主要来源于《中国统计年鉴》《江苏统计年鉴》《浙江统计年鉴》和各个市级的统计年鉴以及国家统计局、互联网等。在研究过程中，作者对长三角地区的各个市级数据进行了收集整理，而且不同城市尽可能采取统一发布体系中的数据。之所以选取这 21 个市，主要是基于数据可得性和连续性的考虑，并且摒弃了长三角地区的数据存在严重缺失的一些城市。

第二节　研究模型及方法选取

一、耦合度计算——耦合协调模型

1. 确定指标权重

本书数据选用归一化处理方式对原始数据进行无量纲化处理，以消除所选指标单位不一致的问题，保证分析结果的准确度，公式如下：

$$x'_{ij}=\frac{x_{ij}-x_{\min}}{x_{\max}-x_{\min}}+0.01$$

式中：$i=1$，2，…，m 代表的是年份次序，$j=1$，2，…，n 代表的是指标的数量，$x_{\max}$ 代表的是第 j 个指标的最大值；$x_{\min}$ 代表第 j 个指标的最小值。

确定各个指标在系统中的权重：

$$s_{ij}=x'_{ij}/\sum_{i=1}^{m}x'_{ij}$$

$$h_j=-\frac{1}{\ln m}\sum_{i=1}^{m}s_{ij}\ln s_{ij}$$

$$\alpha_j=1-h_j$$

$$\omega_j=\alpha_j/\sum_{j=1}^{n}\alpha_j$$

其中 s_{ij} 代表第 i 年第 j 项指标的比重，h_j 代表第 j 项指标的熵值，α_j 代表第 j 项指标的差异系数，ω_j 代表第 j 项指标的权重。

2. 旅游产业综合评价

旅游产业的综合评价函数如下所示：

$$u_1 = \sum_{j=1}^{n} \omega_j M_{ij}$$

式中：j 代表旅游产业指标的个数（$j = 1,\ 2,\ \cdots,\ n$）；ω_j 为指标在该系统中权重；M_{ij} 代表的是旅游产业第 j 个指标在第 i 年的标准化值，u_1 代表旅游产业的综合发展水平，u_1 的值越大说明旅游产业发展得越好。

3. 文化产业综合评价

文化产业的综合评价函数如下所示：

$$u_2 = \sum_{j=1}^{n} \omega_j N_{ij}$$

式中：j 代表文化产业指标的个数（$j = 1,\ 2,\ \cdots,\ n$）；ω_j 代表指标在该系统中的权重；N_{ij} 代表文化产业第 j 个指标在第 i 年的标准化值，u_2 代表文化产业的综合发展水平，u_2 的值越大说明文化产业发展得越好。

4. 耦合协调度评价模型

耦合度可以衡量不同系统内部各个指标之间的协调度，因此本书在对文旅融合程度进行量化分析的时候，需要建立耦合度模型。由于本书只研究文化产业和旅游产业两个系统，现对模型进行如下定义：

$$C(u_1,\ u_2) = \{ (u_1 \times u_2) / [(u_1 + u_2)(u_1 + u_2)] \}^{1/2}$$

$$D(u_1, u_2) = [C(u_1, u_2) \times (au_1 + bu_2)]^{1/2}$$

$$T = au_1 + bu_2$$

式中：$C(u_1, u_2)$ 为两大产业的系统耦合度，值域为［0，1］，C 值代表两个系统的耦合性程度，它的值越大，耦合性越高；T 为两产业之间的综合协调指数，代表两个系统的综合发展水平对协调度的影响；a、b 分别为文化产业和旅游产业的重要性权重，综合前人的研究，本书将 a、b 均定为0.5。$D(u_1, u_2)$ 为耦合协调度，指在耦合相互作用中呈现良性耦合程度的高低，反应其协调状况的优劣性。

二、影响因素分析——因子分析法

因子分析是一种从变量群中提取共性因子的统计技术。通过降维的思想，把相同本质的变量归入一个因子，以达到减少变量个数的目的，并对变量间的关系进行假设检验。

具体原理如下：

$X = (X_1, X_2, \cdots, X_p)^T$，假定 p 维随机向量满足

$$X = \mu + A\vec{f} = \vec{e}$$

$\vec{f} = (f_1, f_2, \cdots, f_q)^T$ 是 q 维随机变量，$q \leqslant p$，满足 $E\vec{f} = 0$，$E\vec{f}\vec{f}^T = \vec{I}_q$，它的分量 f_i 称为公共因子，对 X 的每个分子量都起作用。

$\vec{e} = (e_1, e_2, \cdots, e_p)^T$ 是 p 维不可观测的随机变量，满足

$$E\vec{e} = 0,\ E\vec{e}\vec{e}^T = \operatorname{diag}(\delta_1^2, \delta_2^2, \cdots, \delta_p^2) \overset{\text{def}}{=} \sum$$

且 $E\vec{f}\vec{e}^{T}=0$，e 的分量 $\vec{e}_i$ 为特殊因子，只对 X 的分量 $\vec{X}_i$ 起作用。

μ 和 A 为参数矩阵。若 X 满足上式，则称随机向量 X 具有因子结构。这时

$$\mathrm{Var}(X)=\vec{A}\vec{A}^{T}+\sum$$

矩阵 A 称为因子载荷，其元素 a_{ij} 是第 i 个 $\vec{X}_i$ 在第 j 个因子 f_j 上的载荷。

记 $h_i^2=\sum_{j=1}^{q}a_{ij}^2$，则有 $\mathrm{Var}(X_i)=h_i^2+\delta_i^2$

由此可见，h_i^2 反映了公共因子对 $\vec{X}_i$ 的影响，称为公共因子对 $\vec{X}_i$ 的贡献。当 $h_i^2\geqslant\delta_i^2$ 时，代表公共因子对 $\vec{X}_i$ 的影响大于特殊因子 $\vec{e}_i$ 的影响，h_i^2 代表分量 $\vec{X}_i$ 对公共因子 f_j 的依赖程度。

对一个指定的公共因子 f_j，记为 $g_i^2=\sum_{i=1}^{q}a_{ij}^2$，$g_i^2$ 代表公共因子 f_j 对 X 的贡献。g_i^2 与公共因子 f_j 对 X 的影响成正比，表示公共因子重要性。

因子分析可在下述长三角地区文旅融合发展的实证分析中见具体应用。

第三节　长三角地区文旅产业融合发展的实证分析

一、影响因素的因子分析

回归分析适用于对推动文旅产业融合发展的影响因素进行量化

分析，然而由于指标数据之间可能存在相关性，因此直接进行回归分析容易出现原始数据信息丢失和共线性的问题，所以本书引入因子分析，通过降维的思想对指标进行处理，以减少信息丢失。

为了综合比较供给端、需求端和外部环境对长三角地区文旅产业融合的影响大小，选取2009—2018年的公共图书馆藏书量（X_1）、文化体育固定投资资产（X_2）、等级公路里程数（X_3）、普通高等学校在校人数（X_4）、第三产业从业人员（X_5）、常住人口（X_6）、旅游人数（X_7）、客运量（X_8）、城镇居民人均可支配收入（X_9）、城镇居民人均教育、文化及娱乐消费支出（X_{10}）、专利申请授权数（X_{11}）、互联网宽带接入端口数量（X_{12}）、科学研究和技术服务固定投资（X_{13}）、政府出台的文旅相关文件数量（X_{14}）、文化事业费占财政支出比重（X_{15}）15个指标分别代表供给端、需求端和外部环境，通过因子分析进行信息浓缩研究。

表6-3　KMO和Bartlett的检验

KMO值		0.77
Bartlett球形度检验	近似卡方	2987.439
	df	105
	p值	0

数据来源：由作者通过SPSS计算。

从上表可以看出：KMO为0.770（>0.6），满足因子分析的条件，因此数据能够进行因子分析研究。同时，数据通过Bartlett球形度检验（$p<0.05$），也能说明所选取的数据能够进行因子分析。

表 6-4　方差解释率表格

因子编号	特征根			旋转前方差解释率			旋转后方差解释率		
	特征根	方差解释率 %	累积 %	特征根	方差解释率 %	累积 %	特征根	方差解释率 %	累积 %
1	6.541	43.604	43.604	6.541	43.604	43.604	4.496	29.976	29.976
2	1.808	12.05	55.655	1.808	12.05	55.655	3.239	21.594	51.57
3	1.514	10.093	65.747	1.514	10.093	65.747	1.697	11.313	62.883
4	1.24	8.268	74.015	1.24	8.268	74.015	1.67	11.132	74.015
5	0.963	6.417	80.432	—	—	—	—	—	—
6	0.881	5.872	86.304	—	—	—	—	—	—
7	0.542	3.613	89.917	—	—	—	—	—	—
8	0.436	2.904	92.821	—	—	—	—	—	—
9	0.339	2.263	95.084	—	—	—	—	—	—
10	0.298	1.987	97.07	—	—	—	—	—	—
11	0.171	1.139	98.21	—	—	—	—	—	—
12	0.123	0.819	99.029	—	—	—	—	—	—
13	0.103	0.687	99.715	—	—	—	—	—	—
14	0.029	0.195	99.91	—	—	—	—	—	—
15	0.013	0.09	100	—	—	—	—	—	—

数据来源：由作者通过 SPSS 计算。

根据表 6-4 可知：通过因子分析一共提取出 4 个因子，特征根值均大于 1，将这 4 个因子进行旋转后的方差解释率分别是 29.976%、21.594%、11.313%、11.132%，旋转后累积方差解释率为 74.015%。

通过表 6-5，因子分析后将原来的 15 个指标合成 4 个因子，因子 1 通过常住人口（万人）、第三产业人员（万人）、旅游人次（万人），公共图书馆藏书量（万册）和专利申请授权数（件）五个指标进行加权，得出第一个因子为文化环境数量因素。因子 2 通过文化体育娱乐固定资产投资（亿元），城镇居民人均可支配收入（元），城镇居民均教育、文化及娱乐消费支出（元）和互联网宽带接入端口数量（万户）四个指标进行加权，得出第二个因子为文化产品投资与消费因素。因子 3 通过普通高等学校在校人数（万人）、客运量（万人次）和文化事业费占财政支出比重（%）三个指标加权，得出第三个因子为文化环境质量因素。因子 4 通过等级公路线路长度（公里）、科学研究和技术服务业固定投资（亿元）和政府文件（个）三个指标加权，得出第四个因子为文化公共产品供给因素。

表 6-5　成分得分系数矩阵

名　　称	成　　分			
	成分 1	成分 2	成分 3	成分 4
等级公路线路长度（公里）	—	—	—	0.416
公共图书馆藏书量（万册）	0.287	—	—	—
文化体育娱乐固定资产投资（亿元）	—	0.16	—	—
普通高等学校在校人数（万人）	—	—	0.275	—
第三产业从业人员（万人）	0.272	—	—	—
常住人口（万人）	0.286	—	—	—
旅游人次（万人）	0.185	—	—	—
客运量（万人次）	—	—	0.596	—
城镇居民人均可支配收入（元）	—	0.352	—	—
城镇居民人均教育、文化及娱乐消费支出（元）	—	0.321	—	—
专利申请授权数（件）	0.089	—	—	—
互联网宽带接入端口数量（万户）	—	0.201	—	—
科学研究和技术服务业固定投资（亿元）	—	—	—	0.396
政府文件（个）	—	—	—	0.463
文化事业费占财政支出比重（%）	—	—	0.335	—

数据来源：由作者通过 SPSS 计算。

由此，可以建立文旅产业融合 DSE 动力的实证模型。文化产品投资与消费构成需求动力，公共文化产品供给构成供给动力，文化环境数量与质量构成环境动力。

二、文旅产业耦合发展分析

参考廖重斌（1999）、侯兵等（2015）的研究，对产业融合发展情况划分等级，进行阶段性的分类。表 6-6 是基于均匀分布函数法，对产业融合发展的协调度评判等级的详细描述。

表 6-6　产业融合发展阶段的基本类型和划分标准

耦合协调度 D	融合阶段	说　明	耦合协调度	协调等级
$D=0$	无耦合	产业间无联系		
$0<D<0.4$	萌芽阶段	产业间联系不紧密	0.00—0.09	极度失调
			0.10—0.19	严重失调
			0.20—0.29	中度失调
			0.30—0.39	轻度失调
$0.4\leqslant D<0.6$	起步阶段	产业间逐步相互影响	0.40—0.49	濒临失调
			0.50—0.59	勉强协调
$0.6\leqslant D<0.8$	稳定阶段	产业间彼此促进发展	0.60—0.69	初级协调
			0.70—0.79	中级协调
$0.8\leqslant D<1.0$	成熟阶段	产业间良性协调发展且相互依赖度较高	0.80—0.89	良好协调
			0.90—1.00	优质协调

数据来源：参考廖重斌（1999）、侯兵（2015）。

依据前文所列公式，结合统计数据计算的文化产业和旅游产业融合发展的耦合协调度 D（u_1，u_2），并根据表 6-6，对 2009—2018 年长三角地区 21 个市的融合发展等级进行划分。

表 6-7　2009—2018 年长三角地区文旅产业耦合协调度

年份 地点	2009	2010	2011	2012	2013	2014	2015	2016	2017	2018
上　海	0.532	0.570	0.595	0.634	0.684	0.727	0.759	0.783	0.800	0.871
杭　州	0.365	0.401	0.654	0.727	0.713	0.722	0.765	0.790	0.846	0.864
常　州	0.518	0.537	0.548	0.624	0.637	0.601	0.638	0.643	0.669	0.684
无　锡	0.325	0.373	0.482	0.539	0.653	0.644	0.656	0.673	0.724	0.920
南　京	0.561	0.635	0.641	0.674	0.701	0.742	0.745	0.744	0.705	0.787
南　通	0.450	0.455	0.464	0.567	0.594	0.628	0.688	0.747	0.801	0.845
宁　波	0.315	0.395	0.448	0.481	0.474	0.483	0.566	0.758	0.871	0.846
苏　州	0.395	0.547	0.647	0.655	0.641	0.716	0.768	0.800	0.828	0.846
泰　州	0.491	0.499	0.624	0.635	0.636	0.695	0.741	0.757	0.764	0.739
马鞍山	0.505	0.594	0.686	0.690	0.768	0.606	0.697	0.728	0.740	0.809
盐　城	0.414	0.460	0.449	0.547	0.612	0.651	0.746	0.774	0.763	0.836
合　肥	0.238	0.357	0.576	0.664	0.671	0.688	0.706	0.732	0.788	0.791
湖　州	0.223	0.325	0.397	0.461	0.533	0.576	0.681	0.714	0.748	0.832

（续表）

地点＼年份	2009	2010	2011	2012	2013	2014	2015	2016	2017	2018
嘉　兴	0.275	0.364	0.482	0.579	0.544	0.549	0.640	0.659	0.712	0.795
绍　兴	0.327	0.434	0.421	0.544	0.539	0.561	0.625	0.683	0.690	0.699
台　州	0.374	0.431	0.511	0.596	0.541	0.548	0.651	0.664	0.746	0.783
温　州	0.289	0.351	0.320	0.381	0.544	0.591	0.654	0.720	0.776	0.759
扬　州	0.321	0.430	0.522	0.580	0.623	0.617	0.651	0.674	0.718	0.769
舟　山	0.283	0.379	0.438	0.514	0.616	0.658	0.686	0.756	0.762	0.792
安　庆	0.239	0.365	0.463	0.512	0.628	0.639	0.674	0.703	0.742	0.781
镇　江	0.487	0.524	0.535	0.591	0.686	0.616	0.615	0.638	0.655	0.659

数据来源：由作者根据 SPSS 测算而得。

在进行系统耦合分析的时候，耦合度反应的是两个系统的融合情况，本书主要研究的两大产业的相互依赖程度决定了耦合度的大小，但是不能代表文旅产业融合发展的协调情况。因此，本书用 D（u_1，u_2）衡量文化产业和旅游产业之间融合发展协调的优劣程度。根据旅游产业的综合评价水平 u_1 和文化产业的综合评价水平 u_2 可以看出，在 2009—2018 年中，长三角地区文化产业和旅游产业综合发展水平呈现逐年提升的趋势，说明两大产业不断壮大，而且根据表 6-7 的系统耦合协调度 D 值，可以发现文旅产业融合程度也处于逐步提升的趋势。

从表 6-8 可以看出，长三角地区文化产业和旅游产业的融合可以分为 3 个阶段：

第一阶段为 2009—2012 年，其间文化产业和旅游产业的融合大多尚未协调，融合协调度等级大多为轻度失调、濒临失调和勉强协调，文化产业和旅游产业的发展水平尚未实现稳定增长，两个产业之间的相互作用较小，处于产业融合深度较浅的阶段。

第二阶段为 2013—2015 年，其间文化产业和旅游产业的融合处于发展阶段，文化产业和文化产业开始产生互相影响，2013 年超过一半城市的融合协调度等级均至少达到了初级协调，两大产业发展相对稳定，整体发展水平持续走高，但两者之间的协调度不高。

第三阶段于 2017 年开始，文化产业和旅游产业的融合情况逐渐稳定，2017 年，5 个城市出现了良好协调，除去常州、镇江和绍兴以外的其余城市均至少达到了中级协调，截至 2018 年，共有

表 6-8　2009—2018 年长三角地区文旅产业协调等级

年份 地点	2009	2010	2011	2012	2013	2014	2015	2016	2017	2018
上　海	勉强协调	勉强协调	勉强协调	初级协调	初级协调	中级协调	中级协调	中级协调	良好协调	良好协调
杭　州	轻度失调	濒临失调	初级协调	中级协调	中级协调	中级协调	中级协调	中级协调	良好协调	良好协调
常　州	勉强协调	勉强协调	勉强协调	初级协调	初级协调	初级协调	初级协调	初级协调	初级协调	初级协调
无　锡	轻度失调	轻度失调	濒临失调	勉强协调	初级协调	初级协调	初级协调	初级协调	中级协调	优质协调
南　京	勉强协调	初级协调	初级协调	初级协调	中级协调	中级协调	中级协调	中级协调	中级协调	中级协调
南　通	濒临失调	濒临失调	濒临失调	勉强协调	勉强协调	初级协调	初级协调	中级协调	良好协调	良好协调
宁　波	轻度失调	轻度失调	濒临失调	濒临失调	濒临失调	濒临失调	勉强协调	中级协调	良好协调	良好协调
苏　州	轻度失调	勉强协调	初级协调	初级协调	初级协调	中级协调	中级协调	良好协调	良好协调	良好协调
泰　州	濒临失调	濒临失调	初级协调	初级协调	初级协调	初级协调	中级协调	中级协调	中级协调	中级协调
盐　城	濒临协调	濒临失调	濒临失调	勉强协调	初级协调	初级协调	中级协调	中级协调	中级协调	良好协调
马鞍山	勉强协调	勉强协调	初级协调	初级协调	中级协调	初级协调	初级协调	中级协调	中级协调	良好协调
合　肥	中度失调	轻度失调	勉强协调	初级协调	初级协调	初级协调	中级协调	中级协调	中级协调	中级协调
湖　州	中度失调	轻度失调	轻度失调	濒临失调	勉强协调	勉强协调	初级协调	中级协调	中级协调	良好协调

（续表）

地点＼年份	2009	2010	2011	2012	2013	2014	2015	2016	2017	2018
嘉　兴	中度失调	轻度失调	濒临失调	勉强协调	勉强协调	勉强协调	初级协调	初级协调	中级协调	中级协调
绍　兴	轻度失调	濒临失调	濒临失调	勉强协调	勉强协调	勉强协调	初级协调	初级协调	初级协调	初级协调
台　州	轻度失调	濒临失调	勉强协调	勉强协调	勉强协调	勉强协调	初级协调	初级协调	中级协调	中级协调
温　州	中度失调	轻度失调	轻度失调	勉强协调	勉强协调	勉强协调	初级协调	中级协调	中级协调	中级协调
扬　州	轻度失调	濒临失调	勉强协调	勉强协调	初级协调	初级协调	初级协调	初级协调	中级协调	中级协调
舟　山	中度失调	轻度失调	濒临失调	勉强协调	初级协调	初级协调	初级协调	中级协调	中级协调	中级协调
安　庆	中度失调	轻度失调	濒临失调	勉强协调	勉强协调	初级协调	初级协调	初级协调	中级协调	中级协调
镇　江	濒临失调	勉强协调	勉强协调	勉强协调	初级协调	初级协调	初级协调	初级协调	初级协调	初级协调

数据来源：由作者根据 **SPSS** 计算结果整理而得。

9 个城市达到了良好协调水平及以上，9 个城市达到了中级协调水平，常州、镇江和绍兴这三个城市依然处于初级协调阶段。说明 2017 年以后，大多数城市的两大产业的融合发展已经至少处于稳定阶段，产业间彼此互相促进，预计今后将有更多城市会达到良好协调水平，文旅产业融合将逐步走向成熟，最终走向更深入的优质协调。

三、影响因素的回归分析

接下来进行四个动力回归分析，验证假设。根据因子分析的结果，上述从供给端、需求端和外部环境三个层面细化的 15 个指标加权成为四个影响因子。进一步地，将因子 1、因子 2、因子 3、因子 4 作为自变量，文旅产业耦合协调度 D 作为因变量，运用 SPSS 进行 OLS 回归分析之前，由于该模型可能存在异方差情况，因此使用怀特（White）检验和 BP 检验两种方法进行检验。检验结果如下表所示：

表 6-9　异方差检验结果

White 异方差检验		BP 异方差检验	
χ^2	p	χ^2	p
60.358	0	36.615	0

数据来源：由作者通过 SPSS 计算。

由表 6-9 可知，针对异方差情况，使用怀特（White）检验和 BP 检验两种方法进行检验。检验原假设为模型没有异方差，p<0.05 说明存在拒绝原假设，即模型存在异方差；反之说明接受原假设即模型不存在异方差问题。上表显示两种检验均拒绝原假设

（$p<0.05$），说明模型存在异方差，由于 Robust 回归（稳健回归）适用于数据中存在异常值时进行回归分析，而且这种方法对于回归结论的稳定性可以进行考证，因此本书使用 Robust 稳健标准误回归方法进行研究，以解决异方差问题。

将文旅产业耦合协调度 *D* 作为因变量，因子 1 文化环境数量因素，因子 2 文化产品投资与消费因素，因子 3 文化环境质量因素和因子 4 文化公共产品供给因素作为自变量，运用 SPSS 进行 Robust 稳健标准误回归，结果如下表所示：

表 6-10　Robust 回归分析结果

	回归系数
常　数	0.356** (11.610)
因子 1	− 0.000 (− 0.242)
因子 2	0.000** (8.954)
因子 3	− 0.000 (− 1.581)
因子 4	0.000** (2.710)
样本量	210
R^2	0.395
调整 R^2	0.383
F 值	F(4，205) = 33.406，p = 0.000

*$p<0.05$ 、**$p<0.01$ 括号里面为 *t* 值。

数据来源：由作者通过 SPSS 计算。

从表 6-10 可知，将因子 1、因子 2、因子 3、因子 4 作为自变量，而将耦合协调度 *D* 值作为因变量进行 Robust 回归分析（M 估计法），因子 1 的回归系数值为 − 0.000（$t = -0.242$，$p = 0.809>0.05$），意味着因子 1 并不会对耦合协调度 *D* 值产生影响关系。因子 2 的回归系数值为 0.000（$t=8.954$，$p=0.000<0.01$），意味着因子 2 会对耦合协调度 D 值产生显著的正向影响关系。因子 3 的回归系数值为 -0.000（$t=-1.581$，$p=0.114>0.05$），意味着因子 3 并不会对耦合协调度 D 值产生影响关系。因子 4 的回归系数值为 0.000（$t=2.710$，$p=0.007<0.01$），意味着因子 4 会对耦合协调度 D 值产生显著的正向影响关系。

总结分析可知：因子 2、因子 4 会对耦合协调度 D 值产生显著的正向影响关系。但是因子 1、因子 3 并不会对耦合协调度 D 值产生影响关系。说明文化产品投资与消费因素和公共文化产品供给因素对长三角地区的文旅产业融合发展具有促进的作用，H1、H2 得到验证；而文化环境数量因素和文化环境质量因素对长三角地区的文旅耦合协调程度不产生显著的影响，H3a、H3b 没有体现。

这是因为长三角地区的消费者对高质量的文旅产品已经出现大量的需求，企业虽然不断增加文旅产品的供给量，但是推出的优质文旅相关产品较少，有效供给不足，在这种情况下，市场需求量的增加只能加剧文旅市场供不应求的局面，没有对文旅融合发展产生直接推动作用。目前推出的文旅相关产品多数处于初级融合的阶段，文旅产品的增加更多集中在数量上。政府对文旅企业补贴的精准性较低，导致资源的浪费。文旅产业需要的是高质量综合性人才，劳动力市场的有效供给不足，从业人员仅数量的上升并不能有效地促进两大产业高质量融合。正是因为人才的缺乏，所以专利申请授权中与文旅相关的专利将出现占比少的现象，依靠其他基础科学的进步产生的溢出效应来推动文旅产业融合的效果较差，而且申请的专利转化为商用的几率本身较少。因此通过常住人口、旅游人次和客运量加权得到的文化环境因素对该地区的文旅耦合协调度没有产生显著的影响，文化事业费占财政支出比重加权的文化环境质量因素并没有实际落地成为推动文旅产业融合发展的影响因素。

综合以上的分析，目前，文化环境多数仅从数量上增加，没有产生实际的效果，文化环境质量因素的提升本质也是数量的增加，所以这两种因素对长三角地区的文旅产业融合发展没有产生显著影响。

文旅产品固定投资的增加为文旅产业的融合发展提供了资金保证，消费升级将刺激企业不断提高文旅产品的质量，不断开发具有体验性和功能性的多元化产品，在需求端和供给端同时促进文旅产业融合发展。互联网带来的数字文旅、科技文旅成为热门，VR 创新应用等所有业务的优势汇聚在一起，提升了主题馆、体验馆的娱乐性和科技感，有助于文旅产业业态发展。基础研究和应用基础研究投入的增加有助于科学技术实现创造性发展。同时，随着政府不断加大对文旅融合的政策引导、增加文化公共产品的供给，营商环境不断优化，文旅相关企业的外部环境对文旅产业融合发展提供外部支持。

因此，综合上述分析，通过文化体育娱乐固定资产投资，城镇居民人均可支配收入，城镇居民人均教育、文化及娱乐消费支出和互联网宽带接入端口数量加权得到的文化产品投资与消费因素和通过政府文件数量、等级公路线路长度、科学研究和技术服务业固定投资加权得到的文化公共产品供给对推动文旅产业实现融合发展具有显著的影响作用。

第四节　本章小结

本章通过系统耦合协调模型量化了2009—2018年长三角地区21个市的文旅产业融合程度，运用SPSS计算出耦合协调度*D*值，借鉴前人的研究用*D*值来划分文旅产业协调等级，发现21个市的文旅产业协调等级均呈现上升的趋势。

根据第三章，从供给端、需求端和外部环境三个层面，把影响因素细化成为15个可能影响长三角地区的文旅耦合协调度的指标，然后通过因子分析的方法进行分析，运用降维的思想把15个指标加权成为四个主因子，并且KMO为0.770，大于0.6，说明这些数据满足因子分析的前提要求。将因子1、因子2、因子3、因子4作为自变量，文旅产业耦合协调度*D*作为因变量进行回归之前通过怀特（White）检验和BP检验两种方法发现存在异方差的问题，因此选用Robust回归分析，通过SPSS软件计算，发现因子2、因子4会对耦合协调度*D*值产生显著的正向影响关系，但是因子1、因子3并不会对耦合协调度*D*值产生影响关系，从而对第三章提出的DSE动力模型和四个假设进行了检验，我们发现，长三角地区的文旅融合影响因素主要集中在文旅产品的供给与消费需求升级、科技进步、政府政策引导四个角度，文旅相关产业要素质量的提升对促进文旅产业融合发展具有明显的推动作用，数量的增长则对长三角地区文旅产业耦合协调度没有造成明显的影响。

第七章　文化创意产业在乡村—城市空间视角上的融合分析

本章从乡村—城市的二维空间角度阐释文化创意产业分别与第一产业和制造业的融合。从融合路径上来看，文化创意在农村空间下与第一产业农业的融合生成现代都市农业，文化创意设计在城市空间下与第二产业制造业的融合催生了现代化大都市。在不同空间的视角下，文创产业不同的融合路径和产出也有所不同，为文旅发展提供了多样化的融合发展路径。长三角地区工业基础发达，乡村资源丰富，从空间视角研究文化创意与第一、第二产业的深度融合，能够为长三角地区文旅高质量发展带来启示并拓宽思路。

在耦合过程中，文创产业能够为基础产业带来极大的附加价值，产生产业层面的创新。在农村空间下，该附加值体现在农民的工资上。选取中国 2005—2014 年 31 个省市的面板数据，对农村一二三产融合对农民增收影响的门槛效应进行检验。结论表明，在农村一二三产融合促进农民增收效应模型中，存在农村人力资本水平、农村文体娱乐固定资产投资、农林牧渔固定资产投资三个门槛变量，在不同的门槛区间内，农村一二三产融合对农民收入增长的促进效应具有显著的差别；农村人力资本水平、农村文体娱乐固定资产投资、农林牧渔固定资产投资均为农村一二三产融合的单向格兰杰原因。

在分析文化创意产业与现代农业融合发展的机理的基础上，以2012—2017年中国31个省市文化创意产业与现代农业为研究对象，构建耦合协调度模型，计算各地区耦合协调程度；采用ESDA空间探索方法，分析了2012—2017年中国各省市文化创意产业与现代农业融合发展的空间相关性，得出以下结论：我国文化创意产业与现代农业耦合协调程度总体较低，各省市间差异较大。其中东南沿海地区耦合发展程度较高，空间集聚现象和溢出效应明显；而西部内陆欠发达地区耦合发展程度低，缺乏技术、资金与人才，亟须融合发展程度较高地区的资源支持和经验引导；北京、上海耦合协调程度最高，可作为文化创意产业与现代农业融合发展的风向标；四川的耦合协调程度在西部内陆地区处于领先地位，可作为带动西部欠发达地区文化创意产业与现代农业融合发展的突破口。

在城市视角下，为研究上海都市产业与二三产业融合结构的特点，选取与上海城镇化水平接近的北京、天津等9个省份，针对农业与其他产业的融合水平进行实证研究。选用相关省份的投入产出表，建立以完全消耗系数和完全分配系数为基础的指标系列，应用灰靶决策模型，计算各省份二三产业与农业的融合度系数。对计算结果进行相关性分析，并以上海为疑似离群值，其他省份为观测值，进行离群值检验。结果表明，上海农业与二三产业融合结构与观测省份有差异，且批发和零售业，租赁和商务服务业，水利、环境和公共设施管理业与农业的融合度显著高于观测省份。

第一节　乡村视角下文化创意产业的附加值

为研究农村一二三产融合对农民增收影响的具体机制，本节选取中国2005—2014年31个省市的面板数据，对农村一二三产融合对农民增收影响的门槛效应进行检验。结论表明，在农村一二三产融合促进农民增收效应模型中，存在农村人力资本水平、农村文体娱乐固定资产投资、农林牧渔固定资产投资三个门槛变量，在不同的门槛区间内，农村一二三产融合对农民收入增长的促进效应具有显著的差别；农村人力资本水平、农村文体娱乐固定资产投资、农林牧渔固定资产投资均为农村一二三产融合的单向格兰杰原因。

一、文化附加值对于农业发展的重要性

近年来，国家对于农村现代化以及产业融合发展的重视程度不断提升，2015年12月30日，国务院办公厅印发《关于推进农村一二三产业融合发展的指导意见》，首次在国家层面提出农村一二三产业融合。农村一二三产业融合是以农业为依托，通过产业联动、产业集聚、技术渗透、体制创新等方式，可以延伸农业产业链、扩展产

业范围和增加农民收入的业态（马晓河，2015），通过内部的高效配置整合，将劳动力、资本、技术等要素进行重组配置，从而整合农村中的产供销、贸工农（徐舒婷，2016）。目前，农村仍是全面建成小康社会的短板，决胜全面建成小康社会的重点是补齐农村这块短板，而农民增收是农村问题的核心（林铎，2018）。2017 年，党的十九大报告提出乡村振兴战略，把将“三农”问题解决好作为全党工作的重中之重。2018 年，中央经济工作会议将“乡村振兴”和“精准脱贫”列为未来一年经济工作的重点。乡村振兴战略的重点是产业振兴，推进农村一二三产融合发展，是拓宽农民增收渠道、加快转变农业发展方式、构建现代农业产业体系的重要途径。2017 年中央农村工作会议指出，到 2020 年，乡村振兴的目标任务是使相关政策体系和制度框架基本形成，实现全面脱贫，决胜全面小康。《中共中央国务院关于做好 2022 年全面推进乡村振兴重点工作的意见》中提到，接续全面推进乡村振兴，确保农业稳产增产、农民稳步增收、农村稳定安宁。

然而，在 2005—2014 年间，农民增收进程呈现出疲软的态势。2016 年农村居民人均纯收入达到 12363 元，但农民人均纯收入增长率为 8.823%，低于 2015 年 8.896% 的增长率，更低于 2014 年 11.234% 的增长率。要解决农村地区自我发展动力不足的难题，推动农业一二三产业融合，必须重视政府的方向引导和技术资金支持，包括政策的转型以及对城市和二三产业资源要素的引导。而在农村一二三产融合过程中，目前存在着资金不足分配不当、人才短缺以致农民增收困难的问题。2016 年末，仍有 31.3% 的村镇尚未实现集中供水，35% 的村镇没有实现对生活垃圾的集中处理，部分农村基础设施建设落后。2016 年，农村农林牧渔投资仅占全社会固定资产投资的 5.7%，这与我国农村常住人口占总人口的比例（42.6%）大幅度失调。除此之外，由于社会各界对农村一二三产业融合的认识较少，农村一二三产融合的重要组成部分文体娱乐业固定资产投资更是缺乏。同时，城镇化的强力推进意味着大量具有技术和管理知识的农村青年向城镇迁移，农民素质远不能适应农村产业融合发展的需要。

农村一二三产业融合能够逐渐改变传统农业的生产方式、生活状态和利益联结机制，推动农产品加工业转型升级、农产品流通市场的建设、休闲农业的发展以及田园综合体的建设，有效实现农民增收。农村一二三产融合作为农民增收的重要途径以及中国农村的新型发展道路，目前仍处于发展探索初期，政府对农村一二三产融合进程的科学支持以及引导十分重要，因此农村一二三产业融合对农民增收的作用机制亟待深入研究。各省市之间存在着经济发展水平、技术水平、农业基础等具体条件的不同，农村一二三产融合道路没有统一的模式，为达到通过农村一二三产融合发展实现农民长效增收的目的，需要经过理论和实践的双重检验，才能找出具体到地方的可行有效的融合机制、发展模式以及政策指导计划。

农村一二三产融合归根结底是各方面资金、人力资本、技术水平的多样化再组合，对农民增收具有多变复杂的促进机制。目前对农村一二三产融合促进农民增收机制的研究较少。在理论经济学领域，黄祖辉（2015）认为农村一二三产融合可以通过适度以及多类型规模经营、农业服务体系多元化和建立农业纵向融合利益和经营机制促进农民增收；苏毅清等（2016）认为农业一二三产融合对农民增收的作用机制在于资源有效利用、交易费用降低、产业结构升级、规模效应四个方面；徐舒婷（2016）认为农村一二三产融合可以延长产业链条以转移剩余劳动力、发挥农业多功能性以增加农产品附加值并激活生产要素创新组织方式，从而促进农民收入增长。在计量及实证检验领域，徐舒婷（2016）选取浙江省11个地级市的面板数据，采用基本的固定效应模型进行线性分析，发现农村一二三产融合度的提高会显著促进农民增收。

现有研究基本上证实了农村一二三产融合对农民收入具有增长效应，但仍有较大创新提升的空间。第一，已有研究均立足于区域同质性的假设下，利用线性回归模型考察农村一二三产融合对农民收入的影响，但未考虑不同区域之间的资源禀赋差异，尤其是没有重视作为农村一二三产融合过程中一二三产业耦合发展的主体人力资本以及载体文体娱乐资本和农林牧渔固定资产的区域差异。第二，已有研究多假设农村一二三产融合对农民增收的效应影响是线性的，与理论和实际均有所偏离。事实上，在农村一二三产融合进程不断推动的长期过程中，随着政府政策支持、社会投资以及需求带动，各类资源不断进入农村，过量同类资源的增加会造成资源的边际产出的下降，加之资源禀赋结构、示范效应等诸多因素的叠加，农村一二三产融合对农民增收的机制可能更为复杂。基于此，本书立足于柯布道格拉斯函数，在分析农民收入增加的机理基础上，运用2005—2014年全国31个省市的面板数据，设置门槛变量，进行非线性门槛回归，分析农村一二三产融合推动农民增收的具体机制。研究结论可为政府在农村一二三产融合过程中提高投资效率、推动农民增收提供理论基础和决策参考。

二、理论分析与模型构建

在宏观视角下，农民收入等于农村产出。为合理计量农民收入，本书引用柯布道格拉斯函数并对其进行拓展。近年来农村一二三产融合进程不断发展，政府及民间各类资本，包括农林牧渔固定资产、文体娱乐固定资产不断增加，将式（1）中的原始柯布道格拉斯函数扩展为式（2）：

$$\ln Y = \ln A + \alpha \ln K + \beta \ln L \quad (1)$$

$$\ln Y = \beta_0 + \beta_1 \ln K_1 + \beta_2 \ln K_2 + \beta_3 \ln L + \beta_4 \ln coll + \mu \quad (2)$$

式（1）中 Y 表示产量，K 表示投入的资本量，L 表示投入的劳动量，α、β 表示 K 和 L 的产出弹性。A 表示技术水平，同时也可以理解为效率参数，表示那些能够影响产量，但既不能单独归属于资本也不能单独归属于劳动的因素。式（2）中 Y 表示农民收入，K_1 表示农林牧渔业资本投入，K_2 表示文体娱乐业资本投入，L 表示农村劳动力数量，$coll$ 表示影响资本、劳动转化为产出进而转化为农民收入的因素总合，本书中 $coll$ 包括农村一二三产融合程度、人力资本水平以及农业技术水平。影响农民收入的因素主要包括两个部分，一部分是资本投入、劳动力投入以及技术水平，另一部分主要是农村一二三产融合发展模式。

1. 在设立门槛效应模型前，本书先对农村一二三产融合进程中农民增收机理进行简要分析

农村一二三产业融合主要强调一、二、三产业间资本、技术及人才的耦合互动，实现产业联动和业态创新，与人力资本水平、农林牧渔固定资产投资以及文体娱乐资产投资具有较强的相关性：

第一，人力资本水平影响农村一二三产融合推动农民增收的机制。农村劳动力作为农业一二三产融合的参与主体，是资本和技术的使用者和整合者。在一二三产融合过程中，只有农村劳动力具有较高的知识水平，对农村一二三产融合重要性以及发展模式有科学的认识，并且具有学习新业态运营模式较强的能力，才能有效整合农村资源，吸收借鉴融合进程中的成功经验和失败教训，实现资源的高效使用以及业态的不断创新，如此可以最大程度地发挥农村一二三产融合对农民增收的作用；反之，如果农民受教育程度较低，对于农村一二三产融合度认识度和接受度不足，无法合理使用农村资源，则无法发挥出农村一二三产融合对增加农民收入的最大效应。

第二，文体娱乐作为农村一二三产融合过程中新业态创造的主要来源以及农林牧渔业进行产业联结、耦合发展的主要产业，其固定资产投入也会影响农村一二三产融合对农民增收的机制。文体娱乐业在农村的发展目前仍处于初期，并未完全成熟。因此，若对于

文体娱乐业的固定资产投资达到一定数量，实现资源的合理配比和高效利用，充分与农业以及旅游业等进行组合，则可以对农民增收产生较好的推动作用；若文体娱乐业固定资产投入较少，造成农村本可以与文体娱乐结合的资源的闲置或是低效组合，则无法发挥对农民增收的最大效益。

第三，农林牧渔业作为农村产业基础，是农村一二三产融合进程中发展较为成熟的环节，其作用机制更为复杂。只有当农林牧渔业固定资产投资处于合理的既不过高又不过低的区间内，才能够高效推动农民增收。若农林牧渔固定资产投资较低，则无法推动农村的非农就业，大部分劳动力必须依附于农林牧渔业，通过传统农业实现农民收入缓慢增长；若农林牧渔固定资产投入过高，根据资产的边际收益递减规律，农林牧渔业的收益增长速度减缓，且农林牧渔的过多固定资产投资也挤压了二三产业在农村的发展，因此无法在农村一二三产融合进程中高效地增加农民收入。

在理论分析的基础上，为解决农村一二三产融合推动农民增收过程中存在的非线性问题，本书利用 Hansen（1999）面板门槛回归模型考察农村一二三产融合对农民增收作用机制的门槛特征。在面板门槛模型中，基于面板数据采取自抽样法，根据变量变化规律内生地选取门槛值和门槛区间，并采用 bootstrap 方法对门槛值的统计显著性进行估计。回归系数根据门槛变量的不同取值而变化，即门槛变量将观测值分组，组内的观测值同质，而组间的观测值异质，因而所得结果更为客观。

如果存在一个门槛水平 r，使得对于 $X_{it}>r$ 与 $X_{it}\leqslant r$ 时，农村一二三产融合对农民增收的作用机制存在显著的差异，那么设虚拟变量 D_{it} 使其满足式（3）：

$$\begin{cases} D_{it}=0,\ X_{it}\leqslant r \\ D_{it}=1,\ X_{it}>r \end{cases} \tag{3}$$

根据上述农村一二三产融合对农民增收的影响效应，分别以农村文体娱乐固定资产投资、农林牧渔固定资产投资和农村人力资本水平为门槛变量，构建门槛回归模型如式（4）：

$$\ln income_{it}=\alpha_0+\alpha_1 D_{it}\ln mix_{it}+\alpha_2(1-D_{it})\ln mix_{it}+\alpha_3\ln tech_{it}+\alpha_4\ln hum_{it}+\alpha_5\ln invest_{it}+\alpha_6\ln newcul_{it}+\alpha_7\ln popu_{it}+\mu+\eta \tag{4}$$

式（4）为存在一个门槛值的情况，如果存在两个或以上的门槛值，则可以依照式（4）的设定形式类推。为方便起见，本书下文省略了下标 *it*。

2. 数据样本和变量说明

考虑到数据的可得性以及质量，本书选择2005—2014年中国31个省市的数据，实证检验农村一二三产融合对农民收入影响的门槛效应。数据来源于国家统计局以及各省市统计年鉴，为省级平衡面板数据。

式（4）中，相关变量说明如下：

第一，农村一二三产融合度（*mix*）测度：本书引用徐舒婷（2016）对浙江省各区县农村一二三产融合度测量的指标评价体系，对相关指标进行标准化处理，再进行等比重加权，最终得出各省市2005—2014年的农业一二三产融合指数。其中，2005—2014年全国农村一二三产融合度总平均值为0.612488，高于全国平均值的省市有北京、河北、辽宁、吉林、黑龙江、江苏、浙江、福建、山东、河南、湖北、湖南以及广东，主要集中于农业本身发达地区及东部沿海经济较发达地区，而中西部经济欠发达地区的农村一二三产融合度偏低；将目光聚焦到2014年，2014年全国平均农村一二三产融合度为0.725594，高于全国平均值的省市有北京、天津、河北、辽宁、黑龙江、上海、江苏、浙江、福建、山东、河南、湖北、广东以新疆，说明天津、上海以及新疆的农村一二三产融合进程速度较快，也印证了经济发展水平和政策支持是农村一二三产融合的重要推动力。第二，各省市农民收入（*income*）：为防止与乡村劳动力人数（*popu*）产生共线性的问题，此处以农民人均纯收入代表各省市农民收入。第三，各省市农民人力资本水平（*hum*）：人力资本水平主要由教育水平决定，考虑到数据的可得性，本书选取各省市对农村教育投入代表农村人力资本水平。第四，各省市农林牧渔业固定资产投资（*invest*）。第五，各省市农村文体娱乐固定资产投资（*newcul*）。第六，各省市农村劳动力人数（*popu*）。第七，农业技术水平（*tech*），结合数据的可得性，以农民计算机拥有率测度。μ表示个体效应，η表示模型的随机误差，随省市和年份变化。

为削弱数据的异方差性，本书回归模型所使用的数据均取对数形式。该模型相当于一个针对农业收入增长效应的分段函数模型，门槛依赖变量为农村一二三产融合度（ln *mix*），门槛变量分别为农村文体娱乐固定资产投资（ln *newcul*）、农民人力资本水平（ln *hum*），以及农林牧渔业固定资产投资（ln *invest*）。如果门限值 r 的选择分段是适当的，则模型会取得显著的回归结果。

3. 描述性统计分析

表 7-1 为描述性统计。其中值得注意的有：第一，2005—2014 年全国平均对农林牧渔业的固定资产投资为 $e^{4.340554}$，远高于对于农村文体娱乐业的固定资产投资 $e^{3.966583}$，说明目前我国对于农村文体娱乐业发展的重视程度还比较低；第二，农村农林牧渔业、文体娱乐以及农村教育的投资三个变量的标准差都比较大，说明各省市这三类投资具有较大的地区差异和时间变化。

表 7-1　变量描述性统计

变　量	均　值	标准差	最小值	最大值
ln *income*	8.649955	0.5212636	7.53743	9.961362
ln *mix*	− 0.522401	0.2590409	− 1.195674	− 0.0773131
ln *tech*	− 0.6169238	0.4728212	− 1.558016	0.8218201
ln *invest*	4.340554	1.460624	0.0676587	7.142669
ln *newcul*	3.966583	1.14595	0	6.75713
ln *popu*	7.315851	0.9810544	5.327876	8.780327
ln *hum*	4.477653	0.8879318	1.597365	6.250226

注：各变量观测值均为 310 个。

（1）门槛条件检验

首先对式（4）的门槛效应进行检验，为了选择恰当的门槛个数和门限值，依次估计线性模型、单门槛模型、双门槛模型和三门槛模型。根据 Hansen（1999），采用格点搜寻法以判断使上述模型的残差平方和最小的门槛值。设各个模型的残差平方和为 RSS_0、RSS_1、RSS_2、RSS_3，模型的回归方差为 σ_0^2、σ_1^2、σ_2^2、σ_3^2。门槛个数的设定检验依次进行。首先检验线性模型，其原假设为线性模型，备择假设为单门槛模型，检验统计量 F 为 $\frac{RSS_0 - RSS_1}{\sigma_1^2}$。若拒绝原假设，则继续检验单门槛模型，其原假设为单门槛模型，备择假设为双门槛模型，检验统计量为 $\frac{RSS_1 - RSS_2}{\sigma_2^2}$，以此递推，直到接受原假设。然而，由于存在冗余参数，检验统计量 F 不服从标准分布。因此，采用自举法计算统计量 F 的临界值，使自举次数为 300 次。表 7-2 给出各门槛条件检验的 F 值、p 值，以及在 10% 显著性水平下的临界值。

在模型分析时，以农村一二三产融合度（ln *mix*）为核心解释变量，分别以农民人力资本水平（ln *hum*）、农村文体娱乐固定资产投资（ln *newcul*）、农林牧渔业固定资产投资（ln *invest*）为门槛变量，记为模型 1、模型 2 与模型 3，考察并检验核心解释变量（ln *mix*）增加农民收入（ln *income*）的效应。三个模型的门槛效应检验结果见表 7-2，依此可分别判断出三个模型的门槛个数。具体来看，模型 1、模型 2 都只通过了单门槛的在 90% 置信度下的显著性检验，没有通过双门槛和三门槛的显著性检验，说明模型 1、模型 2 都存在一个门槛值；模型三在 90% 的置信度下通过了双门槛的显著性检验，但没有通过三门槛的显著性检验，说明模型 3 存在两个门槛值。

表 7-2　农村一二三产融合推动农民增收效应各影响因素门槛效应检验

模型假设		农村人力资本水平门槛效应检验（模型 1）			农村文体娱乐固定资产投资门槛效应检验（模型 2）			农林牧渔固定资产投资门槛效应检验（模型 3）		
原假设	备择假设	F 值	p 值	10%	F 值	p 值	10%	F 值	p 值	10%
线性模型	单门槛模型	27.77	0.0733	25.1568	31.35	0.0167	20.0462	35.55	0.0467	29.8751
单门槛模型	双门槛模型	13.62	0.2767	19.6917	11.64	0.3500	17.7814	26.07	0.0700	24.1321
双门槛模型	三门槛模型	6.47	0.7833	18.1310	7.97	0.7433	21.2459	8.20	0.8767	31.2266

注：“10%”表示在 10% 显著性水平下的临界值。

（2）门槛值估计及区域划分

门槛条件通过显著性检验之后，需要对门槛模型中的门槛值进行识别。表 7-3 报告了三个模型的门槛变量分别的点估计值及其对应的 90% 置信区间。由表 7-3 可知，三个模型的各个门槛值分别对应的 90% 置信区间范围都比较窄，门槛效应识别效果较为显著；同时，当三个模型的门槛值都处于其相应的置信区间内，显然比值都小于 10% 显著性水平下的临界值。因此，推断三个模型的门槛值都等于真实门槛值。

表 7-3　门槛估计值及其置信区间

门槛变量	模型类型	门槛估计值		90% 置信区间
ln *hum*	单一门槛模型	3.8550		[3.8022，3.8603]
ln *newcul*	单一门槛模型	3.3481		[3.2625，3.3485]
ln *invest*	双重门槛模型	第一个门槛值	0.3293	[0.2985，0.3323]
		第二个门槛值	5.8417	[5.7971，5.8638]

根据识别出的门槛值，分别将各省市以三个门槛变量划分区域，其中以农村人力资本水平划分为两个区间，以农村文体娱乐固定资产投资划分为两个区间，以农林牧渔固定资产投资划分为三个区间。表 7-4 描述了 2005 年和 2014 年各省市农村人力资本水平、农村文体娱乐固定资产投资、农林牧渔固定资产投资区域分布格局。由表 7-4 可知，随着时间的推移，处于低水平门槛区间的省级行政单位数量不断减少；处于高水平门槛区间的省级行政单位数量不断增加。以农村人力资本水平为门槛变量，至 2014 年，尚未跨过门槛的省级行政单位减少至 3 个；以农村文体娱乐固定资产投资为门槛变量，至 2014 年，尚未跨过门槛的省级行政单位减少至 3 个；以农林牧渔固定资产投资为门槛变量，至 2014 年，所有省级行政单位都跨越了第一个门槛值，其中已有 18 个省级行政单位跨越了第二个门槛值。由此可见，各地区 2005—2014 年的人力资本水平、文体娱乐固定资产投资、农林牧渔固定资产投资均有不同程度的提高。

表 7-4　2005 年和 2014 年中国各省市农村人力资本水平、农村文体娱乐固定资产投资、农林牧渔固定资产投资区域分布格局

门槛变量	分组依据	2005 年	2014 年
农村人力资本水平	低农村人力资本水平区域（ln *hum*≤3.8550）	天津市，山西省，内蒙古自治区，吉林省，海南省，贵州省，云南省，西藏自治区，甘肃省，青海省，宁夏回族自治区，新疆维吾尔自治区	海南省，青海省，西藏自治区
	高农村人力资本水平区域（ln *hum*＞3.8550）	北京市，上海市，重庆市，河北省，辽宁省，黑龙江省，江苏省，浙江省，安徽省，福建省，江西省，山东省，河南省，湖北省，湖南省，广东省，四川省，陕西省，广西壮族自治区	北京市，天津市，上海市，重庆市，河北省，山西省，辽宁省，吉林省，黑龙江省，江苏省，浙江省，安徽省，福建省，江西省，山东省，河南省，湖北省，湖南省，广东省，四川省，贵州省，云南省，陕西省，甘肃省，内蒙古自治区，广西壮族自治区，宁夏回族自治区，新疆维吾尔自治区
农村文体娱乐固定资产投资	低农村文体娱乐固定资产投资区域 ln *newcul*≤3.3481）	天津市，山西省，内蒙古自治区，吉林省，黑龙江省，福建省，江西省，湖北省，湖南省，广西壮族自治区，海南省，重庆市，四川省，贵州省，云南省，西藏自治区，陕西省，甘肃省，青海省，宁夏回族自治区，新疆维吾尔自治区	西藏自治区，青海省，宁夏回族自治区
	高农村文体娱乐固定资产投资区域（ln *newcul*＞3.3481）	北京市，河北省，辽宁省，上海市，江苏省，浙江省，安徽省，山东省，河南省，广东省	北京市，天津市，上海市，重庆市，河北省，山西省，辽宁省，吉林省，黑龙江省，江苏省，浙江省，安徽省，福建省，江西省，山东省，河南省，湖北省，湖南省，广东省，海南省，四川省，贵州省，云南省，陕西省，甘肃省，内蒙古自治区，广西壮族自治区，新疆维吾尔自治区

（续表）

门槛变量	分组依据	2005 年	2014 年
农林牧渔固定资产投资	低农林牧渔固定资产投资区域（ln *invest*≤0.3293）	北京市，上海市	
	中农林牧渔固定资产投资区域（0.3293<ln *invest*≤5.8417）	天津市，重庆市，河北省，山西省，辽宁省，吉林省，黑龙江省，江苏省，浙江省，安徽省，福建省，江西省，山东省，河南省，湖北省，湖南省，广东省，海南省，四川省，贵州省，云南省，陕西省，甘肃省，青海省，内蒙古自治区，广西壮族自治区，西藏自治区，宁夏回族自治区，新疆维吾尔自治区	北京市，天津市，上海市，江苏省，浙江省，广东省，广西壮族自治区，海南省，贵州省，西藏自治区，青海省，宁夏回族自治区，新疆维吾尔自治区
	高农林牧渔固定资产投资区域（ln *invest*>5.8417）		重庆市，河北省，山西省，辽宁省，吉林省，黑龙江省，安徽省，福建省，江西省，山东省，河南省，湖北省，湖南省，四川省，云南省，陕西省，甘肃省，内蒙古自治区

（3）门槛模型回归结果与分析

门槛值确定后，即可对模型 1、2、3 分别对应的非线性门槛模型进行参数估计。同时，为便于比较，本书也采用普通线性固定效应模型进行估计[①]。普通线性固定效应模型参数估计结果如表 7-5 所

① 使用 Hausman 检验后确定，应采用固定效应模型。

示，分别以农村人力资本水平、农村文体娱乐固定资产投资、农林牧渔固定资产投资为门槛变量进行的非线性门槛回归估计结果如表 7-6 所示。

表 7-5　2005—2014 年农民增收效应线性固定效应估计结果

ln *income*	系　数	标准误	*t* 统计量
ln *mix*	1.028341***	0.1009327	10.19
ln *tech*	0.5127485***	0.0546113	9.39
ln *invest*	0.1122589***	0.0105687	10.62
ln *hum*	0.0249563	0.0230249	1.08
ln *popu*	− 0.3862001***	0.1381868	− 2.79
ln *newcul*	0.0518599***	0.0165904	3.13
常数项	11.52415	1.051346	10.96
R^2	0.3744		
个体效应	*F*（30273）= 118.95***		

注：***、** 和 * 分别表示在 1%、5% 及 10% 的显著性水平上成立。

由表 7-5 及表 7-6 可知，不论是采用固定效应模型还是门槛模型，各个解释变量的估计系数符号及显著性基本一致，且各系数基本均在 10% 的水平内显著，可见本书估计结果较为稳健。此外，三个门槛模型都在 1% 的显著性水平下通过了总体显著性检验，证明了门槛效应的存在性。在固定效应模型中，人力资本水平的估计系数没有通过 10% 水平上的显著性检验，人力资本水平没有有效的转化为农民收入的增长，但在以人力资本水平为门槛变量的模型 1 中人力资本水平的估计系数通过了 5% 的显著性检验，在以农村文体娱乐固定资产投资为门槛变量的模型 2 中人力资本水平的估计系

表 7-6　2005—2014 年农民增收效应“门槛特征”结果

门槛变量	农村人力资本水平（ln *hum*）		农村文体娱乐固定资产投资（ln *newcul*）		农林牧渔固定资产投资（ln *invest*）		
门槛值	$r \leqslant 3.8550$	$r > 3.8550$	$r \leqslant 3.3481$	$r > 3.3481$	$r \leqslant 0.3293$	$0.3293 < r \leqslant 5.8417$	$r < 5.8417$
ln *mix*	1.034697***	1.225969***	1.108942***	1.26734***	0.5327464***	1.087659 ***	0.8534182***
ln *tech*	0.4784507***		0.5107572 ***		0.4242603***		
ln *invest*	0.1011612***		0.0945292***		0.1122286***		
ln *hum*	0.0537366**		0.034636*		0.0177982		
ln *popu*	− 0.2339469*		− 0.2841829***		− 0.2293769*		
ln *newcul*	0.0559568***		0.0734814**		0.0589689 ***		
常数项	10.37518***		10.82048***		10.34223***		
R^2	0.4659		0.4425		0.4587		
个体效应	*F*(30272) = 121.78***		*F*(30272) = 128.23***		*F*(30271) = 136.51***		

注：***、** 和 * 分别表示在 1%、5% 及 10% 的显著性水平上成立。

数通过了 10% 的显著性检验。与固定效应模型相比，三个门槛模型的拟合优度均得到明显提高，说明门槛模型能够更好地解释农业一二三产融合度与农民收入之间存在的关系。若采用普通固定效应模型，门槛效应被忽略，则农村一二三产融合对农民增收的内在机制无法得到准确解释，因此，本书接下来重点讨论表 7-6 中三个门槛模型的估计结果。

首先，关注控制变量。在线性固定效应模型以及三个门槛模型中，农业科技水平对应的估计系数均在 1% 的水平上显著，且均为正数，说明农业科技水平的提高能够显著促进农民收入的增长，原因是农业科技水平的提高促进了农业生产效率的提高，释放了农村劳动力流向二三产业以及一二三产融合产生的新业态；农村劳动力人数对应的估计系数在 10% 的水平上显著，且均为负数，说明了在控制变量的条件下，农村劳动力人数的增加会显著地抑制农民收入的增加。中国农村由于人口基数大，人地矛盾明显，劳动力剩余问题严重，若不推动农业一二三产融合，农村维持传统农业为主的产业结构，没有实现剩余劳动力的科学转移，则会导致不充分就业和隐蔽性失业的问题，影响农民收入的提高。

其次，重点分析农村一二三产融合对农民增收的门槛效应。由表 7-6 可知，三个门槛模型分别根据农村人力资本水平、农村文体娱乐固定资产投资、农林牧渔固定资产投资的高低，将整个样本划分门槛区间，且在不同区间内，农村一二三产融合度对农民增收的估计系数显著不同。三个模型中，随门槛变量取值的变化，农村一二三产融合对农民增收的贡献都呈现显著的门槛效应。

在模型 1（以农村人力资本水平为门槛变量）中，根据农村人力资本水平的高低，将样本划分为两个门槛区间，农业一二三产融合对农民增收影响的估计系数均为正数且在 1% 的水平上显著。随着农村人力资本水平的提高，农村一二三产融合对农民增收的贡献呈现出显著的单一门槛效应。具体来看，当农村人力资本水平低于门槛值 $e^{3.8550}$ 时，农业一二三产融合对农民增收影响的估计系数为 1.034697；当农村人力资本水平高于门槛值 $e^{3.8550}$ 时，农业一二三产融合对农民增收影响的估计系数为 1.225969，意味着如果农村人力资本水平越过了门槛值，则农业一二三产融合度每提高 1%，农民增收幅度会由 1.034697% 提高到 1.225969%，农村一二三产融合对于农民增收的促进作用才能够得到有效释放。农村一二三产融合能否有效促进农民增收，受到农村人力资本水平的制约，这与本书之前的理论假设相符，农民作为整合农村资源、经营农村一二三产业、促进产业联动的主体力量，人力资源水平的高低显著地影响农村一二三产融合推动农民增收的效率。

在模型 2（以农村文体娱乐固定资产投资为门槛变量）中，根据农村文体娱乐固定资产的多少，将整个样本划分为两个门槛区间，农村一二三产融合对农民增收影响的估计系数均为正数且在 1% 的水平上显著。当农村文体娱乐固定资产投资低于 $e^{3.3481}$ 时，农村一二三产融合对农民增收影响的估计系数为 1.108942，在此区间内，农村一二三产融合度每提高 1%，农民增收 1.108942%；当农村文体娱乐固定资产投资高于 $e^{3.3481}$ 时，农村一二三产融合对农民增收影响的估计系数为 1.26734，在此区间内，农村一二三产融合度每提高 1%，农民增收 1.26734%。当农村文体娱乐固定资产投资越过门槛值 $e^{3.3481}$ 时，农村一二三产融合能够更高效地推动农民增收。这可能是因为，农村文体娱乐业作为农村一二三产融合进程中新业态的主要承担者，农林牧渔业主要通过与文体娱乐业进行融合以及联结产生出新价值，而文体娱乐业在农村中的发展仍处于初期，而农林牧渔业发展已经较为成熟，在融合发展过程中，当文体娱乐投资达到一定量，即门槛值时，农村文体娱乐业实现与农林牧渔业的充分结合利用，以此达到农村一二三产融合推动农民收入增加的较高效率。

在模型 3（以农林牧渔业固定资产投资为门槛变量）中，根据农林牧渔固定资产的多少，将整个样本划分为三个门槛区间，农村一二三产融合对农民增收影响的估计系数均为正数且在 1% 的水平上显著。农林牧渔业固定资产投资量存在着两个门槛值，在农林牧渔业固定资产投资额处于三个不同门槛区间时，农村一二三产融合对农民的增收效应也显著不同。只有农林牧渔固定资产投资处于一定的合理区间（$e^{0.3293} < invest \leqslant e^{5.8417}$）时，农村一二三产融合对于农民增收的影响才是高效的，当农村一二三产融合度增加 1%，农民增收 1.087659%。若农林牧渔固定资产投资低于该合理区间，农村一二三产融合度 1% 的增加只能带来农民收入 0.5327464% 的增长，

可能因为农林牧渔固定资产过少，导致农林牧渔业的生产效率低下，农村劳动力固守田园不向非农产业流动，导致农民收入增长速度缓慢；若农林牧渔固定资产投资高于该合理区间，农村一二三产融合度 1% 的增加只能带来农民收入 0.8534182% 的增长，可能是因为过多的农林牧渔投资挤压了农村一二三产融合过程中二三产业的发展，同时，过多的农林牧渔固定资产可能造成农林牧渔业边际产出的下降。由此，在农村一二三产融合的过程中，农林牧渔固定资产投资应当控制在合理的区间内。

4. 进一步分析

由三个门槛回归模型可知，农村一二三产融合对农民的增收效应受农村人力资本水平、农村文体娱乐固定资产投资、农林牧渔固定资产投资的影响和制约。因此，合理进行假设：农村人力资本水平、农村文体娱乐固定资产投资、农林牧渔固定资产投资通过影响农村一二三产融合进程从而推动农民增收。基于此假设，本书对农村一二三产融合度（$\ln mix$）与农村人力资本水平（$\ln hum$）、农村文体娱乐固定资产投资（$\ln newcul$）、农林牧渔固定资产投资（$\ln invest$）之间进行格兰杰因果关系检验。本书选择滞后阶数为 1 阶①，格兰杰因果检验结果如表 7-7 所示。由表 7-7 可知，农村人力资本水平、农村文体娱乐固定资产投资、农林牧渔固定资产投资是

① 格兰杰检验方法可检验指标之间的短期关系。本书面板数据已经通过单位根检验和协整检验，详细相关结果见附件 1。根据单位根检验中达到平稳结果的差分阶数，确定滞后阶数为 1 阶。

农村一二三产融合的单项格兰杰原因，农村一二三产融合度不是农村人力资本水平、农村文体娱乐固定资产投资、农林牧渔固定资产投资的单项格兰杰原因。农村人力资本水平、农村文体娱乐固定资产投资、农林牧渔固定资产投资与农村一二三产融合度之间存在着单向格兰杰因果关系。这说明农村人力资本水平、农村文体娱乐固定资产投资、农林牧渔固定资产投资可以对农村一二三产融合度产生影响。

表 7-7　格兰杰检验结果

假　　设	*P* 值
d. ln *hum* 不是 d. ln *mix* 的格兰杰原因	0.0029
d. ln *newcul* 不是 d. ln *mix* 的格兰杰原因	0.0035
d. ln *invest* 不是 d. ln *mix* 的格兰杰原因	0.0033
d. ln *mix* 不是 d. ln *hum* 的格兰杰原因	0.2785
d. ln *mix* 不是 d. ln *newcul* 的格兰杰原因	0.2021
d. ln *mix* 不是 d. ln *invest* 的格兰杰原因	0.8845

第二节　乡村视角下耦合分析

本节在已有研究的基础上进一步分析，将产业融合与地理经济的视角结合起来，文化创意产业与现代农业耦合发展形成的新业态极有可能形成地理上的集聚效应，但又不是简单的地理集聚，因为产业融合发展不仅依赖于基础设施、人才市场、配套服务、地方供给等要素，而且还依赖于社会关系和利于创新的地方环境，受到社会结构和行为者网络的影响，并不完全受传统经济地理的区域限制。基于此，本节采用ESDA分析法，从实证角度精确衡量中国各省市文化创意产业与现代农业的产业融合过程中的互相作用机制以及空间相关性，为各省市文化创意产业和现代农业融合发展以及地区间的互助共赢提供具体可行的政策建议。

一、文化创意产业与现代农业融合发展机理分析

农业作为国民经济的基础，其现代化转型发展的重要性已提升到了中国的国家战略地位。党的二十大报告再次对推进乡村振兴作出了深刻论述和全面部署，并提出加快构建现代农业的生产体系、经营体系和产业体系，以推动产业优化和升级。在当代的新经济形势下，农业现代化升级已经由农业价值链内优化变为价值链间优化，而文化创意产业作为高附加值、低能耗、辐射力强的新兴产业，与农业的跨产业合作和要素共享能够催生现代农业新业态、新模式和新路径的开辟和发展，形成开放、共享的系统。文化创意产业的现代商业模式与地域特色农业形态有机结合，形成创意农业产业链，同时开辟农村旅游新业态，可以形成具有地方特色的文化品牌，增加价值空间，以达到现代农业“1 + 2 + 3 = 6”的效果。然而，从产业融合视角看，当前我国农业与文化产业的融合发展程度低于其

他行业，仍具有较大的融合空间[①]；从空间视角看，文化创意产业根植于区域形态及特色，为现代农业的多样化发展提供文化符号和创意元素支持。由于各省市文化创意产业与现代农业发展路径各具特色且发展水平不同，各省市文化创意产业与农业的融合水平也各不相同。

耦合是指两个或两个以上产业在发展进程中，由于运行机制、关键要素等之间的相互作用和关联，导致产业间出现相互影响、彼此联合，最终实现产业间各要素紧密配合的现象。文化创意产业与现代农业的融合发展的实现需要通过软实力、硬实力两方面的多种要素的相互渗透和交叉，通过两产业间的互补和延伸，形成新的产品和业态[②]。产业聚集与品牌创造的共同作用会形成磁场，产生凝聚要素的力量[③]。

从软实力融合方面看，耦合情况下，现代农业可以开发出新型地理文化异质性空间，在原有农产品销售、农业加工品销售、休闲农业、景点游、农家游、传统文化节庆游的基础上，横向扩展到特色文化创意产业加工品、沉浸式情境体验、创意文化和个性游等优质品牌业态，如上海浦东的乡传南泥湾、天津的齐心蘑法小镇、福

---

① 周锦、邱红：《基于灰色理论的我国文化产业融合发展研究》，《阅江学刊》2015 年第 5 期。

② Yuan Jun：*A study on the interactive development patterns of tourism and cultural industries in Shenzhen*，*Tropical Geography*，2011（1）.

③ 熊爱华：《区域品牌与产业集群互动关系中的磁场效应分析》，《管理世界》2008 年第 8 期。

建泉州的清境桃源，均为品牌化的高品质文创农业综合体。农村的形象定位和该地区拥有的自然资源、人文资源紧密相关。经营合作、价值链整合和政策引导能够促使新发展路径的开发。从人才培养角度看，文化创意产业属于服务型、创新型产业，实现与现代农业的融合，需要培养和引进管理、技术和服务人才。从品牌宣传角度看，现代农业与文化创意产业因素融合形成的新业态为达到树立品牌、吸引消费者的目标，必然需要信息产业和传播业的支持。因此，文化创意产业与现代农业的融合发展凝聚文化、信息服务和农业科技的相关要素。

从硬实力融合方面看，文化创意产业与现代农业的融合也是实现资源整合、产品创新和新业态生长的联动发展的过程。资源整合方面，现代农业的自然资源、人文景观就包含了可以为文化创意产业所取用并加以包装、宣传和经营的元素，使得原本第一产业的资源不再局限于第一产业，而在第三产业中得到了良好的价值再创造，实现了资源的整合与共享。产品设计方面，注入文化创意元素的区域特色农产品及农业加工品吸引消费者，是两产业融合的结合点之一。设施投资和建设方面，文化创意产业与现代农业的融合会带动新业态的产生，并以当地特色为基础对农村进行改良，如云南普者黑的文化创意农业旅游基地、广东汕头的丹樱生态园、四川攀枝花的阿署达花香果园区，都是基于各地特色建立的农村情景式体验基地，重点突出，保证了各地区的高辨识度和高记忆度。

可见，在文化创意产业与现代农业的融合发展进程中，各要素密切相关、相互关联，因此，本书采用耦合原理对文化创意产业与现代农业的融合发展进行定量分析。为避免耦合度只能反映系统间关联程度大小而不能反映各系统的发展水平的缺陷，本书采用耦合协调度进行分析，既能够反映系统间的相互作用关系，又能够反映各系统的水平高低。

二、耦合协调度指标选取与模型构建

1. 指标选取

根据典型性、科学性、可获取性、动静结合原则进行文化创意产业系统和现代农业系统的指标选取，构建两产业融合发展的耦合协调度评价指标体系，如表 7-8 所示。除体现区域产业规模的总量指标外，本指标体系选择了更多能够反映各区域不同级别水平的相对指标，以降低区域产业规模不同造成的误差。一级指标共分为四类，分别为产业规模、产业结构、产业效率和产业潜力。数据来源于 2012—2017 年《中国统计年鉴》《中国农村统计年鉴》《文化及相关产业统计年鉴》，以及各省市统计年鉴及统计公报，经过整理后得出。其中 X_{12} 文化及相关产业全要素生产率（TFP）是指剔除要素投入（资本和劳动）贡献后所得到的残差，衡量除劳动和资本投入之外的技术、能力等导致的产出增加；X_{18} 文化消费环境指数、X_{19} 文化消费能力指数、X_{20} 文化消费满意度指数来源于 2012—2017 年中国人民大学发布的中国各省市文化产业系列指数。

表 7-8　文化创意产业与现代农业发展指标

产业	一级指标	二级指标	产业	一级指标	二级指标
文化创意产业	产业规模	X_1 文化市场营业总收入（千元）	现代农业	产业规模	Y_1 农林牧渔业及服务业总产值（亿元）
		X_2 文化市场从业人员数（人）			Y_2 农业从业人数（万人）
		X_3 文体娱乐固定资产投资（万元）			Y_3 农村固定资产投资（万元）
		X_4 文化艺术科技科研机构数（个）			Y_4 民俗户数量（户）
		X_5 人均文化事业费（元）			Y_5 农业观光园数量（个）
	产业结构	X_6 文化创意和设计服务企业营业收入占文化市场营业总收入比重（%）		产业结构	Y_6 种植业生产总值占农业及相关服务业生产总值比重（%）
		X_7 文化休闲娱乐服务相关企业营业收入占文化市场营业总收入比重（%）			Y_7 林业生产总值占农业及相关服务业生产总值比重（%）
		X_8 文化艺术服务企业营业收入占文化市场营业总收入比重（%）			Y_8 畜牧业生产总值占农业及相关服务业生产总值比重（%）
		X_9 文化信息传输服务企业营业收入占文化市场营业总收入比重（%）			Y_9 渔业生产总值占农业及相关服务业生产总值比重（%）
		X_{10} 其余文化相关企业营业收入占文化市场总营业收入比重（%）			Y_{10} 其他农村服务业生产总值（包括餐饮、住宿、旅游业）占农业及相关服务业生产总值比重（%）
		X_{11} 文化市场营业收入占全省（市）营业收入比重（%）			Y_{11} 农业总产值占各省（市）GDP 比重（%）

（续表）

产业	一级指标	二级指标	产业	一级指标	二级指标
文化创意产业	产业效率	X_{12} 文化及相关产业全要素生产率（TFP）	现代农业	产业效率	Y_{12} 农业机械化总动力（万千瓦）
		X_{13} 文化艺术科技科研机构从业人数比重（%）			Y_{13} 万人农业技术人员数（人 / 万人）
		X_{14} 农村广播节目人口覆盖率（%）			Y_{14} 农民计算机拥有率（台 / 人）
	产业潜力	X_{15} 人均文化服务业企业营业收入增长率（%）		产业潜力	Y_{15} 农业发展财政资金投入（万元）
		X_{16} 文化及相关产业法人单位数增长率（%）			Y_{16} 农业生产总值增长率（%）
		X_{17} 文化资源密度（个 / 万 km^2）			Y_{17} 农村固定资产投资增长率（%）
		X_{18} 文化消费环境指数			Y_{18} 公路网密度（km/km^2）
		X_{19} 文化消费能力指数			Y_{19} 农民人均纯收入（元）
		X_{20} 文化消费满意度指数			Y_{20} 农村恩格尔系数

2. 指标权重计算

指标权重一般可通过熵值法或层次分析法确定。由于层次分析法主观性强且耗时较长，故本书采用更为客观的熵值法进行指标权重的衡量。

首先，采用阈值法对各指标进行无量纲化：

正向指标：$$z_{ti}=\frac{z_{ti}-\min(Z_i)}{\max(Z_i)-\min(Z_i)}(i=1,2,3,4,\cdots,m) \quad (1)$$

负向指标：$$z_{ti}=\frac{\max(Z_i)-z_{ti}}{\max(Z_i)-\min(Z_i)}(i=1,2,3,4,\cdots,m) \quad (2)$$

z_{ti} 表示一个系统内第 t 年第 i 项指标的原始指标值，$\max(Z_i)$ 表示该系统内第 i 项原始指标的上限值，$\min(Z_i)$ 表示该系统内第 i 项原始指标的下限值，z_{ti} 表示该系统第 i 项指标第 t 年的无量纲值，m 表示该系统的指标总个数。

其次，对一个系统内各指标的熵值进行计算：

$$\omega_i=-\frac{1}{\ln(m)}\times\sum_{i=1}^{m}p_{ti}\times\ln(p_t)i \quad (3)$$

ω_i 为该系统内第 i 项指标的熵值，其中的 p_{ti} 为无量纲化后第 i 项指标第 t 年的指标权重$\left(p_{ti}=\frac{z_{ti}}{\sum_{i=1}^{m}z_{ti}}\right)$。

由此可经由熵值法计算出该系统内各指标的权重：

$$\phi_i=\frac{e_i}{\sum_{i=1}^{m}e_i}\left(\sum_{i=1}^{m}\phi_i=1\right) \quad (4)$$

ϕ_i 为该系统内第 i 项指标经过熵值法计算后得到的指标权重，其中 e_i 为第 i 项指标的差异系数 $\left(e_i = \frac{1-\omega_i}{\sum_{i=1}^{m}(1-\omega_i)}\right)$。

3. 耦合协调度模型构建

首先，计算文化创意产业的综合评价函数 S_1 和现代农业的综合评价函数 S_2，表示各产业的总功效贡献：

$$S_j = \sum_{i=1}^{m} \phi_i z_{ti} \left(\sum_{i=1}^{m} \phi_i = 1\right)(j = 1,\ 2) \tag{5}$$

表示系统 j（$j = 1,\ 2$）（该系统内共有 m 个指标）内第 i 个指标的权重值，z_{ti} 表示该系统内第 t 年第 i 项指标经过无量纲化后的指标值。

首先，分别计算现代农业与文化创意产业的综合协调指数 $R(S_1,\ S_2)$ 以及耦合度值

$$C(S_1,\ S_2) : R(S_1,\ S_2) = \alpha S_1 + \beta S_2 \tag{6}$$

$$C(S_1,\ S_2) = \sqrt{\frac{S_1 \times S_2}{S_1 + S_2}}\ (C \in [0,\ 1]) \tag{7}$$

α，β 分别为文化创意产业与现代农业系统的贡献系数，且 $\alpha + \beta = 1$，本书将两个系统视为同级系统，即在经济发展中具有同等的重要性和地位，故而赋值 $\alpha = \beta = 0.5$。

由此可以计算两产业的耦合协调度值 $D(S_1,\ S_2)$：

$$D(S_1,\ S_2) = \sqrt{C(S_1,\ S_2)\, R(S_1,\ S_2)}\ (D \in [0,\ 1]) \tag{8}$$

D 为耦合协调度值，在 0—1 之间取值。耦合协调度值越接近 1，则耦合协调程度越高；耦合协调度值越接近 0，则耦合协调程度越低。

4. 文化创意产业与现代农业发展水平和耦合协调度分析

经过数据处理和权重度量，根据建立的耦合协调度模型，计算得出2017年全国各省市的文化创意产业与现代农业发展水平和耦合协调度值，结果如图7-1和表7-9所示。

从图7-1可以看出，各省市文化创意产业与现代农业的发展水平并不平衡。现代农业发展水平排在前十位的是河北、上海、浙江、北京、广东、辽宁、江苏、黑龙江、河南、安徽，主要为东部或中部传统农业发达地区，其中北京、上海虽然农业产业规模较小，但是其农业科技水平、人才投入以及农业产业结构转型发展处于全国领先地位，因而排名靠前；现代农业发展水平后三位为青海、甘肃、西藏，均为西部内陆地区，农业资源匮乏且经济科技水平较为落后。

文化创意产业发展水平排在前八位的是北京、上海、江苏、浙江、广东、天津、四川、陕西，主要集中于长三角、珠三角以及京津地区，经济发达，产业结构发展较为完善，拥有新兴业态易于生长和发展的土壤。其中，北京、上海的文化创意产业发展水平明显处于领先地位，北京历史文化资源密集、底蕴丰厚，上海现代气息浓厚、环境创新开放，因而处于文化创意发展的地域增长极；四川、陕西虽位于西部地区，但由于其地域文化特色鲜明、历史底蕴深厚、政策支持力度大，故而文化创意产业的发展水平较好。其余省份的文化创意产业发展水平都比较低，文化创意产业发展处于初期，产业规模和产业发展模式仍不成熟，文化创意相关业态发展的推动力较弱，同时存在着文化产业投资不足、大众认知度较弱等阻力。

通过比较图 7-1 中的两条折线，可以分析文化创意产业与现代农业发展水平的差距。大部分省市两产业的发展水平都存在着较大的差距，原因是农业作为第一产业，是各地区的发展基石，而文化创意产业作为新兴产业，发展时间短，因而现代农业的发展水平在大部分省份都呈现出高于文化创意产业发展水平的现象，其中以东三省（黑龙江、吉林、辽宁）以及河北最为典型，现代农业发展水平远远高于文化创意产业发展水平。而在北京和上海，文化创意产业的发展水平高于现代农业的发展水平，原因是两者均为经济发达的直辖市，其农业用地以及第一产业从业人员较少，城市化程度较高、农业体量小，而文化创意产业起步较早，发展时间长于其他省市，因而文化创意产业水平要略高于现代农业。可见，现代农业的发展仍旧要基于各地传统农业发展水平以及农业资源丰裕程度，在此基础上进行现代化转型和发展；而文化创意产业的发展主要与各地经济发展水平挂钩，同时又与当地的文化积淀以及创新氛围有关。

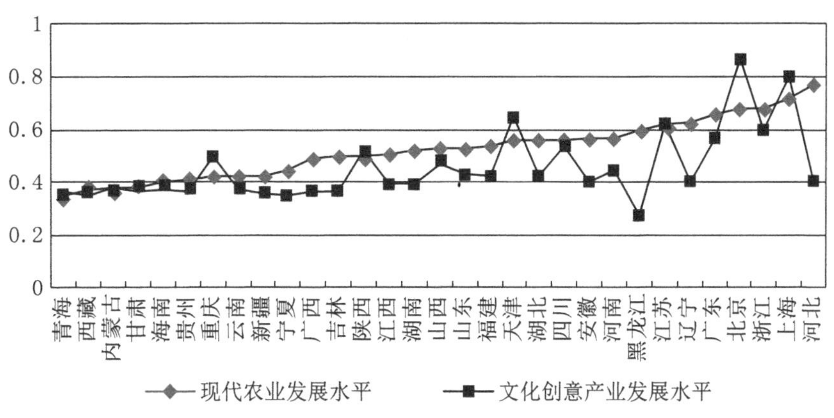

图 7-1　2017 年各省市文化创意产业与现代农业发展水平对比

由表 7-9 可知，2017 年全国各省市文化创意产业与现代农业耦合协调度总体上看仍然较低，没有地区达到优质协调或良好协调程度。耦合协调度基本上由东南沿海向西北内陆省份逐步降低，且耦合协调程度较低的省份数量较多，仅有北京、上海达到了中级协调，江苏、浙江、广东达到初级协调。这五个地区均属于文化创意产业发展水平和现代农业发展水平较高的省市，具有文化创意产业与现代农业耦合发展的基础和潜力。江浙沪地理位置临近，且两产业耦合协调度接近，具有互相促进发展、形成集聚效应的条件。福建作为农业资源丰富的旅游大省，主打小资情怀，其文化创意产业与旅游业的融合特色较为突出，目前文化创意产业与现代农业处于勉强协调的耦合阶段。福建文化创意产业因素若能向现代农业进一步靠近，形成要素共享互动，可以激发出除文旅融合之外的文化创意产业农业的经济活力。处于勉强协调及以上程度的省份主要集中于东部沿海或中部经济较发达地区，其中，四川是西南地区唯一一个文化创意产业与现代农业耦合协调度达到勉强协调的省份。四川作为“天府之国”，丰富的农业资源、底蕴深厚的巴蜀文化以及休闲生活的社会氛围为文化创意产业与农业的融合提供了天然的动力，故而能在西南地区一枝独秀。濒临失调的省份有河北、山西、江西，轻度失调的省份有湖北、湖南、重庆、贵州、广西。中度失调的协调程度最低，共有 11 个省市（辽宁、吉林、内蒙古、黑龙江、海南、青海、宁夏、甘肃、新疆、云南、西藏），所占比例最高，文化创意产业与现代农业的融合仍处于孵化期，文化创意要素向农业的流动程度低，农业主要仍集中于传统的农林牧渔业以及农产品加工业。

表 7-9　2017 年各省市文化创意产业与现代农业耦合协调度分类排序

等级	耦合协调程度	具体数值	省（市）
10	优质协调	0.9000—1.0000	/
9	良好协调	0.8000—0.8999	/
8	中级协调	0.7000—0.7999	北京、上海
7	初级协调	0.6000—0.6999	江苏、浙江、广东
6	勉强协调	0.5000—0.5999	福建、天津、安徽、山东、河南、四川、陕西
5	濒临失调	0.4000—0.4999	河北、山西、江西
4	轻度失调	0.3000—0.3999	湖北、湖南、重庆、贵州、广西
3	中度失调	0.2000—0.2999	辽宁、吉林、内蒙古、黑龙江、海南、青海、宁夏、甘肃、新疆、云南、西藏
2	严重失调	0.1000—0.1999	/
1	极度失调	0.0000—0.0999	/

三、耦合协调度的空间分布

从空间分布角度看，各省市文化创意产业与现代农业融合发展的耦合协调度具有空间关联性，但并非简单的同类型的空间集聚。本书采用探索性空间数据分析法（ESDA）对两产业的耦合协调程度进行进一步的空间关系分析，以 2012—2017 年各省市文化创意产业与现代农业融合发展的耦合协调度为观测指标，应用 ArcGIS 与 GeoDa 软件进行空间相关关系的数据统计分析。

1. 全局 Moran I 检验

全局空间自相关检验主要用于测度观测指标的空间总体分布情

况，本书采用 Moran 指数检验，I 取值［－1，1］。若 I 值取正数则为正相关，取负值则为负相关。当 I 值的绝对值越大，则空间总体差异性越小。表 7-10 显示了 2012—2017 年全国文化创意产业与现代农业融合发展的全局 Moran I 检验结果。由该表可知，在总体全国视角下，2012—2017 年期间，两产业发展的耦合协调度一直呈现显著的正相关关系，具有空间集聚效应，且集聚程度逐年上升，说明我国文化创意产业与现代农业的融合呈现出良好的发展趋势。

表 7-10　2012—2017 年全局 Moran 指数

年份	2012	2013	2014	2015	2016	2017
全局自相关指数	0.100354	0.112073	0.123157	0.130763	0.131785	0.135793

2. *局部 Moran I 检验*

局部 Moran I 检验可以具体反映各省市局部空间集聚程度，局部 Moran I 值较高，说明具有相似变量值的区域的空间聚集（低—低或高—高）；局部 Moran I 值较低，说明具有不相似变量值的区域的空间聚集。2017 年局部自相关情况为低—低、低—高、高—低、高—高四种集聚模式。

2017 年局部自相关情况如下，高—高关联区域为上海、江苏、浙江、福建，均位于东南沿海地区，农业资源丰富、文化创意产业发展环境良好，文化创意产业和现代农业的耦合发展形成了地理临近的相互关联、相互作用、彼此促进的联动关系，具有溢出效应。上海、江苏、浙江、福建的文化创意产业主题乡村旅游、文化创意产业农业衍生产品等发展速度快，产生了众多文化创意产业要素与一产要素融合共享的新业态，对周边地区短期旅游人群具有较强的吸引力，发展后劲大，有利于带动其他地区两产业的耦合发展。高—低关联区域为北京、天津、山东、安徽、四川和广东，这六个省份被较低耦合程度的省市包围，即使自身耦合程度较高，但由于没有与周边地区形成两产业融合发展进程中的互动与促进，文化创意产业与现代农业的融合发展主要依靠区域内自身产业转型和要素互动的带动，外部促进力量弱，容易产生发展后劲不够长足的隐患。为应对这种问题，高—低产业应当尽量带动周边地区发展，以形成跨区域跨产业间的互动合作。低—高关联区域为河北、湖北和江西，虽然周边省市文化创意产业和现代农业融合发展程度较高，但由于自身融合发展起步较晚，且缺乏文化创意与农业融合发展的动机与创新开放环境，甚至产生了人才、资本流向周边融合发展程度较高省市的情况，因此尚未受到耦合程度较高地区的正向辐射带动。其余省份均为低—低关联区域，分布于东北部、中西部内陆经济欠发达地区，文化创意产业与现代农业两产业的发展水平至少有一个产业处于较为落后的发展阶段，两产业融合发展的程度较低，且缺乏内部发展动力和外部支持推动力，急需政府对文化创意产业与现代农业产业融合的大力扶持以及社会人才资本和扶持资金的进入。总体来看，2017 年中国大部分省市仍处于低—低关联区，文化创意产业与现代农业的融合发展任重道远。

2017年通过LISA显著性检验的省市包括北京、天津、上海、浙江、江苏、安徽、福建、广东、四川、甘肃、内蒙古、宁夏、内蒙古、新疆，其余省市均未通过LISA显著性检验。属于高—高关联区的上海、江苏、浙江、福建均通过显著性检验，其中上海的显著性水平为0.001，江苏、浙江的显著性水平为0.01，福建的显著性水平为0.05，说明文化创意产业与现代农业耦合发展的溢出效应最明显的区域为上海，各高—高关联省市形成了相互促进的良性互动，在东南沿海地区形成了良性聚集的增长极。属于高—低关联区的北京、天津、安徽、四川、广东均通过了0.05以内的LISA显著性检验，说明这四个省市与周边区域的文化创意产业与现代农业的耦合发展程度存在着明显的差异，并且显然尚未对周边地区的两产业间的耦合发展产生带动作用；而属于高—低关联区的山东并未通过显著性检验，说明山东虽然属于耦合发展程度较高的区域，但由于其周边省市中，河北、河南的耦合协调程度虽然低于山东但差距不大，加之，山东还毗邻属于初级协调阶段的江苏，因而并没有形成显著的高—低关联关系。值得注意的是，四川是中西部地区文化创意产业与现代农业融合发展的领头羊，耦合协调程度较高，其周边省市的两产业融合发展程度均较低，因此四川若能加强与周边省市的跨产业跨区域互动，则具有强大的带动周边地区两产业融合发展的潜力。属于低—高关联区的河南、湖北、江西都没有通过LISA显著性检验，原因是这三个省份均夹在高—低关联区和低—低关联区之间，处于耦合协调发展水平较高与较低的区域之间，既没有对其他地区产生带动作用，也没有享受到耦合发展程度较高的地区所带来的溢出效应，因而目前仍旧进退两难，倘若能够发挥临近耦合发展程度较高的区域的地理位置优势，则具有强大的发展潜力。在低—低关联区域中，通过 LISA 显著性检验的区域均位于西北内陆地区，其中新疆的显著性水平为 0.01，内蒙古、宁夏、甘肃和青海的显著性水平为 0.05，因为这些省份处于内陆地区，环境闭塞，内部融合动力弱，并且被其他耦合协调程度也属于失调水平的区域所包围，与经济发达地区的互动极弱，新疆作为中国西北部最内陆地区，成为低—低关联区域的极点。

2012—2017 年，各省市文化创意产业与现代农业的发展程度均呈现出不断提高的趋势。显著地呈现出低—低集聚类型的区域范围逐渐缩小，由 2012 年的新疆、西藏、内蒙古、青海、甘肃、宁夏、云南演变为 2017 年的新疆、内蒙古、青海、甘肃、宁夏；呈现出高—高集聚类型的区域由 2012 年的上海、江苏演变为 2017 年的上海、江苏、浙江、安徽，说明东南沿海和长三角的文化创意产业与现代农业的耦合发展具有明显的溢出效应。安徽在 2012—2014 年呈现出显著的低—高集聚类型，而自 2015 年开始，转变并维持着显著的高—低集聚类型，说明安徽受到周边属于高—高关联区域的上海、江苏的正向辐射，通过学习新兴业态运营经验、引进相关人才和资金，文化创意产业与现代农业的耦合协调程度不断上升。广东自 2015 年开始呈现出显著的高—低集聚类型，说明其文化创意产业与现代农业融合发展程度得到了大幅提高，这与其产业转型升级与创新开放环境密切相关。四川在2012—2017年期间一直作为高—低关联区域的极点，在0.01的水平上显著成立。虽然四川的耦合协调程度低于北京的耦合协调程度，但四川处于西南内陆地区，其文化创意产业与现代农业的耦合协调程度与其周边地区的耦合协调程度存在与北京及其周边地区相比更大的差异，因此四川是高—低关联区域中的代表性省份，而四川周边的云南的低—低集聚类型在2013年由显著变为不显著，西藏的低—低集聚类型在2015年由显著变为不显著，说明了云南、西藏的耦合协调程度均有不同程度的上升，受到了四川产业融合的带动影响；而北京与其周边的天津和河北虽然存在差异，但其差异并没有四川与其周边欠发达地区的差异显著，因而在2012年北京的高—低集聚类型尚未显著成立，2013年以来北京的文化创意产业与现代农业融合的新兴业态发展速度迅猛且政府政策支持力度较大，故而与河北的耦合协调程度差距拉大，2013—2017年北京的高—低集聚类型显著成立；2017年河北的低—高关联由显著转变为不显著，一定程度上说明了北京对河北的正向辐射效应开始产生作用。由此可以说明，若能加强跨产业的地区合作，促进信息的双向沟通和人才的引流，提高目前两产业融合发展仍处于初期阶段的区域的硬软实力，极有可能实现文化创意产业与现代农业耦合协调度较高的省市对耦合协调度较低的省市的辐射带动。

四、现代农业结论及政策建议

本节立足于要素互动共享和软硬实力融合的视角，分析文化创意产业与现代农业融合发展的机理，构建耦合协调度模型并采用ESDA数据分析方法，探索了2012—2017年中国各省市文化创意产业与现代农业融合发展的耦合协调程度和空间相关性，得出以下结论：我国文化创意产业与现代农业发展水平总体上差距较大，耦合协调程度总体偏低，其中东南沿海地区耦合发展程度较高，空间集聚效应明显，而西部内陆欠发达地区耦合发展程度低，缺乏文化创意产业与现代农业融合发展的内在推动力和外部带动力，上海其他产业对农业的完全分配系数序列与其他省份差异性较大，上海的批发和零售业，租赁和商务服务业，水利、环境和公共设施管理业三个行业与农业的融合度显著高于其他省份；全国视角下两极化现象较为明显；2012—2017年各省市文化创意产业与现代农业的耦合发展程度均有不同程度的提高，两产业融合发展状况较好的省市对其周边两产业融合发展状况欠佳的区域具有一定的溢出效应，产生带动周边区域产业融合发展的作用。城镇化率影响农业与二三产业融合结构。基于上述结论，本书提出以下政策建议：

第一，东南沿海地区应当继续推进文化创意产业与现代产业的融合，促进要素在产业间的互动和共享，创新产品和融合业态，实现产业融合的效益最大化；在保证自身长足增长的同时，应当突破行政区划的限制，加强与周边省市的沟通与合作，促进产业融合经验的分享和人才的交流，争取最大程度发挥地域上的溢出效应。

第二，西部欠发达地区应当挖掘自身地域特色，在借鉴学习东部地区文化创意产业与现代农业融合的经验基础上，结合当地文化底蕴以及特色旅游资源，发展特色文旅融合的畜牧业等新兴业态，推动低成本与高附加值的实现。同时，政府应当加大对西部地区产业融合的政策扶持力度，为西部地区产业融合发展提供人才补给和资金扶持，加强西部地区公路网的建设，解决西部内陆地区的沟通壁垒问题，以达到加强地域间沟通互动的效果。

第三，中部地区大多位于耦合协调度较高的地区与耦合协调度较低的地区的过渡地带，应当立足于自身丰富的农业资源基础，提高农业科技水平，引进和创新文化创意产业因素，结合当地地区历史文化或自然资源特色，开发出特色文化创意产业村、农村情景式体验基地等特色业态，吸引消费者，促进要素耦合，以促进文化创意产业和现代农业的相互影响与彼此联合。

第三节　城市视角下耦合分析

一、城市空间视角下耦合的重要性

《中华人民共和国乡村振兴促进法》规定，要“支持、促进农村一二三产业融合发展”，这项工作对于上海而言尤为重要。近年来，农业在上海市生产总值中的比重已经下降至不足1%，却仍需要承担保障二千多万上海市民菜篮子的重任。平衡城乡关系、农业与二三产业关系成为当务之急，由此“都市农业”的概念及其理论应运而生。实际上，早在“九五”期间，上海市就引进了“都市农业”理念，并将都市农业作为农村建设的一个重要方向，提出通过农业结构的战略性调整，实现经济、生态、辐射、创汇、文化五大功能的协调统一。其中在产业融合方面，推动农业产业化、设施化、工厂化和产加销一体化的发展，使得农业与非农产业互相渗透和融合，产业区别开始淡化。在上海市“十二五规划纲要”中又提出积极发展都市高效生态农业，不断强化农业的经济功能、生态功能和服务功能，力争在农业科技引领、农业与二三产业融合、农产品质量安全全程控制和监管等方面走在全国前列。在此期间，上海的农产品精深加工和都市观光农业得到了快速发展。上海“十三五规划纲要”进一步提出大力发展生产、生态、生活多功能融合、高附加值都市现代农业，实现农业现代化，推动产业转型升级的任务。2021年上海发布“十四五”都市现代绿色农业高质量发展行动纲领。因此，都市农业与其他产业的融合发展，不仅对于农业本身，而且对相关产业的转型升级都具有越来越重要的现实意义。

二、研究对象和指标选取

1. 研究对象选择

根据都市农业的定义，都市农业与一般农业的主要区别在于受到城市化的影响。冯海建、周忠学（2014）研究西安市的城市化水平与都市农业发展的交互耦合关系，得出人口城市化50%—80%时，城市化与都市农业交互耦合进入协调耦合阶段；而80%以上则进入衰退耦合阶段，且交互耦合趋于平稳。①2016年，全国城镇化率平均水平为57.35%，城镇化率高于80%的有上海、北京、天津三个省份，而城镇化率在60%—80%之间的省份有7个。因此，基于上述文献的研究成果，结合实际情况，选择2016年城镇化率超过60%的10个省份作为研究对象，包括上海、北京、天津、广东、江苏、辽宁、浙江、福建、重庆、内蒙古10个省份。本书中，各省市的代码见表7-11所示。

表7-11 本书使用的省市代码

省　份	代码	省　份	代码
上　海	SH	辽　宁	LN
北　京	BJ	浙　江	ZJ
天　津	TJ	福　建	FJ
广　东	GD	重　庆	CQ
江　苏	JS	内蒙古	NMG

2. 指标选取

借鉴刘合光、潘启龙等（2012）和黄细嘉、李凉（2016）的研究方法②，基于各相关省市2012年42部门投入产出表，涉及全部42

① 冯海建、周忠学：《城市化与都市农业功能交互耦合关系及时空特征分析》，《地理与地理信息科学》2014年第6期。

② 刘合光、潘启龙、谢思娜：《基于投入产出模型的中美农业产业关联效应比较分析》，《中国农村经济》2012年第11期；黄细嘉、李凉：《基于投入产出模型的江西省旅游业与农业融合发展研究》，《农业考古》2016年第1期。

个行业，包括1个第一产业（农业本身）、21个第二产业、20个第三产业。在本书中，各个行业的代码见表7-12所示。

表7-12　本书使用的行业代码

行　　业	代码	行　　业	代码
农林牧渔产品和服务	01	其他制造产品	22
煤炭采选产品	02	废品废料	23
石油和天然气开采产品	03	金属制品、机械和设备修理服务	24
金属矿采选产品	04	电力、热力的生产和供应	25
非金属矿和其他矿采选产品	05	燃气生产和供应	26
食品和烟草	06	水的生产和供应	27
纺织品	07	建筑	28
纺织服装鞋帽皮革羽绒及其制品	08	批发和零售	29
木材加工品和家具	09	交通运输、仓储和邮政	30
造纸印刷和文教体育用品	10	住宿和餐饮	31
石油、炼焦产品和核燃料加工品	11	信息传输、软件和信息技术服务	32
化学产品	12	金融	33
非金属矿物制品	13	房地产	34
金属冶炼和压延加工品	14	租赁和商务服务	35
金属制品	15	科学研究和技术服务	36
通用设备	16	水利、环境和公共设施管理	37
专用设备	17	居民服务、修理和其他服务	38
交通运输设备	18	教育	39
电气机械和器材	19	卫生和社会工作	40
通信设备、计算机和其他电子设备	20	文化、体育和娱乐	41
仪器仪表	21	公共管理、社会保障和社会组织	42

选取完全消耗系数（b_{jk}^{n}）、完全分配系数（g_{jk}^{n}）作为基本指

标，①结合胡晓鹏（2008）与王成东（2014）融合度测评方法，②分别从各省市的完全消耗系数矩阵 B^n 和完全分配系数矩阵 G^n 中提取出四个序列，分别为：

农业对其他产业完全消耗系数序列，定义为：

$$H_1^n = B_{01\to j}^n = \{\{b_{j01}^n\}|j \in J = \{01\cdots42\}\}$$

表示 *n* 省份农业部门每提供一个单位最终使用时，对本省份第 *j* 产业部门货物或服务的直接消耗和间接消耗之和的集合。

农业对其他产业完全分配系数序列，定义为：

$$H_2^n = G_{01\to k}^{T^n} = \{\{g_{01k}^n\}|k \in K = \{01\cdots42\}\}$$

表示 *n* 省份农业部门每单位产出，本省份第 *k* 产业部门分配到的使用份额的集合。

其他产业对农业完全消耗系数序列，定义为：

$$H_3^n = B_{01\to k}^{T^n} = \{\{b_{01k}^n\}|k \in K = \{01\cdots42\}\}$$

表示 *n* 省份第 *k* 部门每提供一个单位最终使用时，对本省份农业部门货物或服务的直接消耗和间接消耗之和的集合。

---

① 完全消耗系数 b_{jk}^n 和完全分配系数 g_{jk}^n 的计算方式详见中国统计出版社《2012年中国投入产出表》第 7 页。

② 胡晓鹏、李庆科：《生产性服务业与制造业共生关系研究——对苏、浙江、沪投入产出表的动态比较》，《数量经济技术经济研究》2009 年第 2 期；王成东：《我国装备制造业与生产性服务业融合机理及保障策略研究》，哈尔滨理工大学管理学院，2014 年。

其他产业对农业完全分配系数序列，定义为：

$$H_4^n = G_{01\to j}^n = \{\{g_{j01}^n\}|j \in J = \{01\cdots 42\}\}$$

表示 n 省份第 j 部门每单位产出，本省份农业部门分配到的使用份额的集合。

三、研究方法和模型

使用灰靶决策模型计算各个省市农业与其他部门的关联系数。首先，确定指定模式作为目标值，计算个模式的偏离程度。个模式与标准模式构成了灰靶，其中标准模式的目标值为靶心，而个模式的子命题则相对于靶心构成靶边。靶心与靶边之间的灰关联度为靶心接近度，即为靶心度。本书选取上述四个指标构成灰靶，通过灰靶决策模型计算获得各行业与农业之间的灰关系系数，进而计算靶心接近程度，获得在同一个模式下，每个省市的各个行业与农业之间的融合度。具体计算过程如下：

第一步，确定影响空间（原始序列）$@_{\mathrm{INU}}$。

定义 $@_{\mathrm{INU}} = \{H_i^n| i \in I = \{01\cdots 42\}\}$ 表示 n 省份第 01 行业至第 42 行业的 H_1^n、H_2^n、H_3^n、H_4^n 构成的关联结构的集合；$H_i^{T^n} = \{H_i^n(k)|k \in K = \{1, 2, 3, 4\}\}$ 表示 n 省份第 i 行业与农业关联结构的集合，其中：

$H_i^n(1)$ 表示 n 省份农业对 i 行业的完全消耗系数；

$H_i^n(2)$ 表示 n 省份农业对 i 行业的完全分配系数；

H_i^n（3）表示 n 省份 i 行业对农业的完全消耗系数；

H_i^n（4）表示 n 省份 i 行业对农业的完全分配系数；

第二步，将模式序列 H_i^n 转换为指标序列 $H(k)$。

第三步，确定标准模式序列 H_0^n。

由 $H(k)$ 序列的最大值构成标准模式序列：

$$H_0^n = \{H_0^n(1)\ H_0^n(2)\ H_0^n(3)\ H_0^n(4)\}$$

第四步，灰靶转换。

根据灰靶决策模型，由公式（1）对原指标序列进行灰靶转换：

$$TH_i^n(k) = x_i^n(k) = \frac{\min\{H_i^n(k)\ H_0^n(k)\}}{\max\{H_i^n(k)\ H_0^n(k)\}} \quad (1)$$

通过灰靶转换后得到集合 $TH_i^n = x_i^n = \{x_i^n(k) \mid k \in K = \{1, 2, 3, 4\}\}$。

第五步，灰关联差异信息空间。

$$\Delta = \{\Delta_{0i}^n | i \in I = \{01 \cdots 42\},$$

$$\Delta_{0i}^n = \{\Delta_{0i}^n(1)\ \Delta_{0i}^n(2)\ \Delta_{0i}^n(3)\ \Delta_{0i}^n(4)\}\}$$

由此可得到结构灰关联差异信息空间：

$$\Delta_{GR}^n = \{\Delta \zeta \Delta_{0i}^n(\max)\ \Delta_{0i}^n(\min)\}$$

第六步，计算灰关系系数 $\gamma(x_0^n(k)\ x_i^n(k))$ 和靶心度 $\gamma(x_0^n x_i^n)$。其中，灰关联系数的计算公式为：

$$\gamma(x_0^n(k)\ x_i^n(k)) = \frac{\min_i \min_k \Delta_{0i}^n(k) + 0.5 \max_i \max_k \Delta_{0i}^n(k)}{\Delta_{0i}^n(k) + \max_i \max_k \Delta_{0i}^n(k)} \quad (2)$$

靶心度（产业融合度）的计算公式为：

$$\gamma\left(x_0^n x_i^n\right)=\frac{1}{4}\sum_{k=1}^{4}\gamma\left(x_0^n(k)\, x_i^n(k)\right) \tag{3}$$

第七步，靶心度有效性判别。

四、实证结果及其解析

1. 主要指标计算结果

经收集 10 个省份的 2012 年 42 部门投入产出表，应用相关计算方式，计算得到各个省份的完全投入系数矩阵（B^n）和完全分配系数矩阵（G^n）。并根据对 H_1^n、H_2^n、H_3^n、H_4^n 序列的定义，从各个省份 B^n、G^n 中提取相关数据，构成指标序列。以上海市为基准，计算上海市与其他省份各指标序列的相关系数，结果如表 7-13 所示：

表 7-13　上海市与其他省份各项指标序列的相关系数

对应省份	H_1^n	H_2^n	H_3^n	H_4^n
北　京	0.8447	0.9259	0.8858	0.9966
天　津	0.9119	0.9501	0.7034	− 0.0116
广　东	0.6957	0.9579	0.8769	0.3672
江　苏	0.8063	0.8768	0.7954	0.7204
辽　宁	0.7405	0.9261	0.7183	0.5834
浙　江	0.7929	0.8189	0.7828	− 0.0329
福　建	0.7920	0.9182	0.6686	− 0.1420
重　庆	0.5677	0.8965	0.7590	0.5232
内蒙古	0.7263	0.8891	0.6165	− 0.0154

计算结果显示，上海 H_2^n 序列与其他省份的相关系数均大于 0.81，且有 5 个省份的相关系数超过 0.9，说明上海农业的产出在其他产业间的分配结构与其他省份相似；上海 H_1^n 序列与其他省份的相关系数只有天津超过 0.9，表明上海农业在生产过程中消耗其他产业部门货物或服务的总体消耗结构与天津相似，但与其他省份有所差异；上海 H_3^n 序列与其他省份的相关系数主要集中于 0.6—0.9 之间，且没有超过 0.9，说明上海其他产业在生产过程中消耗农业产品或服务的结构有别于观测省份；上海 H_4^n 序列与其他省份的相关系数差异较大，其中北京与上海的相关系数高达 0.9966，而与天津、浙江、福建、内蒙古的相关系数为负值，说明上海和北京的其他产业所产出的产品或服务分配给农业部门的结构与其他省份有着极大的差异。

2. *灰靶决策模型计算结果*

依据灰靶决策模型计算步骤，应用 Excel 软件编程计算出各个省份农业与其他产业靶心度（产业融合度）。由于结构灰关联差异信息空间中，将 ζ 值设定为 0.5（宋捷等，2010），① 因此靶心度小于 0.3333 是无意义的。经检验，所有计算结果的数值 γ 均大于 0.3333，满足模型的设定要求，计算结果与图 7-4 所示。②

---

① 宋捷、党耀国、王正新、张可：《正负靶心灰靶决策模型》，《系统工程理论与实践》2010 年第 10 期。

② 因篇幅所限，计算过程在此省略，仅以图表形式发布计算结果。需要者请与本书作者联系。

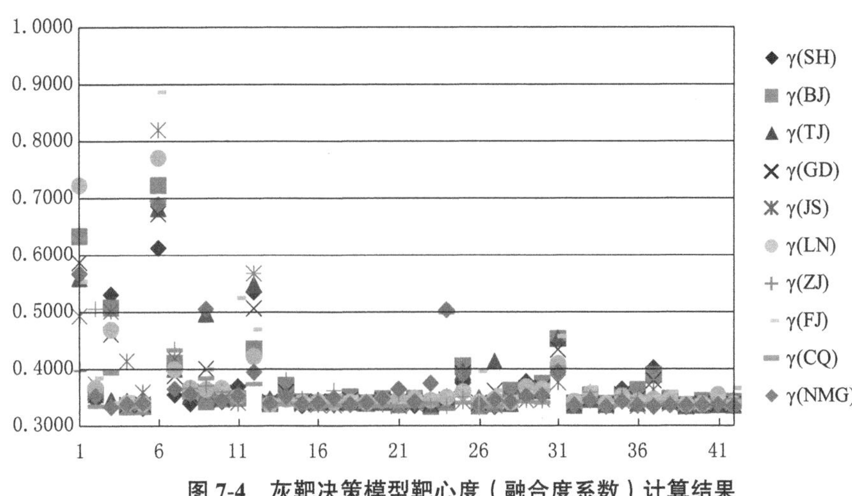

图 7-4　灰靶决策模型靶心度（融合度系数）计算结果

图 7-4 中表明，农林牧渔产品和服务（01）的融合度系数相对比较大，但离散度也比较大；第二产业中，石油和天然气开采产品（03）、食品和烟草（06）、木材加工品和家具（09）、化学产品（12）与农业的融合度系数和离散度均较高；第三产业中，电力、热力的生产和供应（25），住宿和餐饮（31），水利、环境和公共设施管理（37）与农业的融合度系数相对较高。其中，上海的石油和天然气开采产品（03），批发和零售（29），租赁和商务服务（35），水利、环境和公共设施服务（37）与农业的融合度系数排名居前。

根据各省份产业融合度序列 $\gamma\left(x_0^n x_i^n\right)$，计算上海与其他省份农业的产业融合结构计算结果的相关系数，结果如表 7-14 所示。

结果显示，上海农业与其他产业的融合结构与北京、广东的相关系数均大于 0.9，结构比较相似；与天津、江苏、辽宁的相关系数在0.8—0.9之间，说明结构有一定的差异性；与浙江、福建、重庆、内蒙古的相关系数均小于0.8，说明结果差异性较大。将这一结果与城镇化程度比较（图7-5所示）发现，与上海城镇化率越接近的省份，农业与其他产业关联度结构也相对比较相似。

表7-14　上海与其他省份农业的产业融合结构相关系数

$\gamma(\Gamma^{SH},\Gamma^{n})$	上　海	$\gamma(\Gamma^{SH},\Gamma^{n})$	上　海	$\gamma(\Gamma^{SH},\Gamma^{n})$	上　海
北　京	0.9262	江　苏	0.8918	福　建	0.7576
天　津	0.8156	辽　宁	0.8893	重　庆	0.7772
广　东	0.9589	浙　江	0.7034	内蒙古	0.6937

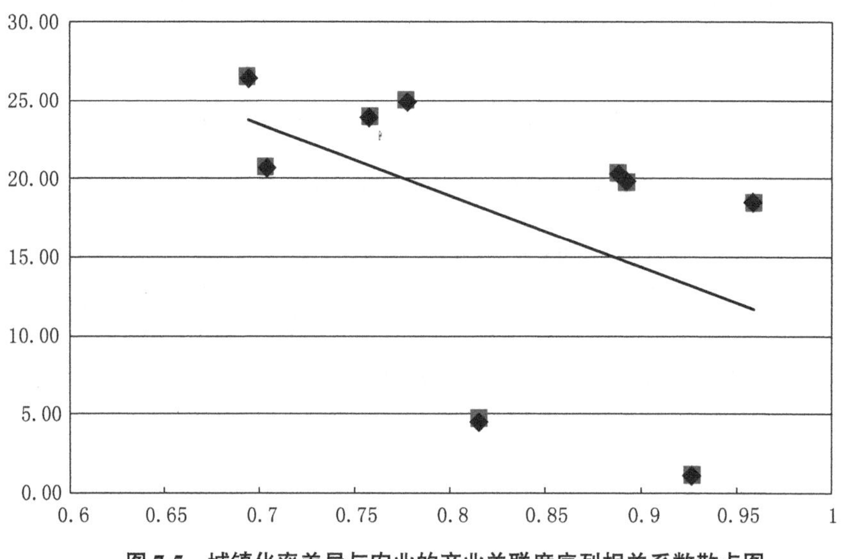

图7-5　城镇化率差异与农业的产业关联度序列相关系数散点图

3. 上海农业与其他产业融合度离群值检验

为了更准确地分析上海农业与其他产业融合的特征，基于农业与其他产业融合度计算结果，采用王文周（2005）的“小样本检验法”，该方法适用于样本在 5—10 个之间时进行简易检验。① 其检验公式如下：

$$\sqrt{\frac{n-1}{n}}\frac{x_m-\bar{x}'}{s'}>t_p(n-2) \tag{4}$$

式中，x_m 为异常值，$t_p(n-2)$ 是自由度为 $(n-2)$ 的 t 分布的 p 分位数。当不等式成立时，表明在 $1-p$ 的置信概率条件下，拒绝 x_m 不是离群值的原假设。

为此，本书以上海农业与其他产业融合度作为疑似离群值，以其他 9 个省份作为观测组，检验上海各个产业融合度是否显著差异于观测组。计算结果如表 7-15 所示。

表 7-15　离群值检验结果

行　　业	代码	离差	检验计算值
纺织服装鞋帽皮革羽绒及其制品制造业	08	－0.0193	2.5716**
批发和零售业	29	0.0216	2.2225*
租赁和商务服务业	35	0.0160	2.3681**
水利、环境和公共设施管理业	37	0.0425	1.9544*

注：（1）由于篇幅有限，本表仅归纳通过离群值显著性检验的相关数据；（2）表中“**”、“*”分别表示小样本离群值检验值通过 1%、5%、10% 显著性检验。

结果显示，上海的纺织服装鞋帽皮革羽绒及其制品制造业（08），批发和零售业（29），租赁和商务服务业（35）和水利、环境和公共设施管理业（37）四个行业与农业的融合度显著差异于其他

① 王文周：《小样本检验法》，《西华大学学报（自然科学版）》2005 年第 1 期。

9个省份。其中，纺织服装鞋帽皮革羽绒及其制品制造业通过了5%显著性检验，但是离差为负值，且该检验为双侧检验，因此该行业与农业的融合度显著低于其他省份；租赁和商务服务业通过了5%显著性检验，且离差为正值，说明该行业与农业的关联度非常显著地高于其他省份；批发和零售业，水利、环境和公共设施管理业通过了10%显著性检验，且离差为正值，说明两个行业与农业的融合度较为显著高于其他省份。

五、上海农业产业融合的建议

1. 探索新型都市农业发展形态，实现城乡融合与产业融合协调发展

实证研究发现，都市农业的产业融合结构与城镇化程度有显著的关系。上海“十三五规划纲要”提出，都市现代农业的两大任务是加快推动产业转型升级和促进城乡发展一体化。“十三五”期间，上海城市规划的方式将由“摊大饼式”的单一中心扩展转向“多点开花”的多中心分布式格局。其中，将在嘉定、松江、金山等郊区推动形成规模以上主城区。为此，上海将由全面“城镇化”进一步跃进到全面“城市化”，农业用地与城市的关系也更加紧密。实际上，这一环境更加符合“都市农业”最初的定义，为建立一个高度融合、功能多样、生产集约、全面开放的都市农业型态奠定了更加有利的基础。未来，上海的都市农业应充分发挥其在各个主城区直接的粘接作用，着力打造精细化、服务化、品牌化的农业基地，发

展与城市功能匹配的生态保护、科普教育、科技研发等服务型产业，形成城乡融合与产业融合的协调发展。

2. 调整农业中间投入结构，适应并促进二三产业供给侧结构变化

上海第二、三产业对农业的最终分配结构与北京高度相似，但是与其他地区的结构具有较大的差异。上海二三产业中，对农业感应度较强的产业前五位分别是石油和天然气开采产品（03），废品废料（23），金属制品、机械和设备修理服务（24），农林牧渔产品和服务（01），石油、炼焦产品和核燃料加工品（11）；而除北京以外的其他省份二三产业中，对农业感应度较强的产业前五位分别是煤炭采选产品（02），金属制品、机械和设备修理服务（24），石油和天然气开采产品（03），农林牧渔产品和服务（01），金属矿采选产品（04）。比较发现，上海的五大产业已经出现废品废料（23）等资源综合利用产业，说明上海的农业总需求已经由硬投入阶段向软投入阶段发展。但是，上海农业的中间投入结构依然没有明显发生变化。数据显示，上海农业中间投入产品主要包括以化肥为主的化学产品，以及电力、热力、石油、天然气等能源供应。然而，批发、零售、交通运输等流通渠道，以及通信设备、计算机设备及其技术服务的投入比重依然较低。为此，上海应该在调整都市农业产业结构的过程中，加快中间投入结构的调整，尤其应着力提高商务服务、信息技术、环境保护技术等符合上海都市农业特征的生产要素投入比重，进而促进相关产业的供给结构调整。

3. 聚焦特色产业，打造都市农业品牌

上海是国内最早引进“都市农业”并付诸实施的城市。从20世纪90年代到21世纪初，上海学者在推广“都市农业”概念、促进都市农业与其他产业的融合创新中发挥了重要的作用。随着共识的产生，北京、天津、成都、西安等城市都开始积极探索都市农业在促进产业转型升级中的作用，并相继提出了都市农业与观光业、旅游业等融合形成的观光休闲农业；与会展业融合形成的会展农业等新业态，并付诸实施。从实施效果来看，都市农业与其他产业的融合主要体现在观光、休闲、旅游等文化领域。早在10多年前，上海推出了油菜花节等休闲农业项目，推动休闲农业发展。但是，从要素禀赋来看，上海农业与文化产业的融合水平并没有明显高于其他地区，而租赁和商务服务，水力、环境和公共设施管理业，批发和零售业与农业的融合程度显著高于其他地区，且这些产业与上海都市农业发展需求相符。因此，上海应着力推动农业与商务服务业的融合，发展会展农业；与环境保护产业融合，形成生态农业；并积极探索与金融业融合，打造与上海城市品牌相符的上海都市农业品牌。

第八章　结论与政策建议

第一节　研究结论

一、有效供给提升文旅融合发展

文旅产业融合发展主要分为三个阶段，即技术融合阶段、产品与业务融合阶段和市场融合阶段。优化文旅相关产品，提高有效供给的效率与质量能够直接作用于产品与业务融合阶段，提升文旅相关产品的功能性、体验性、情感性，文旅产业的发展模式和组织结构同样发生改变，间接作用于文旅产业的市场融合阶段，促进文旅产业的更加协调的融合发展。此外，在文化和旅游产业及相关产业融合发展中，要注重培育和发展新业态，使其成为有效供给持续发展的重要力量。

有效供给的提升不仅是产品品质的提升，也是产业发展空间的扩展，供给端的优化伴随着文旅相关产品黏合度的增高、融合广度和深度的增加。消费者在优质的产品和个性化体验下，自我价值与消费环境将实现共同再创造，文旅融合的程度和效果将进一步增加。因此，有效供给的提升是促进文旅产业融合发展的重要推动因素。

二、需求升级刺激文旅产业融合发展

文化产业和旅游产业都属于消费驱动型产业，消费结构的升级将刺激文旅相关企业从观光旅游到休闲度假旅游的转型发展，形成更加开放的系统、更具文化性的价值网。需求升级引发了大休闲潮流，促使文旅产业围绕疗养、体育、健康、研学、文化等设计相关产品，以释放巨大的消费潜力，增加企业的盈利性。同时，这个过程本质上就是旅游产业与其他产业的产业边界的模糊和交叉，文化产业与旅游产业的融合在这个过程中得到发展。

消费者对精神文明的追求可以增加文旅相关产品的质量和创作活力，用文化旅游提质增效，使文旅产业的产业规模不断扩大，有效凸显市场融合的优势，增加市场的竞争力，稳步推进文旅市场繁荣有序发展。因此，需求端的需求升级是刺激文旅产业高质量融合发展的重要因素。

三、外部环境促进文旅产业融合发展

政府引导对文旅相关企业的发展方向具有重要的影响作用，文件精神多从推动纾困惠企政策落实到位、引导和推动文旅项目建设、促进文旅消费扩容提质、深化产业融合发展和优化文旅产业营商环境方面，以政策的形式多层面、全方位助力文旅产业融合发展。同时，政府对文旅产业的发展制定出较为完善的战略规划，从长远布局，全面推动文旅产业的高质量发展。

另外，本地技术进步促使文旅产业融合进入技术融合阶段，降低了包括文化产业和旅游产业在内的产业进入壁垒，弱化了产业间的边界，有利于构建全新的商业模式。尤其是互联网背景下，新基建为文旅产业的融合发展带来重大机遇，数字文化增加了文化产业的生产要素，降低了旅游产业的资源依赖性，对增加文旅产业融合发展的空间具有重要意义。

因此，包含政府政策引导和本地技术进步在内的外部环境能够推动文旅产业在深度和广度上进行进一步融合发展，是影响文旅融合的重要因素。

第二节　政策建议

一、加速供给端优化

内容精准定位，提高产品黏合度。企业要加大对文旅项目的创新力度，在充分把握本地文化或者目标文化的前提下，精准定位，打造独具特色的高品质文旅产品。向成功的文旅项目研究学习，不要进行盲目的跟风和简单的复制，要充分结合自身特色，实现差异化竞争，给消费者异质性的消费体验。企业在进行文旅项目策划时，要以文化为内容，以旅游为营销手段，对目标客户群体的需求进行细分化研究分析，针对不同的群体打造不同的文旅产品，对消费者进行引流，保障所有消费者在消费过程中享受良好的服务、获得满意的体验。依靠科技提高文旅产品的可重复消费性，依靠金融提升文旅项目的可操作性，为消费者提供主题化、场景化、功能化、体验化的文旅产品，提高产品之间的黏合度，增加文旅产品的衍生消费，全面推进文化与旅游六要素的融合，使旅游发展空间更加多元化，在文旅融合的基础上推进服务业与农业、健康、教育的融合。

扩大劳动力市场，加强人才队伍建设。通过企业与高校建立产学研基地，凭借各自的优势进行互补，培养以文化素质为核心，具有会服务、懂策划、会管理、善营销的综合能力的高素质人才，保障人才可以源源不断地流入文旅相关行业。对文旅相关产业的现有从业人员需要进行长期的技术培训，保证从业人员充分适应新型的工作方式，提升整个产业的产业服务水平，优化消费者的体验，实现文旅产业的快速发展和飞速进步。

二、需求端合理化

扩大消费规模，提升消费服务。企业需要关注旅游消费的大众化、散户化、常态化趋势，大力发展功能旅游，完成从旅游目的地到目的旅游地的转变，积极对一线城市的周边地区进行旅游地开发，满足消费者的常态化旅游消费需求。同时，随着人民群众对更高层次精神文化生活日益强烈的需求，文化需要通过活态化焕发新的生命力、通过物态化创作新型文化产品、通过业态化打造成熟的文化产业链。降低文旅产业对环境要素的依赖，重点是减少对固有文化和旅游资源的过度依赖，注重强化功能性和主体性。鼓励市场错峰出游，提升游览体验，促进预约旅游的发展，加强精细化管理，提高服务水平。

优化消费业态，激发潜在消费需求。积极使用多种媒体平台，尤其是本身不具有文化资源优势的地区，更加应该加强数字文旅建设，利用数字文旅中消费者具有消费和生产的二重性，打破有限资源配置的局限性。使消费者重复消费的同时，能够对文旅产品进行推广，大力推进数据向文化的转变，让消费者通过媒体社交平台的分享，将其身份转化为文化的创造者和传播者，最大化刺激数字技术和数据要素为产业赋能，推进文旅产业融合发展。设计文旅产品前充分考虑市场客户群消费行为、消费心理和消费习惯的实际需求和未来需求，即把握好消费者的潜在消费需求与消费能力，适当超前设计一些文旅产品，激发潜在的消费需求。

三、加大外部环境支持

优化营商环境，提供机制和政策保障。政府需要加强对文旅相关企业的政策引导，以全局观、系统化思想做好统筹规划，合理布局，积极推进文旅产业的高质量发展。优化营商环境，通过改善运营环境来解放生产力，发挥市场经济的主导优势，激发企业家才能，提高全社会的创新精神和创造力，提升经济活力。在资金上，政府也需要投入一定的资金支持，例如设立文化产业专项资金、旅游协会发展资金、宗教扶持专项资金、进行基础设施建设等。政府还要完善银行担保体系，让中小型企业在融资时更加便利，此外，政府可以建设创意产业园区，举办文化创意市集等活动，有利于促进文化旅游产业的互动发展，提高产业整合效率。政府在对文旅产业布局进行战略规划的时候，要借助高端智库等外部支持，制定更加专业、科学、操作性强、可实现性大的规划和决策。

加速完成政府职能的转变，提高服务能力。优化资源配置，加大对文旅相关项目的扶持，出台精准的补贴政策，文旅企业提供资金的支持，使文旅产业得到长足发展。对文旅相关企业进行合理的监督，保障企业与政府的沟通顺畅，在资金、政策、人才、土地等要素方面对文旅产业进行适当的扶持，同时注重基础科学研究的投入，积极引入新技术和综合性人才，为文旅产业的发展提供积极、宽松的外部环境。文化和旅游部的组建只是职能融合的开始，应在理顺管理机构体制机制的基础上，充分整合和发挥资源融合、人才融合、资本融合的优势，推动文化和旅游的可持续发展。

充分利用数字技术，释放数字经济的促进作用。2018 年 3 月，国务院印发《关于促进全域旅游发展的指导意见》，提出要推动旅游与文化、科技融合发展，强调要借助大数据技术推动全域旅游发展。随着数字经济的快速发展，虚拟现实、云计算、物联网、人工智能等多领域技术发展迅猛，且不断加快与文化旅游业的融合。科技的快速发展将带来文化和旅游产业呈现方式和体验感受的颠覆性改变，加快推动文化和旅游的深度融合。文旅产业发展应当继续贯彻《指导意见》中的重要思想，促进文化旅游和科技深度融合，触发文化旅游产品形式、组织形态、发展渠道以及生态环境的重大变革，进一步开拓市场空间，提升产业效能。积极引入新技术，加快建设云平台，依靠数字化发展智慧文旅，建设智慧旅游景区。依靠互联网对消费市场进行细分，在全渠道引流的前提下实现精准营销。充分利用大数据和人工智能，提升文旅产品的体验设施和感知价值，创新演艺文旅产品，对文旅产业的生产要素进行全面的系统化提升，构建全新的商业模式。

第三节　研究展望

本书重点研究的是推动文旅产业融合的影响因素。由于每个城市的旅游资源和文化资源具有异质性，不同的影响因素对文旅产业融合的作用路径也是不一样的。由于研究视角和篇幅的限制，本书没有进一步分析存在的这些问题，这将在以后的研究工作中加以考虑。

由于旅游产业和文化产业的产业发展这一指标较难量化，在文旅产业融合实证的研究过程中，选择的变量指标在准确性和完整性方面存在一定的不足，可能有些指标的选取还需要后续的完善。研究具有一些局限性，通过政府颁布的数据进行统计，存在一定的滞后性。后续研究中可建构更加详细的文化资源数据，通过大数据等技术与手段，从不同的时空尺度探究文化资源与旅游产业之间的耦合关系。

参考文献

［1］A Malhotra. Firm strategy in converging industries：an investigation of U.S. commercial bank responses to U.S. commercial-investment banking convergence［D］；Doctorial thesis of Maryland University，2001.

［2］An O. Green Paper on the convergence of the telecommunications，media and information technology sectors，and the implications for regulation towards an information society approach［J］. Information Society Project Office Eu，1997.

［3］Anna-Greta Nystrom. Industry convergence and business networks in the telecommunications sector：A theoretical approach. In Proceedings from the 21st. IMP. Conference，Rotterdam，September 1—3. ed. 2005.

［4］［美］冯·贝塔朗菲：《一般系统论基础、发展和应用》，林康义、魏宏森译，清华大学出版社 1987 年版。

[5][美] Dean Mac Cannell:《旅游者休闲阶层新论》，张晓萍等译，广西师范大学出版社 2008 年版。

[6] Greenstein S，Khanna T. What does it mean for industries to converge? [J]. Competing in the age of digital convergence，1997：201—226.

[7] Hacklin F，Marxt C，Inganäs M. Technology acquisition through convergence：the role of dynamic capabilities [M] // Challenges in the management of new technologies. 2007：211—225.

[8] Hamel G，Prahaland CK. Competing for the Future [M]. Boston：Harvard Business School Press，2005.

[9] Hamel G，Prahald CK. Competing for the future；what drives your company's agenda：your competitor's view of the future or your own? [J]. Harvard Business Review，1994，72（4）：122—129.

[10] J Lind. Ubiquitous Convergence：market redefinitions generated by technological change and the Industry Life Cycle [M]. Paper for the Druid Academy Winter Conference. New York，2005.

[11] Mercan B，Gkta D. Components of Innovation Ecosystems：A Cross-Country Study [J]. International Research Journal of Finance & Economics，2011，76：102—112.

[12] Stieglitz N. Digital dynamics and types of industry convergence：the evolution of the handheld computers market [J]. The industrial dynamics of the new digital economy，2003，2：179—208.

［13］Porter ME. Strategy and the Internet［J］. Harvard Business Review，2001，79（3）.

［14］Strassmann WP. Technological Change in the Machine Tool Industry，1840—1910：Discussion［J］. Journal of Economic History，1963，23（4）：444—446.

［15］T Wallner，M Menrad. Extending the innovation ecosystem framework［R］. Working paper，Upper Austria University of Applied Sciences，School of Business，2010.

［16］Theilen，F.，Geschäftsmodellbasiertes Konvergenzmanagement auf demmarkt für mobile Financial Services［M］. Springer，2004.

［17］Witt U. Evolutionary Economics：An interpretative survey［J］. 2001：49—52.

［18］Yoffie DB. Competing in the Age of Digital Convergence［J］. California Management Review，1996，38（4）：31—53.

［19］安宇、田广增、沈山：《国外文化产业：概念界定与产业政策》，《世界经济与政治论坛》2004 年第 6 期。

［20］鲍洪杰、王生鹏：《文化产业与旅游产业的耦合分析》，《工业技术经济》2010 年第 8 期。

［21］陈家海：《产业融合：狭义概念的内涵及其广义化》，《上海经济研究》2009 年第 11 期。

［22］陈柳钦：《产业融合的发展动因、演进方式及其效应分析》，《西华大学学报》（哲学社会科学版）2007 年第 4 期。

[23] 陈山枝:《信息通信产业融合的思考——关于网络、终端与服务》,《当代通信》2006 年第 1 期。

[24] 陈晓涛:《产业演进论》，四川大学学位论文 2007 年。

[25] 邓安球:《论文化产业概念与分类》,《湘潭大学学报》(哲学社会科学版) 2008 年第 5 期。

[26] 傅才武:《论文化和旅游融合的内在逻辑》,《武汉大学学报》(哲学社会科学版) 2020 年第 2 期。

[27] 付业勤:《文旅融合背景下城市旅游地文化软实力评价与发展策略研究》,《四川轻化工大学学报》(社会科学版) 2020 年第 3 期。

[28] 顾培亮:《系统分析与协调》，天津大学出版社 1998 年版。

[29] 何景明、李立华:《关于“乡村旅游”概念的探讨》,《西南师范大学学报》(人文社会科学版) 2002 年第 5 期。

[30] 何立胜、李世新:《产业融合与农业发展》,《晋阳学刊》2005 年第 1 期。

[31] 何一民:《推进长江沿江城市文旅融合与旅游业转型升级的思考》,《中华文化论坛》2016 年第 4 期。

[32] 侯兵、周晓倩:《长三角地区文化产业与旅游产业融合态势测度与评价》,《经济地理》2015 年第 11 期。

[33] 胡金星:《产业融合的内在机制研究》，复旦大学学位论文 2007 年。

[34] 黄剑坚、王保前:《我国系统耦合理论和耦合系统在生态

系统中的研究进展》,《防护林科技》2012 年第 5 期。

[35] 黄蕊、侯丹:《东北三省文化与旅游产业融合的动力机制与发展路径》,《当代经济研究》2017 年第 10 期。

[36] 姜长云:《日本的“六次产业化”与我国推进农村一二三产业融合发展》,《农业经济与管理》2015 年第 3 期。

[37] 金式攀:《乡村振兴战略下浙江文旅产业融合发展研究》,《安徽农学通报》2019 年第 19 期。

[38] 江德斌:《打造“诗路文化带”是文旅融合的创新之举》,《中国旅游报》2019 年 12 月 30 日。

[39] 孔翔、卓方勇、苗长松:《旅游业发展状况对古村落文化保护的影响——基于对宏村、呈坎、许村居民的调研》,《热带地理》2016 年第 2 期。

[40] [日] 铃木忠义:《现代观光论》,日本有斐阁出版社 1984 年版。

[41] 黎元江:《关于发展文化产业的十个问题》,《文化市场》2001 年第 4 期。

[42] 李美云:《国外产业融合研究新进展》,《外国经济与管理》2005 年第 12 期。

[43] 李颖:《图书馆与文创产业发展、文创产品的开发》,《华东纸业》2021 年第 4 期。

[44] 李钟文、威廉·米勒、玛格丽特·韩柯克等主编:《硅谷优势——创新与创业精神的栖息地》,人民出版社 2002 年版。

［45］李仲广：《闲暇经济论》，东北财经大学学位论文 2005 年。

［46］厉建梅：《文旅产业融合下文化遗产与旅游品牌建设研究》，山东大学学位论文 2016 年。

［47］厉无畏、王慧敏：《产业发展的趋势研判与理性思考》，《中国工业经济》2002 年第 4 期。

［48］厉无畏、王慧敏：《创意产业促进经济增长方式转变——机理·模式·路径》，《中国工业经济》2006 年第 11 期。

［49］厉无畏：《产业融合与产业创新》，《上海管理科学》2002 年第 4 期。

［50］刘茂松、曹虹剑：《信息经济时代产业组织模块化与垄断结构》，《中国工业经济》2005 年第 8 期。

［51］刘建莉：《文旅融合型乡村旅游精准脱贫模式研究——以湖南老家寨传统村落为例》，《黑龙江生态工程职业学院学报》2019 年第 6 期。

［52］刘晴：《基于体验经济的文化旅游产品组合开发研究——以无锡灵山小镇·拈花湾为例》，《湖北文理学院学报》2017 年第 11 期。

［53］刘士林：《以消费城市为中心促进文旅融合发展》，《人民论坛·学术前沿》2019 年第 11 期。

［54］刘耀彬、李仁东、宋学锋：《中国城市化与生态环境耦合度分析》，《自然资源学报》2005 年第 1 期。

［55］卢松、吴霞：《古村落旅游地写生游客满意度评价——以

黟县宏村为例》,《地理研究》2017 年第 8 期。

［56］陆晓清:《论网络游戏业与旅游业的产业融合》,《重庆邮电大学学报》(社会科学版)2009 年第 1 期。

［57］罗明义:《关于“旅游产业范围和地位”之我见》,《旅游学刊》2007 年第 10 期。

［58］麻学锋、张世兵、龙茂兴:《旅游产业融合路径分析》,《经济地理》2010 年第 4 期。

［59］马健:《产业融合理论研究评述》,《经济学动态》2002 年第 5 期。

［60］倪艾兰:《文旅融合背景下玉溪市通海县乡村旅游发展研究》,华中师范大学学位论文 2020 年。

［61］宁哲:《我国森林生态与林业产业耦合研究》,东北林业大学学位论文 2007 年。

［62］钱学森:《论系统工程》,湖南科学技术出版社 1982 年版。

［63］邱晓星、史璟:《文旅融合视角下的城市旅游品牌建设研究》,《绿色科技》2018 年第 17 期。

［64］任继周、万长贵:《系统耦合与荒漠—绿洲草地农业系统——以祁连山—临泽剖面为例》,《草业学报》1994 年第 3 期。

［65］邵金萍:《再论文化旅游产业的特征、作用及发展对策》,《福建论坛》(人文社会科学版)2011 年第 8 期。

［66］沈绍岭、张利娜、高彩霞:《旅游本原论》,《中国集体经济》2017 年第 1 期。

[67] 沈艳：《乡村振兴目标下文旅融合的路径选择》，《文化创新比较研究》2020年第18期。

[68] 孙晓清、王晓琳、王弋：《公共图书馆文旅价值引领研究——以浙江省之江文化中心为例》，《图书馆研究与工作》2021年第7期。

[69] 万里强、侯向阳、任继周：《系统耦合理论在我国草地农业系统应用的研究》，《中国生态农业学报》2004年第1期。

[70] 王国炎、汤忠钢：《"文化"概念界说新论》，《南昌大学学报》（人文社会科学版）2003年第2期。

[71] 王慧敏：《旅游产业的新发展观：5C模式》，《中国工业经济》2007年第6期。

[72] 王振东：《旅游产业功能分析》，《黑龙江生态工程职业学院报》2007年第2期。

[73] [比] 维克托·A.金斯伯格、[澳] 戴维·思罗斯比：《艺术与文化经济学手册》，王家新等译，东北财经大学出版社2018年版。

[74] 位文通、肖智中：《浅谈历史文化名村的新型文旅开发——以安徽宏村为例》，《信阳农林学院学报》2021年第2期。

[75] 魏翔、孙迪庆：《闲暇经济理论综述及最新进展》，《旅游学刊》2008年第4期。

[76] 吴少平：《产业创新升级与产业融合发展之路径》，《首都经济贸易大学学报》2002年第2期。

[77] 吴绍波、顾新:《知识链组织之间合作与冲突的稳定性结构研究》,《南开管理评论》2009 年第 3 期。

[78] 吴文智、庄志民:《体验经济时代下旅游产品的设计与创新——以古村落旅游产品体验化开发为例》,《旅游学刊》2003 年第 6 期。

[79] 徐明、谢彦君:《旅游学概论》,辽宁师范大学出版社 1997 年版。

[80] 闫二旺:《区域经济发展的微观机理》,经济科学出版社 2003 年版。

[81] 杨颖:《产业融合:旅游业发展趋势的新视角》,《旅游科学》2008 年第 4 期。

[82] 叶民强:《双赢策略与制度激励——区域可持续发展评价与博弈分析》,社会科学文献出版社 2003 年版。

[83] 尹寿兵、郭强、刘云霞:《旅游小企业成长路径及其驱动机制——以世界文化遗产地宏村为例》,《地理研究》2018 年第 12 期。

[84] 于刃刚、李玉红、麻卫华、于大海:《产业融合论》,人民出版社 2006 年版。

[85] 于潇、毛雅萍:《长三角地区人力资本产出效应对经济增长影响的实证分析》,《学术探索》2015 年第 4 期。

[86] 苑捷:《当代西方文化产业理论研究概述》,《马克思主义与现实》2004 年第 1 期。

[87] 张彩虹、段朋飞、尹琳珊:《文旅融合视角下乡村振兴路径研究》,《当代农村财经》2018 年第 12 期。

[88] 张曾芳、张龙平:《论文化产业及其运作规律》,《中国社会科学》2002 年第 2 期。

[89] 张朝枝:《文化与旅游何以融合：基于身份认同的视角》,《南京社会科学》2018 年第 12 期。

[90] 张岱年、方克力:《中国文化概论》，北京师范大学出版社 1994 年版。

[91] 张海燕、王忠云:《旅游产业与文化产业融合运作模式研究》,《山东社会科学》2013 年第 1 期。

[92] 张洁:《文旅融合背景下乡村旅游扶贫模式构建研究》,《农业经济》2020 年第 8 期。

[93] 张利飞:《高科技产业创新生态系统耦合理论综评》,《研究与发展管理》2009 年第 3 期。

[94] 张凌云、黎巎、刘敏:《智慧旅游的基本概念与理论体系》,《旅游学刊》2012 年第 5 期。

[95] 张凌云:《国际上流行的旅游定义和概念综述——兼对旅游本质的再认识》,《旅游学刊》2008 年第 1 期。

[96] 张业梅、李鹏举:《乡村振兴战略下宜宾市农村文化与旅游产业融合发展研究》,《农村经济与科技》2020 年第 9 期。

[97] 张玉蓉、鲁皓、张玉玲:《产业融合视域下旅游业与文化创意产业的互动发展研究》,《理论与改革》2015 年第 2 期。

［98］张振鹏、王玲：《我国文化创意产业的定义及发展问题探讨》，《科技管理研究》2009 年第 6 期。

［99］张正兵、韩云：《产业融合视角下文化旅游产业的概念解读》，《苏州科技学院学报》（社会科学版）2015 年第 6 期。

［100］赵珏、张士引：《产业融合的效应、动因和难点分析——以中国推进“三网融合”为例》，《宏观经济研究》2015 年第 11 期。

［101］郑川：《山水盆景为意象的建筑实践——浙江省之江文化中心概念设计》，《建筑》2021 年第 2 期。

［102］郑明高：《产业融合发展研究》，北京交通大学学位论文 2010 年。

［103］植草益：《信息通讯业的产业融合》，《中国工业经济》2001 年第 2 期。

［104］周宏等：《现代汉语辞海》，光明日报出版社 2003 年版。

［105］周玲玲：《文旅融合视角下的成都乡村振兴路径研究》，《佳木斯职业学院学报》2020 年第 1 期。

［106］周振华：《论信息化中的产业融合类型》，《上海经济研究》2004 年第 2 期。

［107］朱雪蕾：《现代旅游产业体系的构建路径》，《旅游纵览》（下半月）2019 年第 4 期。

［108］［美］罗伯特·麦金托什、夏希肯特·格波特：《旅游学：要素·实践·基本原理》，蒲红等译，上海文化出版社 1985 年版。

［109］田侠：《旅游与文化如何真正实现融合发展》，《学习时

报》2018 年 5 月 18 日。

［110］李维树：《试论文化差异可以形成一种旅游资源——关于旅游资源和文化差异的几点思考》,《旅游学刊》1994 年第 4 期。

［111］曹诗图、袁本华：《论文化与旅游开发》,《经济地理》2003 年第 3 期。

［112］徐菊凤：《旅游文化与文化旅游：理论与实践的若干问题》,《旅游学刊》2005 年第 4 期。

［113］郁龙余：《论旅游文化》,《旅游学刊》1989 年第 2 期。

［114］于光远：《旅游与文化》,《瞭望周刊》1986 年第 14 期。

［115］谢鹤林：《我国旅游的文化特色》,《旅游学刊》1988 年第 3 期。

［116］杨振之：《全球化背景下旅游业的发展与民族文化的振兴》,《旅游学刊》2009 年第 8 期。

［117］马勇、童昀：《从区域到场域：文化和旅游关系的再认识》,《旅游学刊》2019 年第 4 期。

［118］陈怡宁、李刚：《空间生产视角下的文化和旅游关系探讨——以英国博物馆为例》,《旅游学刊》2019 年第 4 期。

［119］余洁：《文化产业与旅游产业》,《旅游学刊》2007 年第 10 期。

［120］UNWTO. Tourism and Culture Synergies［M］. Madrid：UNWTO，2018：1—160.

［121］王慧敏：《以文化创意推动旅游产业转型升级》,《旅游学

刊》2015 年第 1 期。

［122］曾琪洁、吕丽、陆林等:《文化创意旅游需求及其差异性分析——以上海世博会为例》,《旅游学刊》2012 年第 5 期。

［123］郑斌、刘家明、杨兆萍:《基于“一站式体验”的文化旅游创意产业园区研究》,《旅游学刊》2008 年第 9 期。

［124］宁泽群、金珊:《798 艺术区作为北京文化旅游吸引物的考察:一个市场自发形成的视角》,《旅游学刊》2008 年第 3 期。

［125］何建伟:《深圳华侨城旅游文化特色探析》,《旅游学刊》1999 年第 5 期。

［126］吴金梅、宋子千:《产业融合视角下的影视旅游发展研究》,《旅游学刊》2011 年第 6 期。

［127］Hobikoglu E，Cetinkaya M. In innovative entertainment economy framework，economic impacts of culture industries：Turkey and Hollywood samples［J］. Procedia-Social and Behavioral Sciences，2015，195（3）：1435—1442.

［128］Edelheim J. R. With the simpsons as tour guides：How popular culture sources can enhance the student experience in a university tourism unit［J］. Journal of Hospitality and Tourism Management，2009，16（1）：113—119.

［129］黄炜、孟霏、朱志敏等:《旅游演艺产业内生发展动力的实证研究——以张家界为例》,《旅游学刊》2018 年第 6 期。

［130］李蕾蕾、张晗、卢嘉杰:《旅游表演的文化产业生产模

式：深圳华侨城主题公园个案研究》,《旅游科学》2005 年第 5 期。

［131］陶婷芳、田纪鹏:《特大城市环城游憩带理论与实证研究——基于上海市新“三城七镇”旅游资源价值的分析》,《财经研究》2009 年第 7 期。

［132］程晓丽、祝亚雯:《安徽省旅游产业与文化产业融合发展研究》,《经济地理》2012 年第 9 期。

［133］王兆峰:《民族文化产业与旅游业耦合发展研究——以湖南湘西为例》,《中央民族大学学报》(哲学社会科学版）2012 年第 6 期。

［134］周叶:《基于灰色系统理论的江西文化产业与旅游产业耦合发展》,《江西社会科学》2014 年第 3 期。

［135］张琰飞、朱海英:《文化产业与旅游产业耦合发展的区域差异分析——基于省际面板数据的实证研究》,《华东经济管理》2012 年第 10 期。

［136］翁钢民、李凌雁:《中国旅游与文化产业融合发展的耦合协调度及空间相关分析》,《经济地理》2016 年第 1 期。

［137］张朝枝、朱敏敏:《文化和旅游融合：多层次关系内涵、挑战与践行路径》,《旅游学刊》2020 年第 3 期。

［138］宋瑞:《文化和旅游：多视角的透视》,《旅游学刊》2019 年第 4 期。

［139］Richards G. Cultural tourism：A review of recent research and trends［J］. Journal of Hospitality and Tourism Management，2018

（36）：12—21.

［140］周建标：《文化产业与旅游业的产业链融合机制探究》，《新疆社科论坛》2017 年第 5 期。

［141］刘贵富：《产业链功能效应研究》，《社会科学战线》2006 年第 3 期。

［142］马健：《产化融合理论研究评述》，《经济学动态》2006 年第 5 期。

［143］［澳］希拉里・迪克罗、［加］鲍勃・麦克彻：《文化旅游》，朱路平译，商务印书馆 2017 年版。

［144］傅才武、申念衢：《新时代文化和旅游融合的内涵建构与模式创新——以甘肃河西走廊为中心的考察》，《福建论坛》（人文社会科学版）2019 年第 8 期。

［145］杨志纯：《推动文旅融合发展从理念走向行动》，《艺术百家》2019 年第 1 期。

［146］Reinhard Bachleitner，Andreas H. Zins. Cultural Tourism in Rural Communities：The Residents' Perspective［J］. Journal of Business Research，1999（44）：58—81.

［147］Pine B.J.，Gilmore J.H. The Experience Economy［M］. Harvard University Press，1999.

［148］Connell J. Film Tourism—Evolution，Progress and Prospects［J］. Tourism Management，2012，33（5）：1007—1029.

［149］Csapo J. The Role and Importance of Cultural Tourism in

Modern Tourism Industry [M] . INTECH Open Access Publisher, 2012.

[150] 张琰飞、朱海英：《西南地区文化产业与旅游产业耦合协调度实证研究》，《地域研究与开发》2013 年第 4 期。

[151] 南宇、孙建飞、张萍：《丝绸之路背景下甘南藏族自治州旅游产业与文化产业融合问题研究》，《干旱区资源与环境》2017 年第 3 期。

后 记

党的二十大报告进一步明确:“坚持以文塑旅、以旅彰文，推进文化和旅游深度融合发展。”当前，文旅融合呈现出前所未有的活跃态势，已成为影响未来文旅产业和区域发展的重要因素。打造文旅深度融合发展格局，不仅是文化和旅游自身转型发展的客观需要，更是推进中国式现代化落实落地的必然要求。立足新发展阶段，瞄准新发展需求，推动文化和旅游在更深层次、更广范围、更高水平上实现深度融合，必须以全新的理念在打造融合发展新模式、拓展融合发展新空间、激发融合发展新活力、构建融合发展新机制上集中发力。

一是要培育富有文化内核的旅游产品。创新性推动特色文化资源转化。以文化创意为突破口，对长三角地区优秀的红色文化、江南文化基因、社会主义先进文化基因进行梳理和辨识，对文化内涵、价值进行挖掘和整理，对文化符号进行精准提炼；围绕特定文化主题进行情感设计、氛围设计、活动设计和场景设计，创新性推动特色文化资源的开发和转化；加快提升利用新技术培育文旅融合发展新业态的能力，加强5G、增强现实、虚拟现实、人工智能等信息技术的运用，打造新一代沉浸式体验型文旅融合业态产品。有效提升旅游产业链各环节的文化价值内涵。推动“非遗＋旅游”“文创＋旅游”“博物馆＋旅游”“演艺＋旅游”“音乐＋旅游”“动漫＋旅游”“节庆会展＋旅游”等新旅游业态创新发展，将文化内涵、文化价值融入旅游产业链各环节，实现旅游业态价值升级。

二是要打造文旅融合“好的空间载体”。推动文旅深度融合，应破解当前融合载体单一的局面，全力拓展融合空间、构建融合载体，提高文旅各要素集成、利用和配置转化效率。发挥文化在城市更新、乡村振兴中的重要作用，把创意美术元素、文化艺术元素广泛应用到城乡规划建设中，加强对工业遗址、老旧厂房、老宅老屋的创意化设计和改造，推动文化和旅游消费业态及公共服务功能融入各类商业设施、产业园区、街区、社区、乡村，做优历史文化风貌区，做精人文艺术主题街区，打造城市文化生活街区和高品质文旅产业功能区，营建体验式、沉浸式、互动式文旅融合消费新空间。

三是要构建多元化市场主体力量与文旅融合发展新机制。构建完善文旅融合产业生态格局，探索“投资＋运营＋营销＋服务”的产业发展环境。加强文旅康养示范区、文旅消费集聚区、旅游休闲街区等市场主体集聚平台建设，形成支撑文旅企业和文旅产业高质量发展的良好产业生态。加快推动已出台的相关文旅产业和企业发展的优惠政策落实落地，利用好文旅产业用地政策、人才引进政策等，让政策红利早日转变为发展红利。研究出台居游共享政策，引导本地居民以文旅就业、文旅创业等形式参与到文旅开发、业态经营与营销管理中，共享文旅发展成果。

本书是我在上海交通大学工商管理博士后流动站进行研究的相关成果，投入了大量的时间与心血，历时三年终于完成，其间还去英国进行了为期一年的学术访问，可谓是“中西融合”的研究产品。

本书的成稿与付梓出版要感谢的人亦很多，感谢恩师单世联教授，总是鼓励我们对自己感兴趣的研究领域不断深耕；感谢上海社会科学院应用经济研究所领导的关心与支持；感谢本书的几位推荐专家，厉无畏先生是我们上海社科院二十余年文创研究的开山鼻祖，被誉为“中国创意产业之父”，跟随前辈研究的步伐乃是吾辈之幸。刘士林教授对江南文化有诸多精辟论述，本书能得到他的指导亦是荣幸。复星旅文建农董事长也一直非常支持我的研究和工作，我们也是有缘能够在异国他乡的英国结识。感谢上海人民出版社编辑们的细致校对；感谢学生李乐、夏琛、杨安妮等对本书案例搜集与分析部分的辛勤付出与倾力投入；也要感谢我的家人们对我科研工作上的支持。

文旅融合，可以说是实现中国式现代化与产业高质量发展的“第一步”，如何迈好这一步至关重要，同样也坚信文旅融合会为我们的产业发展空间带来无限的新意与契机。

作者
于上海社会科学院总部大楼
2023 年 7 月

图书在版编目(CIP)数据

融合创新:长三角文旅高质量发展新使命/曹祎遐著.—上海:上海人民出版社,2023
ISBN 978-7-208-18363-6

Ⅰ.①融… Ⅱ.①曹… Ⅲ.①长江三角洲-文化产业-产业发展-研究 ②长江三角洲-旅游业发展-研究
Ⅳ.①G127.5 ②F592.75

中国国家版本馆 CIP 数据核字(2023)第 115611 号

责任编辑 吕桂萍
封面设计 谢定莹

融合创新:长三角文旅高质量发展新使命
曹祎遐 著

出　　版 上海人民出版社
(201101 上海市闵行区号景路 159 弄 C 座)
发　　行 上海人民出版社发行中心
印　　刷 苏州市古得堡数码印刷有限公司
开　　本 720×1000 1/16
印　　张 20
插　　页 2
字　　数 198,000
版　　次 2023 年 8 月第 1 版
印　　次 2023 年 8 月第 1 次印刷
ISBN 978-7-208-18363-6/F·2819
定　　价 89.00 元